第一批上海高校创新创业教育实验基地系列教材

外贸客户开发、跟进与维护

（第二版）

陈 琦 胡俊芳 主 编
孙 蕾 副主编

再 版 说 明

本教材编写团队多年来深入教学一线,追踪最新国内外经贸发展动态,深度访谈行业专家,参考和吸取国内外同类教材相关章节的长处,听取学校教师和读者的建议,在获得大量信息和资料,在拥有更多教学实践理解和感悟基础上,修订本教材。

第二版主要作了如下修订和增补:

1. 第一章修订了 HS 编码查询路径,增加了出口退税无纸化申报内容。
2. 第二章增加了网上展会概念、网上展会直播等内容。
3. 第三章更新了搜索引擎用户规模等数据,修订了国内七大 B2B 平台介绍。
4. 第四章修订了欧洲黄页和中国贸促会部分内容。
5. 第八章增加了流失客户的挽回等内容。

本书各章均增加了最新案例和一线外贸人员业务心得。附录一增加了国内展览中心介绍。鉴于原附录四相关内容在中国贸促会网站首页上可以查到,具体在第四章第二节内容里有说明,因此删除。

最后,感谢院校同行、实务界人士、复旦大学出版社的大力支持和帮助。限于作者水平,书中不妥之处,敬请读者指正。

编著者
2020 年 9 月

前　言

对外贸易是一国经济增长的引擎。改革开放以来，特别是中国加入世界贸易组织以来，中国的对外贸易飞速发展，规模持续扩大，目前中国已经跃升为世界第一大出口国和第二大贸易国，中国作为贸易大国的地位举世瞩目。与此同时，随着我国外贸行业的快速发展，市场上急需大量的外贸人才，对外贸业务员的需求与日剧增。为满足企业和社会对国际经贸人才日益增长的需求，国内财经类院校和多数综合性院校都开设了国际经济与贸易或相关专业。

外贸客户开发与管理是外贸业务员在外贸岗位上的基本职责，是外贸企业对业务员最看重的一种能力。基于此，目前国内许多高校国际贸易、国际商务等专业纷纷开设外贸客户开发与管理课程。

本书作者结合多年外贸工作经验和实践，结合外贸毕业生的反馈意见和外贸企业对外贸人才的要求，参考了一些资深外贸行家的著作及中外资深专家的高见，编著本书。本教材根据外贸营销业务的特点，将课程内容条块化，并综合运用国际营销、外贸函电及国贸实务中的相关知识，使学生掌握通过互联网、展会、黄页等方式与外商洽谈生意并获得订单的方法，熟悉获得外贸订单后业务跟进的重要时机和要点，以及管理维护外贸客户的方式。本教材将有利于培养学生的洞察力、整合力、控制力、创新力等综合能力，为大学生毕业后进入外贸企业或创业实践奠定基础。

本书编写分工如下：陈琦负责编写前言、第一章、第二章、第七章，胡俊芳负责编写第五章、第六章、第八章，孙蕾负责第三章、第四章。附录部分由孙蕾和陈琦整理。提纲和体例由陈琦设计，由陈琦负责全书的总纂和修订审校工作。

本书主要面向国际经贸、商务、物流或相关专业的本科生，也可作为高职高专的教材，可供研究生、实践工作者参考。

在本书的编写过程中，作者参考和借鉴了大量前辈、同行的教材、专著，并在书中直接引用或改编了一些案例，无法一一列明，已列入书后的参考文献中，在此表示衷心的感谢!

　　复旦大学出版社的王联合老师对本书的出版给予了大力支持,上海金融学院院长陈霜华教授对本书的编写和出版给予了很多关心和支持,在此一并表示衷心的感谢!

　　由于时间限制,呈现在读者面前的这本书,与设计时的初衷尚有一段距离。囿于作者水平,书中错误和疏漏之处在所难免,敬请读者批评指正,以待再版时改正和完善。

陈琦

2013 年 10 月

目　　录

第一章　客户开发前的准备工作 …………………………………………………… 1
　　第一节　熟悉行业及产品的一般知识 ……………………………………………… 1
　　第二节　熟悉与产品有关的报关知识 ……………………………………………… 5
　　第三节　熟悉与产品有关的财税知识 ……………………………………………… 15
　　第四节　准备报价单 ………………………………………………………………… 27
　　本章综合操作训练 …………………………………………………………………… 43

第二章　展会上开发客户 …………………………………………………………… 45
　　第一节　展会概述 …………………………………………………………………… 45
　　第二节　展前准备工作 ……………………………………………………………… 48
　　第三节　展会期间工作 ……………………………………………………………… 55
　　第四节　展会结束后工作 …………………………………………………………… 61
　　本章综合操作训练 …………………………………………………………………… 66

第三章　用搜索引擎和 B2B 网站开发客户 ……………………………………… 67
　　第一节　使用搜索引擎寻找客户 …………………………………………………… 67
　　第二节　通过 B2B 网站寻找客户 …………………………………………………… 85
　　本章综合操作训练 …………………………………………………………………… 102

第四章　利用其他重要资源寻找客户 ……………………………………………… 103
　　第一节　通过黄页寻找客户 ………………………………………………………… 103
　　第二节　通过商会（或贸促会）寻找客户——以中国贸促会为例 ……………… 109
　　第三节　通过专业信息名录服务商获取客户 ……………………………………… 118
　　本章综合操作训练 …………………………………………………………………… 132

第五章 客户跟进 ········· 133
 第一节 参展后不同客户的跟进措施 ········· 133
 第二节 网上询价客户的跟进 ········· 144
 本章综合操作训练 ········· 157

第六章 客户来访和业务跟进 ········· 158
 第一节 客户来访准备和商谈 ········· 158
 第二节 接到订单后的业务跟进 ········· 172
 本章综合操作训练 ········· 182

第七章 外贸业务跟进中的关键内容处理 ········· 183
 第一节 价格的处理 ········· 183
 第二节 运输方式的处理 ········· 188
 第三节 国际结算方式及其注意事项 ········· 199
 第四节 外贸寄样 ········· 209
 本章综合操作训练 ········· 217

第八章 客户关系管理和维护 ········· 218
 第一节 客户关系管理 ········· 218
 第二节 外贸客户的维护 ········· 225
 第三节 正确处理客户的抱怨和索赔 ········· 233
 本章综合操作训练 ········· 248

附录一 国内外著名展会中心介绍 ········· 249
附录二 部分国家搜索引擎 ········· 253
附录三 部分国家和地区黄页及商会链接 ········· 256
附录四 康帕斯国际总部和部分国外子公司联系方式 ········· 261

参考文献 ········· 265

客户开发前的准备工作

学习目标

- 学会通过相关渠道熟悉行业及产品的相关知识
- 掌握制定完整的报价单的程序和方法
- 学会利用企业宣传册和网站介绍产品

作为一名外贸业务新手,开发外贸客户是外贸业务员重要的岗位职责。但是,开发外贸客户的能力不是轻易就能获得的,需要多方面知识储备和实践。本章重点介绍外贸客户开发前的准备工作,包括熟悉行业及产品知识,熟悉与产品有关的报关知识和准备报价单三个环节。

第一节 熟悉行业及产品的一般知识

外贸业务新手开发外贸客户的第一步应是熟悉行业,了解产品的相关知识。这样在向客户介绍产品时候才会真正做到知己知彼,百战不殆。

> **外贸业务心得** 做业务初期要先熟悉产品,还是边熟悉产品边开发客户?
>
> **外贸新人1** 刚刚转行做LED灯具外贸两个多星期,在车间里学习了一些日子,把产品和生产流程都大概熟悉了。现在正迷茫:是再熟悉一点产品才开展业务,还是直接开始开发客户?公司刚起步什么平台还没有啊,怎么开展业务?

外贸新人 2 我觉得,首要的还是了解公司的产品信息,初期了解产品的同时,可以在网上多搜索客户的信息,但是不要急着发开发信,而是要多寻找隐藏信息。这样对客户了解多了,后期客户有回应也可以得心应手一点。万一客户有兴致,问你一些产品的信息,你却什么都不了解,他就会感觉你不专业。

外贸新人 3 支持一边学习一边开发客户,学习是无止境的,这个要一直存在你的工作过程里。找客户可以让你发现更多问题,也能学会解决问题的办法,客户的问题会比你想象中的多得多。只有多问,多看,才能一步步提升自己,企业毕竟不是学校。到最后,也许公司不给你压力,你自己的压力也会非常大。

外贸新人 4 熟悉产品的基础内容后就可以开始开发客户。更多东西还是需要在跟客户的交流中再去学习的。

资料来源:http://bbs.fobshanghai.com/viewthread.php?tid=4103168

一、掌握最新最全面的行业内的信息

行业内的信息对外贸业务很重要。现在,信息已经不是少数人才能知道的秘密,同种产品,网上搜索一下可能就有几千家公司供应,邮件群发一次便有无数人能够知道客户的采购意向。如何在众多竞争者中脱颖而出,靠的就是比别人更善于了解、分析和利用信息。

因此,客户开发人员必须明白出口产品在行业内的地位,产品的优、劣势,产品所需要的认证,行业的发展方向等。此外,还应通过行业内的展会、竞争对手的新产品发布会等渠道,掌握同行业的价格趋势、退税及不同国家的关税、行业内被淘汰的产品型号、客户所在国家的局势等,为开发国外客户打好基础,做好准备。

二、熟悉产品的相关知识

不同的出口产品有不同的名称和特性,因此必须先熟悉产品的中外文名称和特性。可从以下六个渠道熟悉和了解。

第一,熟悉出口公司网站。成熟的外贸公司或出口型工厂一般都有制作维护比较完整、信息全面的网站,这是许许多多国外客户快速了解出口公司和出口产品最有效的途径。对外贸新手来说这是学习产品知识最好、最直接的方法。

第二，熟悉出口公司目录册。出口公司目录册信息完整、直观，因此外贸新手应快速了解目录册，不管目录册有多少生涩的单词，也应强记下来。

第三，了解产品样品实物。对照公司网站和公司目录册上的介绍，通过直观的产品样品实物，了解和熟悉出口产品外观和性能。

第四，了解产品的生产工艺和工序。越了解产品，越能受到客户尊重，讨价还价时语言更有分量。多下车间了解生产，参与制作样品，熟悉生产的整个流程，与生产部主管多沟通交流，虚心向老业务员请教，条件允许不妨亲自操作一些生产环节，还可从仓库了解零件，可以熟悉产品的各个部分，了解容易偷工减料的环节，主要原料，原料的来源、产地，原料的品质，以及成品品质的差异、品质检测的方法、常见品质问题及原因，也可侧面了解产品生产周期。总之，熟悉产品工艺和工序，便于更好地理解产品，理解产品的价格形成，对报价、要求产品改进都很重要。还要了解产品的生产成本构成，水电、人工、包装等的均摊核算。这样，可以自己估算产品价格，对价格底线心中有数。

第五，熟悉产品价格内容。了解产品的原材料，并熟悉其在成品的价值比重。其次，还应熟悉材料与材料之间的价格区别、不同产品之间的功能差异等。

第六，熟悉包装。包装包括两个部分：一是包装物，主要有 PE 袋、垫纸板、纸箱等，其主要作用是保护产品免于在运输途中损坏，国外客户一般没有统一的标准和要求；二是印刷品，主要有说明书、吊卡、贴标等。以家具为例，客户要求在椅子上挂吊卡、说明书，贴上产地标识"MADE IN CHINA"等，在纸箱上贴上相应的标签。

三、遵守职业道德

信誉在外贸这一行非常重要。无论将来转到同行业的哪个厂家工作，只要做外贸，如果信誉有污点，影响是长期的。对于外贸新手而言，不做"私活"，不出卖商业机密（如客户资料），不吃回扣，是基本的职业操守。

外贸业务心得　外贸新手在开发客户之前的准备

外贸新人 1　一些刚进入外贸行业的新人，在工作之初很想表现自己，想尽办法去开发客户，想尽快拿下几个订单来证明自己的实力。但是，做外贸业务开发并不像做内销这么简单，开发国外客户和在国内寻找客户是截然不同的两个方向。所以,一些急于求成的外贸新人往往刚开始会遇到挫折,可能付出了很多努力却没有找到合适的客户。建议外贸新人做如下准备。

(1) 寻找客户之前要熟悉产品　首先对产品做基本的了解。例如,产品主要客户是哪些国家或地区,产品市场定位如何,是高端产品还是中低端产品,同业竞争力产品有哪些优势等。

(2) 开发客户一定要主动　主动开发国外的客户资源,千万不能被动等待。

(3) 外贸专业知识必不可少　专业知识一定要过硬;对外贸流程、收款方式,以及客户需求的了解是必不可少的。扎实的专业知识才是面对客户问题的底气。

(4) 人脉的积累也很重要　善于积累人脉,要留意各类贸易公司、物流货代、中间商、代理商等。很多时候,他们不是竞争对手,反而可能变成合作伙伴。

外贸行业是一个需要用心去做,需要一定时间才能得到回报的行业。一定要有清晰的认识,不要想短期赚大钱。

资料来源:https://bbs.fobshanghai.com/thread-7959635-1-1.html?btwaf=99371104

外贸新人2　职场新人的心理准备

(1) 一切只靠自己,不要寄希望于别人　刚进入公司或者工厂,肯定希望有一个老业务员能传帮带,能更快地融入业务。但是现实中,很多人只会应付你、让你干杂事。或者公司刚起步,根本没有专业的外贸人带领。成长必须靠自己去学习。

(2) 既灵活又勤奋　做外贸必须勤奋,何况没有任何资源的新手。

(3) 学会使用外贸网络开发工具,可起到事半功倍的效果。利用外贸网络工具精准定位某个地区,选择行业关键词,批量获取客户的联系方式,可高效开发国外客户。

(4) 工作要有计划　在实践中历练、成长是个复杂的过程,一定要做好短期和长期的工作计划。

(5) 及时调整心态　新人入行3个月甚至半年没有订单都是很正常的。每个外贸订单七分靠努力,三分靠运气。所以不要着急,不要轻易否定自己。稳住心态,做好自己该做的事,一定会有成绩。

资料来源:https://bbs.fobshanghai.com/thread-7892308-1-1.html?btwaf=47337565

本节单项业务操作练习

1. 以小组为单位选择一种产品,通过相关网站查阅产品特性和特点。
2. 有条件可以深入工厂熟悉产品,通过小组间互评方式评价学习效果。

第二节 熟悉与产品有关的报关知识

除了熟悉产品的相关知识外,外贸业务人员还应熟悉与产品有关的报关知识,特别是商品编码规则和监管条件。

一、协调制度简介

《商品名称和编码协调制度》(Harmonized Commodity Description And Coding System),简称《协调制度》(HS),是在《海关合作理事会商品分类目录》(CCCN)和联合国《国际贸易标准分类目录》(SITC)的基础上,为协调国际上多种主要的税则、统计、运输等商品分类目录而制定的一部科学、标准的多用途商品分类体系和编码体系。1983年6月,海关合作理事会在第61/62届会议上通过了《商品名称及编码协调制度国际公约》及作为附件的《商品名称及编码协调制度》目录,并于1988年1月1日在国际上正式生效。此后,为了适应新技术、新产品的不断产生和国际贸易发展格局的变化,《协调制度》先后经过多次修改,使用过1992年版、1996年版、2002年版、2007年和2012年版本。由于《协调制度》是一个完整、系统、通用、准确的国际贸易分类体系,具有严密的逻辑性和科学性,世界贸易组织及其成员国在进出口贸易申报、海关关税管理、关税和贸易谈判、贸易统计、国际商品运输、进出口商品检验、产地证签证及管理等各个领域广泛使用。截至2005年,已有200多个国家和地区采用《协调制度》目录作为本国或本地区的海关税则和贸易统计目录。国际贸易商品分类在世界范围内的统一和使用已成为国际贸易发展的必然趋势。

我国从1990年1月1日起先后在普惠制签证和商检机构实施检验的进出口商品种类表上实施HS编码。此后,从1992年开始我国海关也采用该《协调制度》,并以其作基础结合我国国际贸易的实际情况,编制了《中华人民共和国海关进出口税则》和《中华人民共和国海关统计商品目录》。

我国进出口税则采用十位编码，前八位等效采用 HS 编码，后两位是我国子目，它是在 HS 分类原则和方法基础上，根据我国进出口商品的实际情况延伸的两位编码。HS 在我国运输、银行、保险以及其他领域也被广泛推广运用。因此，对每一位从事外贸业务的人员来说，熟悉和掌握 HS 无疑是十分重要的。

二、《协调制度》基本结构和特点

《协调制度》由三部分组成：协调制度归类总规则，类、章和子目的注释，税目和子目及其相应的数字。

协调制度中所列商品共分为 21 类，97 章（其中 77 章空缺，备用），1 244 个税目。

我国税则及统计目录采用了《协调制度》分类目录，并在《协调制度》的结构基础上增加了两位数码，第七位数码代表三级子目，第八位数码代表四级子目，例如，混合的豆油

编码：1　5　　1　7　　9　　　0　　　0　　　0
位数：1　2　　3　4　　5　　　6　　　7　　　8
含义：章号　　顺序号　1级子目　2级子目　3级子目　4级子目

第 5 位数码代表 1 级子目，表示它所在税目下所含商品 1 级子目的顺序号；第 6 位数码代表 2 级子目，表示在 1 级子目下所含商品的顺序号；我国本国子目的第 7、8 位数码代表 3 级子目和 4 级子目，其含义与前面第 5、6 位数码含义相同。值得注意的是，在第 6 位或第 8 位数码编号中，若在第 5～8 位数码中出现数字"9"，一般情况下代表未具体列名的商品，而不一定是表示在该子目下的实际顺序号。

三、HS 编码查询

可以通过最新版的《协调商品名称和编码制度》查询 HS 编码，也可以通过海关总署的网站和其他相关网站查询。例如，通过海关总署网站查询计算机步骤和结果：

第一步：进入 www.customs.gov.cn/ 网站，点击"互联网＋海关"栏目。

第二步：进入全国一体化在线政务服务平台，点击"公共服务"→"进出口商品税率查询"。

第三步：可直接输入 HS 编码或商品名称。如果产品名称不确定，可以用统称

或泛称的方法查询,如输入"计算机",点击【查询】,结果如图1-1所示,详细显示了与计算机有关的具体产品及 HS 编码。从其中选取与实际商品最接近的商品名称和编码。

税号	商品名称	进口最惠国税率	进口普通税率	进口暂定税率	操作
8442302110	凹版式计算机直接制版设备(CTP)	0	35%		更多税率
8442302190	除凹版式以外的其他计算机直接制版设备(CTP)	0	35%		更多税率
8442400010	计算机直接制版机器用零件	0	20%		更多税率
8470300000	其他计算机	0	40%		更多税率
8470900000	会计计算机邮资盖戳机售票机及类似机器	0	40%		更多税率
8471411010	高性能数字计算机	0	14%		更多税率
8471491010	系统形式报验的高性能数字计算机	0	29%		更多税率
8471492000	以系统形式报验的小型计算机	0	29%		更多税率
8471499900	以系统形式报验的其他计算机	0	70%		更多税率
8471501010	高性能数字计算机处理部件	0	14%		更多税率
8471604000	巨大中及小型计算机用终端	0	14%		更多税率
8471609000	计算机的其他输入或输出部件	0	14%		更多税率
8471701000	计算机硬盘驱动器	0	14%		更多税率
8473301000	大、中、小型计算机的零件	0	14%		更多税率
8517623710	为聚合高性能数字计算机性能而专门设计的有线网络接口卡	0	30%		更多税率
8517623910	为聚合高性能数字计算机性能而专门设计的交换机	0	30%		更多税率

图 1-1

四、监管条件

点击任何一个商品均可进入该商品海关信息详细页面。例如,点击其中一个商品 8471411010 高性能电子计算机,如图 1-2 所示。

更多税率

☑ 进口最惠国税率、普通税率、暂定税率

税号	商品名称	进口最惠国税率	进口普通税率	进口暂定税率
8471411010	高性能数字计算机	0	14%	

▷ 进口消费税税率、增值税税率

▷ 进口反倾销税税率

▷ 进口反补贴税税率

▷ 进口废弃电器电子基金、保障措施关税税率

▷ 进口协定税率

▷ 出口商品关税税率、暂定税率

图1-2

海关对不同商品实行不同的监管条件。《中华人民共和国海关法》规定：进口货物自进境起到办结海关手续止，出口货物自向海关申报起到出境止，过境、转运和通运货物自进境起到出境止，应当接受海关监管。海关监管的十一项依据如下。

（一）进口许可管理制度

进出口许可管理制度是根据国家对外贸易方针政策，对进出口货物以经贸主管部门签发许可证等方式实施管理的一项制度。它是海关监管和验放进出口货物的重要依据之一，在《海关法》里有明文规定。进出口许可证是保护和稳定国内经济免受国际市场冲击的一项有效措施。在我国加入世界贸易组织后，进出口许可证作为一项非关税措施，如何控制并减少其管理范围，已成为我国外贸制度与国际惯例接轨的敏感问题。

（二）商检制度

商品检验制度是指商品检验机构对进出口商品的质量、规格、重量、数量、包装、残损等依法进行检验，出具检验证书。此外，商检机构还负责对出口食品的卫生检疫和向非协议国家出口动物产品的病虫害检疫，对进口货物的环保状况进行鉴定。国家出入境检验检疫局是我国负责检验进出口商品的主管机构，由该机构

制定、调整并发布的《出入境检验检疫机构实施检验检疫的进出境商品目录》,调整后的《检验检疫商品目录》涉及编码商品 4 113 个。

我国商品检验分为四种,即法定检验、合同检验、公证鉴定和委托检验。法定检验是指根据国家规定,对进出口商品实施强制性的检验,凡列入《出入境检验检疫机构实施检验检疫的进出境商品目录》的进出口商品均属法定检验商品;进口时,海关凭商检机关在报关单上加盖的印章放行;出口时,报验手续在向海关申报之前办理。海关凭商检机构的检验证书、放行单,或凭其在报关单上加盖的印章验放。

(三) 动植物检疫制度

为了防止动物传染病、寄生虫病和植物危险性病、虫、杂草及其他有害生物的传播和蔓延,保障我国农、林、牧、渔业生产和人体健康,维护我国的对外信誉,国家规定对进出境的动植物及其产品实施检疫。凡属应当施行动植物检疫的进出境货物,无论以何种贸易方式进出境,都应当在报关前报请入境或出境口岸的动植物检疫机构实施检疫,由动、植物检疫机构发给《检疫放行通知单》或在货运单据上加盖检疫放行章后,再向海关申报。

实施动植物检疫的范围包括进出境的动植物、动植物产品和其他检疫物,装载动植物、动植物产品和其他检疫物的容器、包装物以及来自动植物检疫区的运输工具。例如:

(1) 动物　家畜、家禽、兽、蛇、鱼、虾、蟹、贝、蚕、蜂等。

(2) 动物产品　生皮张、毛类、肉类、脏器、油脂、蛋类、血液、精液、胚胎、骨、蹄、角等。

(3) 植物　栽培植物、野生植物及其种子、种苗、繁殖材料等。

(4) 植物产品　粮食、稻类、棉花、油类、麻类、烟草、籽仁、干果、鲜果、蔬菜、生药材、木材、饲料等。

(四) 药品检验制度

药品检验是国家为了防止假药、劣药非法流入我国而制定的对进口药品(包括药材)实行检验的制度。我国对进口药品实行注册制度,即进口药品须取得卫生部核发的《进口药品注册证》或《一次性进口药品批件》。经营进口药品的外贸企业须具有卫生主管部门核发的《药品经营企业许可证》。药品到达口岸后,有关单位应及时向口岸药检所报检,海关凭药检所在进口货物报关单上加盖的已接受报检的印章放行。

对进口血液制品,国家规定从严掌握和限制,确属临床医疗需要进口的,进口单位应事先报经卫生部批准。进口时,由口岸药检所审查批准文件,按规定程序实施检验后放行。

对进出口精神药物、麻醉药物,按照国务院发布的《精神药品管理办法》和《麻醉药品管理办法》的规定执行。精神药物由外经贸部指定的单位按照国家有关外贸规定办理,麻醉药品由中国医药保健品进出口总公司及地方分公司或由卫生部、外经贸部指定的单位办理。进出口时,应报卫生部审查批准,发给《精神药品进(出)口准许证》、《麻醉药品进出口准许可证》,海关凭准许可证验放。

(五) 食品检验制度

食品检验指的是按照我国卫生标准和要求对进口食品、食品原料、食品容器、食品添加剂、包装材料等进行检验的制度。

进口时,由国家卫生监督机构进行卫生监督、检验。海关凭国家食品卫生监督机构出具的证书放行。出口食品由国家进出口商品检验部门进行卫生监督、检验,海关凭上述机构的检验证书放行。

(六) 濒危物种管理制度

濒危物种管理是指濒于灭绝和有灭绝危险的野生动物和植物,范围包括列入《濒危野生动植物种国际贸易公约》附录1和附录2文件中的全部物种。长期以来,人类在获得发展的同时,由于各种原因造成自然资源面临枯竭的危险,许多野生动植物灭绝的速度加快,成为珍贵稀有野生动植物。一旦自然生态失去平衡,危及的将是人类自身。为此,国际上要求保护濒危物种的呼声越来越高,管理越来越严。在我国,有识之士不断呼吁制止滥捕滥杀珍贵、濒危野生动物的行为。我国现已加入了《濒危野生动植物种国际贸易公约》,并制定了《中华人民共和国野生动物保护法》。林业部也下发了《关于保护珍贵树种的通知》等许多法规。

此外,我国还制定了旨在与自然生态环境保持和谐的可持续发展战略。根据国家规定,凡进出口中国已加入的国际公约所限制的进出口野生动物或者其产品的,出口国家重点保护野生动物或者其产品的,必须经国务院野生动物行政主管部门或者国务院批准,并取得国家濒危物种进出口管理机构核发的允许进出口证明书,海关凭允许进出口证明书查验放行。凡出口含珍贵稀有野生动植物中成药,出口企业凭国家濒危物种进出口管理办公室签发的允许出口证明书向海关报关。

(七) 文物管理制度

文物是一个国家的历史文化遗产,甚至有的文物价值连城。因此,许多国家都立法加以保护,以防止文物的流失。

《中华人民共和国文物保护法》规定，凡有重要历史、艺术、科学价值的文物，除经国务院批准运往国外展览以外，一律禁止出境。对暂时进出境文物，如经国家批准的对外文化交流、出口展览、合作研究等项目或其他需由驻外机构人员、出访人员携带、托运或邮寄的暂时出境文物，在出境前，由当地文物出境鉴定站根据批准文件和文物清单、照片，查验无误后签发出境证明；复带文物进境时，须根据清单、照片进行复验，海关凭出境证明按暂时出境货物予以验放。对出口文物或个人携带文物出境，必须在报关前，到国家文化行政管理部门指定的省、自治区、直辖市文化行政管理部门鉴定，海关凭该部门盖的火漆标志或文物出口证明放行。国家对需要办理鉴定的出境文物的品种作了规定，在一些地方还成立了文物鉴定站负责境外人员托运、携带文物出境的，还应在报关时交验用外汇购买的文物销售发票。

(八) 金银、外汇管理制度

国家有关金银管理条例规定，出口金银制品必须向海关递交中国人民银行制发的《金银制品出口准许证》，海关凭准许证验放。

为加工出口成品需从国外进口的金银原料，应当在进口后持进口报关单到中国人民银行办理登记手续，以便出口时审查发证。

国家有关对携带外汇进出境管理规定包括，进出境人员携带外汇出入境超过规定数额，应视情况向银行申请携带证或向当地外汇管理局申请核准，银行凭核准文件签发携带证，海关凭携带证放行。

(九) 进口废物管理制度

进口废物，俗称洋垃圾，是指在生产建设、日常生活和其他活动中产生的污染环境的有害物质、废弃物质，包括液态废物和气态废物。国际上列入有害废物管理的共有23项。

我国于1990年加入了联合国环境计划署通过的《控制危险废物越境转移及其处置的巴塞尔公约》。国家环保局、外经贸部、海关总署、国家工商局、国家商检局联合颁布了《废物进口环境保护管理暂行规定》并于1996年4月1日起施行。

《暂行规定》禁止进口境外废物在境内倾倒、堆放、处置。限制进口可以用作原料的废物，对列入国家限制进口可用作原料的九大类废物的进口，须经国家环保局审批，其他废物严禁进口。

《暂行规定》还对进口可用作原料的废物的申请和审批手续作了严格规定。海关凭国家环保局签发的《进口废物批准证书》和口岸所在地商检机构的检验合格证明验放。对检验不合格的废物，海关依法责令退运，进口者或承运人承担相应责任和费用。对违反规定将境外废物进境倾倒、堆放、处置,或擅自进口废物用作原料的行为,依法严肃处理,构成犯罪的,将追究刑事责任。

(十) 知识产权的海关保护制度

知识产权保护是近年来国际社会普遍关注的一个重要问题,1985 年世界海关组织制定了《关于授权海关实施商标和版权保护的国内立法的示范法》。关税与贸易总协定乌拉圭回合谈判最终于 1994 年形成了《与贸易有关的知识产权协议》(简称 TRIPS)。1995 年国务院第 179 号令发布了《中华人民共和国知识产权海关保护条例》,于当年 10 月 1 日起实施。该条例对知识产权边境保护的宗旨、范围、海关职权及义务、知识产权备案、保护申请、担保、调查和处理、法律责任等问题作出了明确规定。其内容主要有六个方面。

(1) 保护范围　受中国法律保护的并与进出境货物有关的商标权、著作权、专利权;

(2) 法律依据　凡受中国法律、行政法规保护的知识产权侵权货物禁止进出口,表明了中国政府对保护知识产权所持的基本立场;

(3) 保护备案　知识产权权利人需要海关对其知识产权实施保护,应当向海关总署备案;

(4) 保护申请　海关除对侵权货物可以扣留外,原则上应由知识产权权利人请示海关采取保护行动;

(5) 担保　申请人请求海关扣留进出境货物时,应当提供与进出口货物到岸或离岸价格等值的担保金,以防因错扣而引起的赔偿损失要求及承担相关费用;

(6) 处罚　海关可没收侵权货物并可同时处以罚款。

(十一) 相关监管条件下所需证书

海关依照监管依据对不同商品实行不同的监管,包括提供出口许可证、检验检疫证、法定检验证,产地证、熏蒸证、配额证、濒危证等,见表 1-1。主要介绍以下四类。

表 1-1　我国海关进出口主要监管条件

许可证或批文代码	许可证或批文名称
1	进口许可证
2	两用物项和技术进口许可证
3	两用物项和技术出口许可证
4	出口许可证

续表

许可证或批文代码	许可证或批文名称
5	纺织品临时出口许可证
6	旧机电产品禁止进口
7	自动进口许可证
8	禁止出口商品
9	禁止进口商品
A	入境货物通关单
B	出境货物通关单
D	出/入境货物通关单(毛坯钻石用)
E	濒危物种出口允许证
F	濒危物种进口允许证
G	两用物项和技术出口许可证(定向)
I	精神药物进(出)口准许证
J	金产品出口证或人总行进口批件
O	自动进口许可证(新旧机电产品)
P	进口废物批准证书
Q	进口药品通关单
S	进出口农药登记证明
T	银行调运外币现钞进出境许可证
W	麻醉药品进出口准许证
X	有毒化学品环境管理放行通知单
Z	进口音像制品批准单或节目提取单
e	关税配额外优惠税率进口棉花配额证
s	适用ITA税率的商品用途认定证明
t	关税配额证明

1. 进出口许可证

进出口许可证是国家管理进出口贸易通关证件，由对外经济贸易部及其授权的有关省、自治区、直辖市经贸委局和特派员办事处审核签发。从1992年起，进出口许可证上各项标注中英文对照、商品名称、编码和计量单位，采用商品分类和编码协调制度。进出口许可证制度是国家协调市场、保护国民经济的一种方法，主要针对机电产品、食品、粮食、能源产品等有关国计民生的商品发放许可证。

2. 检验检疫证

商品检验是国际贸易发展的产物，体现不同国家对进出口商品实施品质管制。通过这种管制在出口商品生产、销售和进口商品按既定条件采购等方面发挥积极作用。

国家检验检疫部门根据对外贸易发展的需要,制定、调整并公布《商检机构实施检验的进出口商品种类表》(以下简称《种类表》)。

3. **法定检验证**

国家检验检疫部门对以下进出口商品实行法定检验。

(1) 列入《种类表》的商品;

(2)《中华人民共和国进出口动植物检疫条例》规定的出口商品;

(3)《中华人民共和国食品卫生法》规定的出口食品;

(4) 有关政府的要求和我国政府的要求或我国政府与有关国家的协议的规定,由我国政府规定由商检机构统一执行检验的出口商品;

(5) 装运出口粮油食品、冷冻食品等船舶或集装箱的装运技术条件,必须进行检验。

4. **产地证、熏蒸证等**

(1) 产地证明书 证明货物原产地和制造地的文件,也是进口国海关采取不同的国别政策和关税待遇的依据。产地证一般分为普通产地证、普惠制产地证和欧洲纺织品产地证。上述产地证虽然都用于证明货物产地,但使用范围和格式不一样。产地证并非法定的海关监管条件。

(2) 普通产地证又称原产地证 通常不使用海关发票或领事发票的国家,要求提供产地证明,可确定对货物征税的税率。有的国家限制从某个国家或地区进口货物,要求以产地证来确定货物来源国。

此种产地证根据签发者的不同,分为出口商自己出具的产地证、国家进出口商品检验局签发的产地证明书、中国国际贸易促进委员会(即中国商会)出具的产地证。

(3) 普惠制产地证(简称 Form A) 普惠制的主要单据。凡是对给惠国出口一般货物,须提供这种产地证。由出口公司填制,中国进出口商品检验局出具,作为进口国减免关税的依据。

(4) 纺织品产地证 对欧洲经济共同体国家出口纺织品时,信用证一般都规定须提供特定的产地证,即纺织品产地证。此种产地证在我国是由出口地的经贸委(厅、局)签发的。

(5) 熏蒸证 许多国家包括我国为了有效防止病虫害的侵入,对于进出口商品及其包装中易于携带病虫害的载体进行熏蒸消毒,继而出具已熏蒸的相关证书。

本节单项业务操作练习

1. 针对教师所给商品信息,查找商品编码。
2. 针对教师所给商品信息,查找商品监管条件。

第三节　熟悉与产品有关的财税知识

外贸新人除了熟悉产品的相关知识和报关相关知识外,还应熟悉与产品有关的财税方面知识,特别是货物报关单和出口退税。

一、进出口货物报关单

进出口货物报关单是指进出口货物收发货人或其代理人,按照海关规定的格式对进出口货物的实际情况做出书面申明,以此要求海关对其货物按适用的海关制度办理通关手续的法律文书。

进出口货物报关单适用范围主要有以下 7 种,其中用于出口退税的主要是第二类出口货物报关单(浅黄色)。

（1）出口货物报关单(普通白色)　除来料加工、补偿贸易、进料加工合同项下和外商投资企业出口货物外,其余的出口货物均适用此单向海关申报。

（2）出口货物报关单(浅黄色)　出口企业申请退税时,应于海关放行货物之日起 15 天内申请出口退税报关单。

（3）出口货物报关单(浅绿色)　来料加工、补偿贸易合同项下的出口货物用此色报关单向海关申报货物出口。

（4）出口货物报关单(粉红色)　进料加工下的货物出口填写此单向海关申报出口。

（5）进口货物报关单(普通白色)　除来料加工、补偿贸易、进料加工合同项下和外商投资企业进口货物外,其余的进口货物均适用此单向海关申报。此色报关单还适用某些非贸易渠道进口的物品,如外资企业、新闻等常驻我国机构进口的办公物品,捐赠物资、礼品等。

（6）进口货物报关单(浅蓝色)　三资企业进口货物时,应用此色进口报关单向海关申报进口。

（7）进口货物报关单（浅绿色） 来料加工、补偿贸易合同项下的货物进口需用此色报关单向海关申报。

二、进出口货物报关单各栏目的填制规范

进出口货物报关单见表1-2和1-3。

表1-2 中华人民共和国海关进口货物报关单

预录入编号： 海关编号：

进口口岸	备案号	进口日期		申报日期
经营单位	运输方式	运输工具名称		提运单号
收货单位	贸易方式	征免性质		征税比例
许可证号	起运国（地区）	装货港		境内目的地
批准文号	成交方式	运货	保费	杂费
合同协议号	件数	包装种类	毛重（千克）	净重（千克）
集装箱号	随附单据			用途
标记唛码及备注				
项号 商品编号 商品名称、规格型号 数量及单位 原产国（地区） 单价 总价 币值 征免				
税费征收情况				

续表

录入员　录入单位	兹声明以上申报无讹并承担法律责任	海关审批注及放行日期(签章) 审批　　审价
报关员 单位地址　　　　　　　　　申报单位(签章) 邮编　　电话　　　　　　　　　填制日期		征税　　统计
		查验　　放行

表 1-3　中华人民共和国海关出口货物报关单

预录入编号：　　　　　　　　　　　　　　　　　海关编号：

出口口岸	备案号	出口日期		申报日期	
经营单位	运输方式	运输工具名称		提运单号	
发货单位	贸易方式	征免性质		结汇方式	
许可证号	运抵国(地区)	指运港		境内货源地	
批准文号	成交方式	运货	保费	杂费	
合同协议号	件数	包装种类	毛重(千克)	净重(千克)	
集装箱号	随附单据	生产厂家			
标记唛码及备注					
项号　商品编号　商品名称、规格型号　数量及单位　原产国(地区)　单价　总价　币值 征免					
税费征收情况					

续表

录入员　录入单位	兹声明以上申报无讹并承担法律责任	海关审批注及放行日期(签章) 审批　审价
报关员 单位地址　　　　　　　　　申报单位(签章) 邮编　　电话　　　　　　　填制日期		征税　统计 查验　放行

1. 预录入编号

预录入单位预录入报关单的编号,用于申报单位与海关之间引用其申报后尚未接受申报的报关单。

预录入编号由接受申报的海关决定编号规则。报关单录入凭单的编号规则由申报单位自行决定。

2. 海关编号

海关接受申报时给予报关单的编号,应标志在报关单的每一联上。

3. 进口口岸/出口口岸

货物实际进出我国关境口岸海关的名称。

本栏目应根据货物实际进出关境的口岸海关填报《关区代码表》中相应的口岸海关名称及代码。

进口转关运输货物应填报货物进境地海关名称及代码,出口转关运输货物应填报货物出境地海关名称及代码。按转关运输方式监管的跨关区深加工结转货物,出口报关单填报转出地海关名称及代码,进口报关单填报转入地海关名称及代码。

在不同出口加工区之间转让的货物,填报对方出口加工区海关名称及代码。

其他无实际进出境的货物,填报接受申报的海关名称及代码。

4. 备案号

进出口企业在海关办理加工贸易合同备案或征、减、免税审批备案等手续时,海关给予《进料加工登记手册》、《来料加工及中小型补偿贸易登记手册》、《外商投资企业履行产品出口合同进口料件及加工出口成品登记手册》、电子账册及其分册(以下简称《加工贸易手册》)、《进出口货物征免税证明》(以下简称《征免税证明》)或其他有关备案审批文件的编号。

一份报关单只允许填报一个备案号。备案号栏目为12位字符，其中第1位是标记代码。

无备案审批文件的报关单，本栏目免予填报。

5. 合同协议号

本栏目应填报进（出）口货物合同（协议）的全部字头和号码。

6. 进口日期/出口日期

（1）进口日期　运载所申报货物的运输工具申报进境的日期。本栏目填报的日期必须与相应的运输工具进境日期一致。

进口申报时无法确知相应的运输工具的实际进境日期时，本栏目免予填报。

（2）出口日期　运载所申报货物的运输工具办结出境手续的日期。本栏目供海关打印报关单证明联用，在申报时免予填报。无实际进出境的报关单填报办理申报手续的日期，以海关接受申报的日期为准。

7. 申报日期

海关接受进出口货物的收、发货人或受其委托的报关企业申请的日期。以电子数据报关单方式申报的，申报日期为海关计算机系统接受申报数据时记录的日期。以纸质报关单方式申报的，申报日期为海关接受纸质报关单并对报关单进行登记处理的日期。

8. 经营单位

经营单位指对外签订并执行进出口贸易合同的中国境内企业、单位或个体工商户。本栏目应填报经营单位名称及经营单位编码。

经营单位编码是经营单位在海关办理注册登记手续时，海关给予的注册登记10位编码。

9. 收货单位/发货单位

（1）收货单位　已知的进口货物在境内的最终消费、使用单位，包括自行从境外进口货物的单位、委托进出口企业进口货物的单位。

（2）发货单位　出口货物在境内的生产或销售单位，包括自行出口货物的单位、委托进出口企业出口货物的单位。

（3）备有海关注册编号或加工生产企业编号的收、发货单位　本栏目必须填报其经营单位编码或加工生产企业编号，否则填报其中文名称。加工贸易报关单的收、发货单位应与《加工贸易手册》的"货主单位"一致；减免税货物报关单的收、发货单位应与《征免税证明》的"申请单位"一致。

10. 申报单位

对申报内容的真实性直接向海关负责的企业或单位。自理报关的，应填报进（出）口货物的经营单位名称及编码；委托代理报关的，应填报经海关批准的报关企业名称及编码。

本栏目还包括报关单左下方用于填报申报单位有关情况的相关栏目，包括报关员、报关单位地址、邮政编码和电话号码等栏目。

11. 运输方式

载运货物进出关境所使用的运输工具的分类，包括实际运输方式和海关规定的特殊运输方式。本栏目应根据实际运输方式按海关规定的《运输方式代码表》选择填报相应的运输方式。

12. 运输工具名称

载运货物进出境的运输工具的名称或运输工具编号。本栏目填报内容应与运输部门向海关申报的载货清单所列相应内容一致。

一份报关单只允许填报一个运输工具名称。

13. 航次号

载运货物进出境的运输工具的航次编号。

14. 提运单号

进出口货物提单或运单的编号。本栏目填报的内容应与运输部门向海关申报的载货清单所列相应内容一致。

一份报关单只允许填报一个提运单号，一票货物对应多个提运单时，应分单填报。

15. 贸易方式（监管方式）

本栏目应根据实际情况按海关规定的《贸易方式代码表》选择填报相应的贸易方式简称或代码。出口加工区内企业填制的《出口加工区进（出）境货物备案清单》应选择填报适用于出口加工区货物的监管方式简称或代码。

一份报关单只允许填报一种贸易方式。

16. 征免性质

海关对进出口货物实施征、减、免税管理的性质类别。

本栏目应按照海关核发的《征免税证明》中批注的征免性质填报，或根据实际情况按海关规定的《征免性质代码表》选择填报相应的征免性质简称或代码。

17. 征税比例/结汇方式

（1）征税比例　仅用于"非对口合同进料加工"（代码"0715"）贸易方式下进口

料件的进口报关单,填报海关规定的实际应征税比率,例如,5%填报"5",15%填报"15"。

（2）结汇方式　出口报关单应填报结汇方式,即出口货物的发货人或其代理人收结外汇的方式。本栏目应按海关规定的《结汇方式代码表》选择填报相应的结汇方式名称或代码。

18. 许可证号

应申领进(出)口许可证的货物,必须在此栏目填报商务部及其授权发证机关签发的进(出)口货物许可证的编号。

一份报关单只允许填报一个许可证号。

19. 起运国(地区)/运抵国(地区)

起运国(地区)指进口货物直接运抵或者在运输中转国(地)未发生任何商业性交易的情况下运抵我国的起始发出的国家(地区)。

运抵国(地区)指出口货物离开我国关境直接运抵或者在运输中转国(地)未发生任何商业性交易的情况下最后运抵的国家(地区)。

对发生运输中转的货物,如中转地未发生任何商业性交易,则起、抵地不变,如中转地发生商业性交易,则以中转地作为起运/运抵国(地区)填报。

本栏目应按海关规定的《国别(地区)代码表》选择填报相应的起运国(地区)或运抵国(地区)中文名称或代码。

20. 装货港/指运港

装货港指进口货物在运抵我国关境前的最后一个境外装运港。指运港指出口货物运往境外的最终目的港;最终目的港不可预知的,可按尽可能预知的目的港填报。

本栏目应根据实际情况按海关规定的《港口航线代码表》选择填报相应的港口中文名称或代码。

21. 境内目的地/境内货源地

境内目的地指已知的进口货物在国内的消费、使用地或最终运抵地。境内货源地指出口货物在国内的产地或原始发货地。

本栏目应根据进口货物的收货单位、出口货物生产厂家或发货单位所属国内地区,并按海关规定的《国内地区代码表》选择填报相应的国内地区名称或代码。

22. 批准文号

出口报关单本栏目用于填报《出口收汇核销单》编号。

23. 成交方式

本栏目应根据实际成交价格条款按海关规定的《成交方式代码表》选择填报相应的成交方式代码。无实际进出境的,进口填报 CIF 价,出口填报 FOB 价。

24. 运费

本栏目用于成交价格中不包含运费的进口货物或成交价格中含有运费的出口货物,应填报该份报关单所含全部货物的国际运输费用。可按运费单价、总价或运费率三种方式之一填报,同时注明运费标记,并按海关规定的《货币代码表》选择填报相应的币种代码。

运保费合并计算的,运保费填报在本栏目。

25. 保费

本栏目用于成交价格中不包含保险费的进口货物或成交价格中含有保险费的出口货物,应填报该份报关单所含全部货物国际运输的保险费用。可按保险费总价或保险费率两种方式之一填报,同时注明保险费标记,并按海关规定的《货币代码表》选择填报相应的币种代码。

运保费合并计算的,运保费填报在运费栏目中,本栏目免予填报。

26. 杂费

成交价格以外的、按照《中华人民共和国进出口关税条例》相关规定应计入完税价格或应从完税价格中扣除的费用,可按杂费总价或杂费率两种方式之一填报,同时注明杂费标记,并按海关规定的《货币代码表》选择填报相应的币种代码。

应计入完税价格的杂费填报为正值或正率,应从完税价格中扣除的杂费填报为负值或负率。

27. 件数

本栏目应填报有外包装的进(出)口货物的实际件数。

28. 包装种类

本栏目应根据进出口货物的实际外包装种类,按海关规定的《包装种类代码表》选择填报相应的包装种类代码。

29. 毛重(公斤)

货物及其包装材料的重量之和。

30. 净重(公斤)

货物的毛重减去外包装材料后的重量,即商品本身的实际重量。

31. 集装箱号

在每个集装箱箱体两侧标示的全球唯一的编号。

32. 随附单据

随进(出)口货物报关单一并向海关递交的单证或文件。合同、发票、装箱单、进出口许可证等必备的随附单证不在本栏目填报。

33. 用途/生产厂家

进口货物填报用途，应根据进口货物的实际用途按海关规定的《用途代码表》选择填报相应的用途代码，如"以产顶进"填报"13"。

生产厂家指出口货物的境内生产企业。本栏目供必要时手工填写。

34. 标记唛码及备注

本栏目填报货物运输包装上的标记唛码中除图形以外的所有文字、数字。无标记唛码的免于填报。

35. 项号

本栏目分两行填报及打印。第一行打印报关单中的商品排列序号；第二行专用于加工贸易等已备案的货物，填报和打印该项货物在《加工贸易手册》中的项号。

36. 商品编号

按商品分类编码规则确定的进出口货物的商品编号。此栏目分为商品编号和附加编号两栏，其中商品编号栏应填报《中华人民共和国海关进出口税则》8位税则号列，附加编号栏应填报商品编号附加的第9、10位附加编号。《加工贸易手册》中商品编号与实际商品编号不符的，应按实际商品编号填报。

37. 商品名称、规格型号

本栏目分两行填报及打印。第一行打印进出口货物规范的中文商品名称；第二行打印规格型号，必要时可加注原文。

38. 数量及单位

进出口商品的实际数量及计量单位。本栏目分三行填报及打印。

39. 原产国(地区)/最终目的国(地区)

原产国(地区)指进口货物的生产、开采或加工制造国家(地区)。最终目的国(地区)指已知的出口货物的最终实际消费、使用或进一步加工制造国家(地区)。

本栏目应按海关规定的《国别(地区)代码表》选择填报相应的国家(地区)名称或代码。

40. 单价

本栏目应填报同一项号下进出口货物实际成交的商品单位价格。

41. 总价

本栏目应填报同一项号下进出口货物实际成交的商品总价。

42. 币制

进出口货物实际成交价格的币种。本栏目应根据实际成交情况按海关规定的《货币代码表》选择填报相应的货币名称或代码,如《货币代码表》中无实际成交币种,需转换后填报。

43. 征免

海关对进出口货物进行征税、减税、免税或特案处理的实际操作方式。

本栏目应按照海关核发的《征免税证明》或有关政策规定,对报关单所列每项商品选择填报海关规定的《征减免税方式代码表》中相应的征减免税方式。加工贸易报关单应根据《加工贸易手册》中备案的征免规定填报。

44. 税费征收情况

本栏目供海关批注进(出)口货物税费征收及减免情况。

45. 录入员

本栏目用于记录预录入操作人员的姓名并打印。

46. 录入单位

本栏目用于记录并打印电子数据报关单的录入单位名称。

47. 填制日期

报关单的填制日期。电子数据报关单的填制日期由计算机自动打印。

48. 海关审单批注栏

本栏目指供海关内部作业时签注的总栏目,由海关关员手工填写在预录入报关单上。其中,"放行"栏填写海关对接受申报的进出口货物作出放行决定的日期。

三、出口退税

出口退税是一个国家或地区对已报送离境的出口货物,由税务机关将其在出口前生产和流通的各环节已经缴纳的国内增值税或消费税等间接税税款,退还给出口企业的一项税收制度。1985年3月,国务院正式颁发了《关于批转财政部〈关于对进出口产品征、退产品税或增值税的规定〉的通知》,规定从1985年4月1日起实行对出口产品退税政策。1994年1月1日起,随着国家税制的改革,我国改革了已有退还产品税、增值税、消费税的出口退税管理办法,建立了以新的增值税、消费税制度为基础的出口货物退(免)税制度。

国家税务总局最终鉴定商品代码以及鉴定的退税率是计算出口退税税额的重要依据,整个代码体系及税率所形成的数据库称为出口商品退税率文库(亦称出口商品代码库)。出口企业可据此进行进出口报关、企业内部业务处理及财务核算、办理出口退税业务;各地的税务机关也可据此审定企业的退税申报、办理退税审核审批业务。

(一) 出口退税登记的一般程序

(1) 有关证件的送验及登记表的领取　企业在取得有关部门批准其经营出口产品业务的文件和工商行政管理部门核发的工商登记证明后,应于 30 日内办理出口企业退税登记。

(2) 退税登记的申报和受理　企业领到《出口企业退税登记表》后,即按登记表及有关要求填写,加盖企业公章和有关人员印章后,连同出口产品经营权批准文件、工商登记证明等证明资料一起报送税务机关,税务机关经审核无误后,即受理登记。

(3) 填发出口退税登记证　税务机关接到企业的正式申请,经审核无误并按规定的程序批准后,核发给企业《出口退税登记》。

(4) 出口退税登记的变更或注销　当企业经营状况发生变化或某些退税政策发生变动时,应根据实际需要变更或注销退税登记。

(二) 出口退税附送材料

(1) 报关单:货物进口或出口时进出口企业向海关办理申报手续,以便海关凭此查验和验放而填具的单据。

(2) 出口销售发票:出口企业根据与出口购货方签订的销售合同填开的单证,是外商购货的主要凭证,也是出口企业财会部门凭此记账做出口产品销售收入的依据。

(3) 进货发票:提供进货发票主要是为了确定出口产品的供货单位、产品名称、计量单位、数量,是否是生产企业的销售价格,以便划分和计算确定其进货费用等。

(4) 结汇水单或收汇通知书。

(5) 属于生产企业直接出口或委托出口自制产品,凡以到岸价 CIF 结算的,还应附送出口货物运单和出口保险单。

(6) 有进料加工复出口产品业务的企业,还应向税务机关报送进口料、件的合同编号、日期、进口料件名称、数量、复出口产品名称,进料成本金额和实纳各种税金额等。

(7) 产品征税证明。

(8) 出口收汇已核销证明。

(9) 与出口退税有关的其他材料。

(三) 出口退税无纸化申报

出口退税是指在国际贸易业务中,对我国报关出口的货物退还在国内各生产环节和流转环节按税法规定缴纳的增值税和消费税,即出口环节免税且退还以前纳税环节的已纳税款。为了便于纳税人申请出口退税,根据《关于加快出口退税进度有关事项的公告》(国家税务总局公告 2018 年第 48 号)规定,国家推出了无纸化申请出口退税的方法。

1. 符合一定条件的企业才能申请无纸化

申请无纸化退税企业满足的条件包括:自愿申请且向主管税务机关承诺能按规定将有关申报资料备存企业备案;出口退(免)税企业分类管理类别为一类、二类、三类;有税控数字签名证书或主管税务机关认可的其他数字签名证书;能够按规定报送经数字签名后的出口退(免)税全部申报资料的电子数据。

2. 出口退税无纸化申报流程

用无纸化通关模式申报的,出口退税操作流程不变。有电子口岸的企业办理流程是:

第一步:网上申领核销单("电子口岸"→"出口收汇"→"核销单申领")。

第二步:进入国税系统,输入报表及纳税申报表。

第三步:将出口货物退(免)税申报系统里的免税数据上传至国税网站。

第四步:在出口货物退(免)税申报系统进行退税申报(申报成功后另存入 U 盘)。

第五步:准备出口退税纸质材料并带 U 盘到国税局申报。

第六步:等国税局电话通知拿退税批复。

第七步:等国税局电话通知,去国税局办理退税申请手续(带退税批复、公司公章及印鉴章)。

第八步:一般办理过退税手续一周内,银行从国家金库里拨入账款至公司账户。

无纸化退税的核心是实现了核销单电子化,也就是取消了核销单,但是还需要退税联。

> **外贸业务心得**　第一次办理退税经历
>
> 　　第一次退税是比较麻烦的。新注册的公司要使用退税软件退税备案,当时一个月来回跑了六七次。然后拿着第一笔报关单和发票申报第一次退税。第一笔退税要实地核查。要联系专管,如实告知公司情况和这笔退税的情况。不符合要求的按照规定改正,符合的提供真实资料,事情就这么办成了。当然,我的第一笔退税耗时"巨"长,不是退税办事效率低,是因为中间经历了税务系统更新、退税软件更新、单一窗口开启等外部原因。办理退税时切记两个关键,关单、发票品名和单位要匹配。以上工作都完成了,接下来通过系统进行无纸化退税只需几分钟。
>
> 　　资料来源:https://bbs.fobshanghai.com/thread-7812222-1-1.html

本节单项业务操作练习

1. 选择一种产品,通过相关网站查阅海关 HS 编码和海关监管要求。
2. 选择一种产品,通过相关网站查阅进口和出口分别需缴纳的税费及最新的出口退税率。

第四节　准 备 报 价 单

　　在出口业务操作过程中,了解和核算出口商品价格的构成要素,掌握出口商品成本、利润和各种费用的含义及其计算方法,以便于准确核算出口价格、控制出口成本、增长预期利润。

　　出口商品价格主要包括成本、费用和利润三大部分。

一、商品的成本

　　出口商品的成本包括生产成本、加工成本以及采购成本三种类型。

　　(1) 生产成本　制造商生产某一产品所投入的成本。

(2) 加工成本　加工商对成品或半成品进行加工、装配所需的成本。

(3) 采购成本　贸易商向供应商(制造商和加工商)采购商品的价格,又称进货价格。

从事进出口业务的外贸创业者需要了解采购成本。在出口价格中,成本占的比重最大,因而是报价中的重要组成部分。

在实际的出口业务中,因为出口退税,商品的成本会低于商品的采购价格。我国出口退税主要是退增值税。增值税是对商品生产、流通、劳务服务中多个环节的新增价值或商品的附加值征收的一种流转税。

我国商品进价中包含了17%的增值税,增值税的征收额和退税额均按照货物的不含税价格计算。因此,计算退税额的公式如下:

$$商品进价(含增值税) = 商品不含税价 + 增值税额,$$
$$增值税额 = 商品不含税价 \times 增值税率,$$

所以　　商品不含税价 = 商品进价(含增值税) ÷ (1 + 增值税率)。

由此可得:

出口退税 = {商品进价(含增值税) ÷ (1 + 增值税率)} × 出口退税率。

综上所述,商品的成本 = 采购成本 − 出口退税。

案例1.1　出口报价核算——出口退税核算

填充毛绒动物玩具三色戴帽熊的海关编码是95034100。在海关总署网站的"税则查询"中,输入"95034100",点"搜索"按钮,可查出增值税率17%、出口退税率为15%。从供应商得知供货价为每只6元(含增值税17%),核算9 120只三色戴帽熊的出口退税收入。

分析: 退税收入 = 采购成本 ÷ (1 + 增值税率) × 出口退税率
　　　　　　　= 6 × 9 120 ÷ (1 + 17%) × 15%
　　　　　　　= 7 015.38(元)。

二、费用

出口商品的费用复杂多样,一般可分为国内费用和国外费用两部分,两者之间以"出口"划分(出口是指货物离开出口口岸):发生在出口之前的费用为国内费用,如包装费、国内运输费用等;发生在出口之后的费用称为国外费用,如国外运费、保险费、佣金等。

出口业务中通常会发生的费用有以下14种。

(1) 包装费　通常包括在采购成本中,但如果客户对货物的包装有特殊要求,由此产生的费用为附加包装费,应该另行计算。

(2) 仓储费　在出口发运之前,需要存仓的货物往往会发生仓储费用。

(3) 国内运输费用　出口货物在装运前所发生的内陆运输费用,通常有卡车运输费用、内河运输费用、路桥费、过境费用及装卸费等。

(4) 认证费　出口商办理许可、配额、产地证明及其他证明所支付的费用。

(5) 港区港杂费　主要是出口货物在装运前在港区码头所需支付的各种费用。

(6) 商检费　出口商品检验机构根据国家有关规定按照出口商的申请对货物进行检验所发生的费用。

(7) 税收　国家对出口商品征收、代收后退还有关税费,通常有出口关税、增值税等。

(8) 垫款利息　出口商自国内采购至收到国外进口商付款期间,因生产或购买出口商品垫付资金所产生的利息。

(9) 业务费用　出口商在经营中发生的有关费用,如通信费、交通费等。

(10) 邮电费与银行费用　包括通信、审证、通知、押汇,和出口商委托银行向国外客户收取货款、进行资信调查等业务所支出的费用。

(11) 预计损失　可能的损耗、漏损和破损等。

(12) 出口运费　海运、陆运或空运等费用。

(13) 保险费　出口商向保险公司投保货物运输保险或出口信用保险等所支付的费用。

(14) 佣金　又称为买方押金,主要是出口商为了出口商品向中间商所支付的报酬。

三、预期利润

利润是出口价格重要因素之一,价格中包含利润的多少往往根据商品成本、市场需求以及出口商的价格策略等因素决定,要做到既保持一定的利润留成,维护企业的发展利益,又具有一定的市场竞争力。

利润的核算一般规定一定百分比的利润率来计算利润额,但又因选择的基数的不同,同一百分比的利润率会有不同的利润额。具体情况如下。

(1) 利润占成本一定比率　价格＝成本＋成本×利润率＝成本×(1＋利润率)。

(2) 利润占价格的一定比率　因为　价格－价格×利润率＝成本,故

$$价格＝成本/(1－利润率)。$$

可知,由于利润的定义方法不同,所计算的结果也不一样。

案例1.2　出口报价核算——利润核算

商品三色戴帽熊增值税率17%,退税率15%,体积每箱0.164立方米。报价数量为9 120只,FOB报价金额为每只0.8美元,采购成本为每只6元,报检费120元,报关费150元,内陆运费2 492.8元,核销费100元,银行费用601.92元,公司综合业务费3 000元,外币汇率为8.25元人民币兑1美元。计算该笔FOB报价的利润额。

分析: 报价金额＝0.8×9 120×8.25＝60 192(元),

采购成本＝6×9 120＝54 720(元),

各项费用＝120＋150＋2 492.8＋100＋601.92＋3 000
　　　　＝6 464.72(元),

退税收入＝54 720÷(1＋17%)×15%＝7 015.38(元),

利润＝60 192－54 720－6 464.72＋7 015.38＝6 022.66(元)。

四、报价的核算要点

(一) 运费的核算

出口贸易多数采用班轮的运输方式。班轮运输费用的核算可分为以下两种情况:

1. 散货班轮运费核算

具体运费由基本运费、燃油附加费、货币贬值附加费、港口拥挤附加费和转船附加费以及港口附加费构成。在实际的业务操作中,运费的计算可以根据货物的

装运港、目的港,找到相应的航线,按货物的等级查到基本运价,并查出该航线和港口所要收取的附加费项目和数额(或百分比)及货币种类。再根据如下公式计算:

实际单位运价＝基本运价＋附加费用,

运费总额＝实际单位运价×货物的托运数量。

2. 集装箱运费核算

集装箱货物运费包括内陆运输费用、堆场服务费、设备使用费、拼箱服务费用和海运费用。除了海运费用之外,其余可以通过相关部门查询到。此处只详细介绍集装箱的海运运费的计算方法。

集装箱货物海运运费根据货量的大小,可分为拼箱货(LCL)和整箱货(FCL),这两种不同的计算方式如下。

(1) 拼箱货运费通常采用与计算普通班轮运输基本相同的方法,按所托运货物的实际运费吨计算,即尺码大的按尺码吨计算,重量大的按重量吨计费。

(2) 整箱货运费通常采用包箱费率,即对单位集装箱计收运费,采用包箱费率计算集装箱基本运费时,只需根据具体航线、货物等级以及箱型来计算。

案例 1.3　出口报价核算——海运费核算

商品三色戴帽熊拟出口加拿大,目的港是蒙特利尔港口。该商品的体积是每箱 0.164 立方米,每箱装 60 只。运至加拿大蒙特利尔港的海运费分别是:每 20 英尺集装箱 USD1 350,每 40 英尺集装箱 USD2 430,拼箱每立方米 USD65。美元的汇率为 8.25 元人民币兑换 1 美元。分别计算报价数量为 5 000 件和 9 120 件的海运费。

分析: 第 1 步:计算产品体积

报价数量为 5 000 件,总体积＝5 000÷60×0.164＝13.66(立方米),

报价数量为 9 120 件,总体积＝9 120÷60×0.164＝24.928(立方米)。

第 2 步:计算运价

根据第 1 步计算出的体积结果来看,5 000 件的运费宜采用拼箱,9 120 件的海运费宜采用 20 英尺集装箱。

报价数量为 5 000 件,海运费 = 13.66 × 65 = 887.9(美元),
报价数量为 9 120 件,海运费 = 1 350(美元)。
第 3 步:换算成人民币
报价数量为 5 000 件,海运费(人民币) = 887.9 × 8.25 = 7 325.175(元),
报价数量为 9 120 件,海运费(人民币) = 1 350 × 8.25 = 11 137.5(元)。

(二) 保险费核算

保险费核算公式:

保险费 = 保险金额 × 保险费率,
保险金额 = CIF(CIP) 货价 × (1 + 投保加成率)。

如果以其他贸易术语成交,则应先折算为 CIF 价,再加成计算保险金额。

案例 1.4 出口报价核算——保险费核算

商品三色戴帽熊的 CIF 价格为 USD8 937.6,进口商要求按成交价格的 110% 投保一切险(保险费率 0.8%)和战争险(保险费率 0.08%),人民币对美元汇率为 8.25 比 1,计算出口商应付给保险公司的保险费用。

分析:保险金额 = 8 937.6 × 110% = 9 831.36(美元),
保险费 = 9 831.36 × (0.8% + 0.08%) = 86.52(美元),
换算人民币 = 86.52 × 8.25 = 713.79(元)。

在我国出口业务中,CFR 和 CIF 是两种常用的术语。鉴于保险费是按 CIF 货价为基础的保险额计算的,两种术语价格应按下述方式换算:

由 CIF 换算成 CFR 价:CFR = CIF × [1 − (1 + 保险加成率) × 保险费率],
由 CFR 换算成 CIF 价:CIF = CFR ÷ [1 − (1 + 保险加成率) × 保险费率]。

(三) 出口税收核算

出口货物应纳关税 = 出口货物完税价格 × 出口关税税率,

其中,出口货物完税价格是海关关税所依据的价格,目前我国海关征收出口关税是以商品的离岸价为基础的,即

出口货物完税价格＝FOB 价÷(1＋出口关税税率)
　　　　　　　　＝(CFR 价－运费)÷(1＋出口关税税率)
　　　　　　　　＝(CIF 价－运费－保险费)÷(1＋出口关税税率)。

在 WTO 自由贸易的框架下,许多国家只对关系国计民生、本国稀有储备或高科技产品的出口,通过关税或其他手段予以限制,而对于大部分正常贸易的商品是不予征税的,其目的在于鼓励本国商品的出口,增加外汇收入。

(四) 佣金的核算

佣金的表示方法一般是在价格中标明含佣金的比例(一般为百分比)。例如,商品价格术语为"CIF 伦敦价每公吨 2 000 欧元含佣价 3%"。该价格术语所表示的商品价格为含佣价;如果在价格术语中不含佣金,则改价格为净价。

在国际贸易中,佣金的计算方法主要有两种:一是按发票金额计算,另一种是按交货数量计算。我国一般是按发票金额计算,其公式为

$$佣金额＝发票金额×佣金率。$$

且含佣价与净价之间的换算关系如下:

$$含佣价＝净价÷(1－佣金率)。$$

(五) 垫款利息费用的计算

在国际贸易中,经常出现如下情况:企业由于周转资金短缺,而无法向国内供应商采购货物,此时期也会向银行提出融资申请。这样就会出现银行给企业垫款,企业必须向银行支付垫款利息的费用支出情况。

由于垫款是出口商向国内供应商购买货物而发生的,所以垫款利息是按照购货总成本来计算的:

$$垫款利息费＝购货成本×贷款利率×垫款期限。$$

注意,由于贷款利率通常为年利率,则在计算时要注意,垫款期限如为 n 天,则计算公式为

$$垫款利息费＝购货成本×贷款利率×(n÷360)。$$

如垫款期限为 m 月,计算公式为

$$垫款利息费＝购货成本×贷款利率×(m÷12)。$$

(六) 银行费用的核算

银行费用的核算涉及结汇方式的使用。不同的结汇方式会使银行费用不同。同一结汇方式下,不同的银行收取的费用也不尽相同,一般来说,L/C 费率收取大约 1.5%,D/A 费率大约 0.15%,D/P 费率大约 0.17%,T/T 费率大约 0.1%。银行在收取费用时,是按报价总金额来计收,其公式为

$$银行费用 = 报价总金额 \times 银行费率。$$

五、出口商品的报价方式与折扣

理论上,不考虑其他因素的条件下,商品的出口价格应该等于商品的成本、出口过程中的各种费用和预期利润之和,即

$$出口价格 = 成本 + 费用 + 预期利润。$$

国际贸易中的对外报价通常要求与贸易术语结合使用,通常使用的术语有 FOB 和 CIF。所以,报价方式有 FOB 报价和 CIF 报价两种:

$$FOB 价 = 商品成本 + 国内费用 + 预期利润,$$
$$CIF 价 = 商品成本 + 国内外总费用 + 预期利润。$$

折扣是指在交易中双方按原来的标价给与对方一定百分比的价格减让。在国际贸易中,折扣是一种手段,能促进交易的达成。同时,折扣也是一种谈判筹码,卖方给予买方一定折扣,而买方在其他方面做出一定让步。

六、出口报价注意事项

出口报价核算并不深奥,关键是掌握各项内容的计算基础并细心地加以汇总。在实际交易中,出口商往往会采用一些简单粗略或简化的计算方法以使报价更为快捷。无论哪种方法计算出口报价,以下八个方面问题应当引起注意。

(1) 按照实际报价的一定百分比计算的内容应一次求出,否则容易造成报价的低估。

(2) 实际业务中,除了采用费用额相加的方法外,还有规定定额费用的做法,该费用率的计算基础是含税的进货成本。

(3) 银行费用是根据出口发票金额的一定百分比收取,计费基础是成交价格。佣金和保险费通常也根据成交价格来计算。

(4) 垫款利息按照进货成本计算,远期收款利息按照成交价格计算。

(5) 报价核算有总价核算和单价核算两种方法:总价法比较精确,但要将核算结果折算成单价后才能对外报价;单价法可以直接计算出报价,但计算过程需保留多位小数,以保证报价准确。上述实例采用的就是单价核算法。

(6) 注意报价的计量单位以及集装箱数量的准确性,它直接影响单位运价和国内费用的多少。

(7) 出口报价核算出来后,可以采用逆算方法验算,即报价产生以后,用收入减去支出等于成本的原理来核算对外报价是否正确。

(8) 外贸人员在对外磋商之前就应进行报价核算,做到对国际贸易买卖的每票交易的综合经营状况心中有数。因此,外贸人员务必填好出口商品价格核算单。

七、准备完整报价单

案例1.5　外贸人眼中的完美报价单

作为新入职外贸新人,小胡发现好多同事在做报价单时,真的单纯在做"报价单",销售效果一般。而有的销售业绩好的业务员在做报价单时候还加入了其他内容,报价单内容丰富。他比较了两种报价单,发现报价单基本内容包括以下基本信息:

(1) Product(产品)　包括产品名称、图片、型号、尺寸。

(2) Price(价格)　价格是报价单的核心要素。要注明不同贸易术语价格,让客户能够快速比较与决策,省去客户换算的麻烦。

(3) Period of Validity(价格有效期)　一些更新换代比较快的产品,或者是季节性比较强的产品,要注明价格的有效期限。

(4) Payment Method(付款方式)　付款方式对客户下单的决策有重要影响。明确标明自己能接受的付款方式,也避免客户下单之后因付款方式引发争议而退单。

(5) Package(包装情况)　清晰的包装说明为客户提供了决策参考。

(6) Period of shipment(交货期)　报价单上不仅仅应体现出价格上的优势,还应体现出交货期上的优势。

(7) Parameters of Goods(质量参数、产品等级)　报价单上明确了价格,还应该配上明确的质量水平或者产品等级。

(8) Advantages(产品优势)　注明产品独特优势是为了突出产品的特性以吸引客户眼球。

除了以上基本内容,小胡发现销售业绩好的几位业务员在做报价单时,还加入了其他内容,但没有统一的模板,每个人加入的内容都不一样。为了让报价单更丰富、更吸引客户,请思考还应在报价单中加入哪些内容?

分析:一份完美的报价单还应具有以下信息:

(1) 公司相关信息、品牌故事　附上公司简介或者品牌故事,方便客户进一步了解公司的情况。

(2) 合作客户的案例　合作客户的案例对新客户具有很强的说服力,也给新客户一种真实感,增强其对公司的信任度。

(3) 多文件格式　提供至少两种格式的报价单,Word 文档和 PDF 版本。此外,还可以提供一个图片版,万一客户两种版本都打不开,就可打开这张图片。

(4) 内容简洁清晰,格式规范　不要出现大段文字,用不同颜色的文字标记不同的重点,采用图文并茂的方式展示相关信息。基本的报价信息应该用表格列出来,简洁清晰。

(5) 加入页眉和页脚　可以加入公司标识、名称、电话、传真、邮箱,或者公司的理念、口号,以此提升公司形象。

(6) 报价单文件命名　报价单文件的命名一定是公司名称加产品名称,保证客户能够知道这份报价单是什么产品的报价单,来自哪个公司。

除以上填写报价单注意事项,邮件正文里可重申、强调报价单中一些较为关键的内容,如总报价、产品优势,吸引客户打开报价单。

在熟悉出口商品的成本、费用、预期利润等后,即可制作完整的报价单。外贸报价单格式大同小异,一般的外贸报价单格式内容包含以下 12 点。

1. 外贸报价单的头部(Head)

(1) 卖家基本资料　工厂标识(Factory Logo)、公司名称(Company)、详细地址(Detailed Address)、邮政编码(Post Code)、联系人名(Contact Name)职位名称(Job Title)、电话号码(Telephone No.)、传真号码(Fax No.)、手机号码(Mobile No.)、邮箱地址(E-mail Address)、聊天方式(Messenger Online)、公司网址(Website Address)。

（2）买家基本资料　同上。

（3）报价单的抬头　报价单标题(Quotation/Quotation Form/Price List)、参考编号(Reference No.)、报价日期(Date)、有效日期(Valid Date)。

2. 产品基本资料(Product's Basic Information)

序号(No.)、货号(Item No.)、型号(Type)、产品名称(Product's Name)、产品图片(Photo)、产品描述(Description)、原材料(Materials)、规格(Specification)、尺寸(Size)、长度(Length)、宽度(Width)、高度(Height)、厚度(Thickness)等。

3. 产品技术参数(Product's Technical Parameters)

不同类型产品技术参数要求不同，如电力类产品技术参数包括电流、电压、电阻、电弧、功率、频率、负载等；光源、光学类产品技术参数包括光源类型、光源功率、中心光强、色度、光通量、光中心高度、发光颜色、流明维护系数、有效光照范围、发光效率、光源色粉、波长、色轮型号、照明面积、日照时间、阴雨天数等；机械、力学类产品技术参数包括结构、封装形式、结构高度、连接结构标记、分断能力、安装形式、可插拔次数、耐压特性、耐压强度、插拔力、零插拔力、拉伸强度、抗张强度等。

4. 价格条款(Price Terms)

贸易方式（EXW、FOB、CFR、CIF）、装运港、目的港（Loading Port、Destination Port）、单位价格、货币单位(Unit Price/PCS、Unit)。

案例1.6　**FOB Zhongshan Port USD4.58 USD/PCS（1USD＝8.035 0RMB)**

离岸价（中山装运港船上交货，单价4.58美元/支，汇率：1美元＝8.035 0元）

案例1.7　**CFR Zhongshan Port USD4.58 USD/PCS（1USD＝8.035 0RMB)**

成本加运费（中山装运港船上交货，单价4.58美元/支，汇率：1美元＝8.035 0元）

5. 数量条款(Quantity Terms)

可按整柜(20', 40', 40HC, 45HC)提供报价, 可按最小定单量(MOQ, Minimum Order Quantity)提供报价, 也可按库存量(QTY. in Stock)报价, 见表1-4。

表1-4 各类货柜的内容积、配货毛重、体积对比表

货柜类型	内容积(英尺)	内容积(米)	配货毛重(吨)	体积(立方米)
20尺货柜	20英尺×8英尺×8英尺6寸	5.69×2.13×2.18	17.5	24~26
40尺货柜	40英尺×8英尺×8英尺6寸	11.8×2.13×2.18	22	54
40尺高柜	40英尺×8英尺×9英尺6寸	11.8×2.13×2.72	22	68
45尺高柜	45英尺×8英尺×9英尺6寸	13.58×2.34×2.71	29	86

6. 支付条款(Payment Terms)

支付条款包括国际结算方式、余额、总金额、定金。国际结算方式如即期信用证、远期信用证、可撤销信用证、不可撤销信用证、跟单信用证、光票信用证、可转让信用证、不可转让信用证、电汇等。

7. 质量条款(Quality Terms)

质量条款包括是否需要国家检验检疫局签发的法定检验、商品鉴定、质量认证认可、出口质量许可、出入境检验检疫标志、普惠制原产地证FORM A、一般原产地证等。检验内容包括包装检验、品质检验、卫生检验、安全性能检验。检验分为内地检验、口岸检验、预先检验、出口检验。

8. 装运条款(Shipment Terms)

装运条款包括装运日期、装运期限、装运时间、起运港、目的港、装运港/装货港、卸货港、转运港、分批装运、转船、航空、航海、散货、整装柜等。

9. 交货期条款(Delivery Time Terms)

10. 品牌条款(Brand's Terms)

11. 原产地条款(Origin Terms)

12. 外贸报价单附注的其他资料(Others)

(1) 工商营业执照、被批准开业证件副本;

(2) 国税局税务登记证;

(3) 企业法人代码证书;

(4) 质量检验报告、质量鉴定报告;

(5) 产品质量认证、质量管理体系认证；

(6) 荣誉证书、奖励证书；

(7) 出口许可证；

(8) 工厂规模：员工人数、工程技术人员人数、工厂面积；

(9) 主营产品及月加工能力、新品推介、生产设备。

报价单示例见表1-5。

表1-5 报价单样本

Shanghai JiangTe Technology Co., Ltd
Add：Qingyang Industrial Zone, Jiangyin, Shanghai P.R. China
Tel：86-021-86918282　　　Fax：86-021-86918280
E-mail：info@jiangte.com

TO：ABC Worsley Ltd				QUOTATION Description： DATE：			
S/N.	ITEM NO.	DESCRIPTION	Unit Price	Packing			
			USD	PCS/CTN	CBM/CTN	PCS/CTN	CBM/CTN
Remarks： 　1. Price term： 　2. Packaging：normal export carton 　3. Delivery： 　4. Price： 　5. Validity： 　6. Minimum Quantity：							

实际业务中的报价单可以通过Excel列出，在加入汇率、海运费等变量因素的情况下，可自动进行报价调整，以及计算FOB、CFR或CIF的价格。

外贸业务心得　　注意四点，做出让客户100%满意的报价单

报价是能否获得订单的一个关键，报价的合理性会直接影响客户的决策。外贸企业制作报价单要注意四点。

(1) 图文并茂　让客户一眼就知道这是什么产品，价格是多少。由于图片更加形象具体，"吸睛"效果超过文字，因此，报价单最好图文并茂，吸引客户眼球。

(2) 使用PDF格式　为了防止客户删减报价信息后转发给其他客户，一定要发送PDF格式的报价单。

(3) 控制文件大小　如果文件太大，很有可能被退回。即使客户使用的是Gmail、Yahoo等无限容量的公共邮箱，也要控制附件的大小，因为下载文件比较耗时间。

(4) 注意重点　报价重点关注的细节包括报价的有效期、报价是否含税、报价是否包含相关辅料配件等。此外，企业报价时一定要留有空间，免得客户还价时陷入被动。

报价掌握得好与不好，直接关系到合作的开启或暂停，因此，外贸企业在报价过程中，一定要把好每一关，避免出现任何错误或者疏漏，导致订单和客户的流失。

资料来源：https://bbs.fobshanghai.com/thread-5395382-1-1.html

本节单项业务操作练习

1. 针对给出的产品费用成本等信息，计算产品的销售价格。
2. 针对给出的产品信息做一份报价单。

本章小结

1. 外贸业务新手开始开发外贸客户的第一步应是熟悉行业，了解产品的相关知识，这样在向客户介绍产品时候才会真正做到知己知彼，百战不殆。

2. 不同的出口产品有不同的称谓和特性,首先须熟悉产品的中外文名称和特性。可从以下渠道熟悉和了解:出口公司网站、出口公司目录册、产品样品实物、产品的生产工艺和工序、产品价格内容、包装。

3. 我国进出口税则采用 10 位编码,前 8 位等效采用 HS 编码,后两位是我国子目,它是在 HS 分类原则和方法基础上,根据我国进出口商品的实际情况延伸的两位编码。HS 在我国运输、银行、保险以及其他领域也被广泛推广运用。

4. 实施动植物检疫的范围包括进出境的动植物、动植物产品和其他检疫物,装载动植物、动植物产品和其他检疫物的容器、包装物以及来自动植物检疫区的运输工具。

5. 我国制定了旨在与自然生态环境保持和谐的可持续发展战略。根据国家规定,凡进出口中国已加入的国际公约所限制的进出口野生动物或者其产品的,出口国家重点保护野生动物或者其产品的,必须经国务院野生动物行政主管部门或者国务院批准,并取得国家濒危物种进出口管理机构核发的允许进出口证明书,海关凭允许进出口证明书查验放行。凡出口含珍贵稀有野生动植物中成药,出口企业凭国家濒危物种进出口管理办公室签发的允许出口证明书向海关报关。

6. 国家税务总局最终鉴定商品代码以及鉴定的退税率,其是计算出口退税税额的重要依据,整个代码体系及税率所形成的数据库称为出口商品退税率文库(亦称出口商品代码库)。出口企业可据此进行进出口报关、企业内部业务处理及财务核算、办理出口退税业务;各地的税务机关也可据此审定企业的退税申报、办理退税审核审批业务。

7. 出口商品的费用复杂多样,一般可分为国内费用和国外费用两部分,两者之间以"出口"划分(出口是指货物离开出口口岸):发生在出口之前的费用为国内费用;发生在出口之后的费用称为国外费用。

8. 利润是出口价格重要因素之一,价格中包含利润的多少往往根据商品成本、市场需求以及出口商的价格策略等因素来决定的,要做到既保持一定的利润留成,维护企业的发展利益,又具有一定的市场竞争力。

基 本 概 念

1.《商品名称和编码协调制度》(Harmonized Commodity Description And Coding System):简称《协调制度》(HS),是在《海关合作理事会商品分类目录》(CCCN)和联合国《国际贸易标准分类目录》(SITC)的基础上,为协调国际上多种主要的税则、统计、运输等商品分类目录而制定的一部科学的、标准的多用途商品分类体系和编码体系。《协调制度》是一个完整、系统、通用、准确的国际贸易分类体系，具有严密的逻辑性和科学性，被世界贸易组织及其成员国在进出口贸易申报、海关关税管理、关税和贸易谈判、贸易统计、国际商品运输、进出口商品检验、产地证签证及管理等各个领域广泛使用。

2. 进出口许可管理制度是根据国家对外贸易方针政策，对进出口货物由经贸主管部门签发许可证等方式来实施管理的一项制度。它是海关监管和验放进出口货物的重要依据之一，这在《海关法》里有明文规定。进出口许可证是保护和稳定国内经济免受国际市场冲击的一项有效措施。随着我国加入世界贸易组织，进出口许可证作为一项非关税措施，如何控制并减少其管理范围，已成为我国外贸制度与国际惯例接轨和顺利进入世界贸易组织的敏感问题。

3. 商品检验制度：商品检验机构对进出口商品的质量、规格、重量、数量、包装、残损等依法进行检验，出具检验证书。

4. 法定检验：根据国家规定，对进出口商品实施强制性的检验，凡列入《出入境检验检疫机构实施检验检疫的进出境商品目录》的进出口商品均属法定检验商品：进口时，海关凭商检机关在报关单上加盖的印章放行；出口时，报验手续在向海关申报之前进行。海关凭商检机构的检验证书、放行单，或凭其在报关单上加盖的印章验放。

5. 动植物检疫制度：为了防止动物传染病、寄生虫病和植物危险性病、虫、杂草及其他有害生物的传播和蔓延，保障我国农、林、牧、渔业生产和人体健康，维护我国的对外信誉，国家规定对进出境的动植物及其产品实施检疫。凡属应当施行动植物检疫的进出境货物，无论以何种贸易方式进出境，都应当在报关前报请入境或出境口岸的动植物检疫机构实施检疫，由动植物检疫机构发给《检疫放行通知单》或在货运单据上加盖检疫放行章后，再向海关申报。

6. 药品检验制度：药品检验是国家为了防止假药、劣药非法流入国内而制定的对进口药品（包括药材）实行检验的制度。我国对进口药品实行注册制度，即进口药品，须取得卫生部核发的《进口药品注册证》或《一次性进口药品批件》。经营进口药品的外贸企业，须具有卫生主管部门核发的《药品经营企业许可证》。药品到达口岸后，有关单位应及时向口岸药检所报检，海关凭药检所在进口货物报关单上加盖的已接受报检的印章放行。

7. 食品检验制度：食品检验指的是按照我国卫生标准和要求对进口食品、食品原料、食品容器、食品添加剂、包装材料等进行检验的制度。

8. 濒危物种管理制度：濒危物种管理是指濒于灭绝和有灭绝危险的野生动物和植物，范围包括列入《濒危野生动植物的种国际贸易公约》附录1和附录2文件的全部物种。我国现已加入了《濒危野生动植物种国际贸易公约》，并制定了《中华人民共和国野生动物保护法》。林业部也下发了《关于保护珍贵树种的通知》等许多法规。

9. 进出口货物报关单：进出口货物收发货人或其代理人，按照海关规定的格式对进出口货物的实际情况做出书面申明，以此要求海关对其货物按适用的海关制度办理通关手续的法律文书。

10. 商品编号：按商品分类编码规则确定的进出口货物的商品编号。此栏目分为商品编号和附加编号两栏，其中商品编号栏应填报《中华人民共和国海关进出口税则》8位税则号列，附加编号栏应填报商品编号附加的第9、10位附加编号。《加工贸易手册》中商品编号与实际商品编号不符的，应按实际商品编号填报。

11. 出口退税：一个国家或地区对已报送离境的出口货物，由税务机关将其在出口前的生产和流通的各环节已经缴纳的国内增值税或消费税等间接税税款退还给出口企业的一项税收制度。

本章综合操作训练

外贸业务新手在了解产品后，可通过回答以下问题评价熟悉产品阶段的学习效果：

1. 用英文介绍现在公司的外贸产品。
2. 罗列出公司所有产品的海关编码和英文名称。
3. 阐述公司外贸产品的原料及加工工艺。
4. 阐述公司外贸产品有哪些不安全因素。
5. 比较目前市场中存在的与公司外贸产品相类似的一些替代产品，评述公司外贸产品与这些替代产品的优劣势。
6. 描述公司外贸产品出口和进口时需要的认证及相关的费用。
7. 描述公司外贸产品的体积及装柜数量。
8. 了解公司外贸产品的设计缺陷。若进行缺陷改进，介绍改善费用、成本及可能。
9. 详细描述公司外贸产品最核心的部件，包括是否是公司自己生产、市场价格等。

10. 详细描述公司外贸产品的部件组成情况,包括哪些部件能自己做?哪些是外购的?

11. 熟悉公司外贸产品生产周期,包括其中任何一个部件生产周期。

12. 介绍公司外贸产品各国销售情况。

13. 描述公司外贸产品出口的部分国家所需单独的认证及费用情况。

14. 介绍各个区域对于公司外贸产品有无特殊喜好。

15. 介绍公司外贸客户情况,外贸客户主要是国外进口商、零售商,还是品牌客户。

16. 描述公司的外贸产品是否在客户的国家有进口限制。

17. 介绍公司外贸产品在世界上有哪些知名品牌,都分布在哪些国家。

18. 描述公司外贸产品在每个国家是否有特殊的包装要求。

19. 介绍在中国公司外贸产品主要生产区域。

20. 了解公司外贸产品的主要竞争对手及竞争对手产品的大概价格。

第二章

展会上开发客户

学习目标

- 学会用搜索引擎寻找国际商展信息
- 学会设计布展的基本知识
- 能通过国际展览学会用英语沟通和商务谈判

展会是为了展示产品和技术、拓展渠道、促进销售、传播品牌而进行的一种宣传活动。越来越多的外贸企业参加国际展会开拓市场。参展是一项庞大的工作，涉及展前准备、展会期间工作和展会后续工作。

第一节 展会概述

一、展会的分类

1. 按展览性质划分

可分为贸易和消费两种性质。贸易性质的展览是为产业即制造业、商业等行业举办的展览，主要目的是交流信息、洽谈贸易。消费性质的展览是为公众举办的展览，展出商品多为消费品，目的是直接销售。

展览的性质由展览组织者决定，可以通过参观者的成分反映出来：对工商界开放的展览是贸易性质的展览，对公众开放的展览是消费性质的展览。

2. 按展览内容划分

可分为综合展览和专业展览两类。综合展览指包括全行业或数个行业的展览会，也称作横向型展览，如工业展、轻工业展。专业展览指展示某一行业甚至某一项产品的展览会，如钟表展。专业展览会的突出特征之一是常常同时举办讨论会、报告会,用以介绍新产品、新技术。

3. 按展览规模划分

可分为国际、国家、地区、地方展,以及单个公司的独家展。规模是指展出者和参观者的所代表的区域规模而不是展览场地规模。不同规模的展览有不同的特色和优势。

4. 按展览时间划分

可分为定期和不定期两种。定期的有一年四次、一年两次、一年一次、两年一次等。不定期展会则是视需要和条件举办,分长期和短期。长期展可以是三个月、半年,甚至常设,短期展一般不超过一个月。在发达国家,专业贸易展览会一般是三天。

5. 按展览空间划分为网上和传统两种

按照百度百科定义,网上展会又名网上展览会(VirtualExpo、Online Exhibition),是虚拟的网络展览馆上的展览会。它致力于展会、展品的网上展示、推广及交易,为广大商家提供专业、诚信、高效、便捷的网上展览展示的展台,直接可以在网上播放。由此可见,简单地把展台(产品展示)搬到线上、把参观搬到网上,是网上展会;依托强大的电子商务平台举办虚拟的展示,也是网上展会。如为期10天的第127届网上广交会,网上平台设有展商展品、供采对接、大会服务、跨境电商专区等五大板块,包括16大类商品50个展区,展商可通过图文、视频、3D、VR等多种形式展示商品信息。

网上展会的优势体现在,一是时效性强、容量大、覆盖面广,只需要通过一个网络平台,就可以不限时间、不限场地、不限人数和商品数量等,来深耕一个会展项目;二是网络宣传是多维的,可以将文字、图像和声音有机地组合,通过视频、策划等方式传递信息,为买家和卖家搭成一座最便捷的沟通桥梁;三是企业因各种原因未参加传统展览会,可以用较少的费用,通过网络展览会取得类似的参展效果,企业多了一个方便、高效、便宜的发布渠道和了解市场信息、竞争对手、供求信息的途径。

二、展会的优势

(1) 参加展会是低成本接触到合格客户的最有效的方式 在高质量展销会上接触到合格客户后,后续工作量较少。根据麦克格罗希尔调查基金一项研究,客户因参观展销会而向展商下的所有订单中,54%的单子不需要个人再跟进拜访。

(2) 展会提供了展示自身实力和优良产品的机会 通过训练有素的展台职

员,积极的展前和展中的促销,引人入胜的展台设计,以及严谨的展台跟进,参展公司的竞争力可以变得光芒四射。

(3) 展会是高效接触客户的有效方式　在展出的时间里,参展商可集中接触到的众多高质量潜在客户,而且通过展览会面对面地会见潜在客户可快速建立客户关系。

(4) 展会提供了市场调查和了解市场行情的机会　参展商可就拟推出的一款新产品或一种新服务,向参观者进行调查,了解他们对价格、功能和服务以及质量等的基本要求。许多企业正是借助展会这个渠道,向国内外客户试销新产品、推出新品牌,同时通过与世界各地买家的接触,了解谁是真正的客户,行业的发展趋势如何,最终达到推销产品、占领市场的目的。

(5) 展会是融洽客户关系的良好手段　展会是联络现存客户关系的好地方。参展商可以用热情招待、一对一的晚餐、特殊的服务等方式对客户表达谢意。

外贸业务心得　参加国外展会的真正意义

参展不仅是为了接单,而是有更多意义,包括以下三个方面:

1. 洞悉行业动向

关注行业趋势重点,包括行业新的技术是否带来新的需求,行业整体是否有向上的趋势,有没有替代品或者补充品出现,供给的总体状况存在哪些变化,供应商是否增加或者减少,竞争加剧还是减弱的原因是什么,行业内有没有新的细分产品出现,此细分产品出现对行业带来了哪些变化。这些问题背后的信息或成为未来某个时点重要决策的灵感来源。

2. 研究及观察市场领先者动态及策略

主要包括:

(1) 确定行业中市场领先者　因为他们实力强,品牌大,他们的策略往往代表了整个行业的顶尖水平。

(2) 参观其展位　其拥有品牌矩阵的构成如何,不同品牌定位是怎么样的;新产品独特买点是什么,低中高产品线如何构成,采用了哪些新技术应用;如何吸引展会人流;陈列有何出彩之处;渠道模式是代理商制,还是零售商制,电子商务如何运作;采取何种策略进行竞争。

通过不停的拷问,越来越清楚行业领先者的策略,而作为行业中的后起之秀,也总结了可以借鉴学习的经验。

3. 剖析竞争格局以及自己公司在行业中的位置

关注重点包括:

(1) 如果你是工厂 应该和哪些品牌商、进口商、零售商合作?哪些已经合作成功,哪些是潜在合作伙伴?对手在和谁合作,你能不能比对手提供更好的价值?到底应该采取成本领先策略,还是差异化的策略?

(2) 如果你是贸易商 应该如何实现和对手的差异化?和行业巨头的差距在哪里?上游的哪些工厂可以为你所用?可延伸的产品线有哪些?能否抓住行业新的机遇(需求增加或者技术变革),鲤鱼跳龙门成为新的行业标杆?竞争对手有没有参展,他们有没有新产品发布?他们会对你目前的渠道产生多大的威胁?他们大致的价格水平怎么样?

关于竞争,了解的信息越多越好,因为每多一点来自竞争对手的咨询,都会增加一分对客户及市场的信心和把握。

在展会上有了以上分析和思考,将为下一步的业务布局和发展奠定基础。

资料来源:https://bbs.fobshanghai.com/thread-8136726-1-1.html

本节单项业务操作练习

1. 了解和熟悉某产品的国际专业展会。
2. 列出计划参展的国际展会的名称,并说明选择这些展会的原因。

第二节 展前准备工作

展会是一个系统的工作,工作量大且繁琐。展前准备工作为展会的顺利开展及公司的外贸营销提供了便利和基础,因此该项工作不可小觑。

一、明确参展目标

外贸公司的参展目标通常包括树立、维护公司形象,开发市场和寻找新客户,介绍新产品或服务，物色代理商、批发商或合资伙伴，销售成交，研究当地市场、开发新产品等。外贸公司可能会同时抱有几种目的，但在参展之前务必确定主要目标，以便有针对性地制定具体方案，区分工作重点。

二、谨慎选择展会

一般来说，外贸公司在选择展会时，应结合参展目的重点考虑以下六个因素。

(1) 展会性质　每个展会都有不同的性质，按照展览目的可分为形象展和商业展；按行业设置可分为行业展与综合展；按观众构成可分为公众展与专业展；按贸易方式可分为零售展与订货展；按展出者可分为综合展、贸易展、消费展等。在发达国家，不同性质的展会界限分明，但是在发展中国家，由于受到经济环境和展览业水平的限制，往往难有准确的划分。

(2) 知名度　现代展览业发展到今天，每个行业的展览都形成了自己的"龙头老大"，成为买家不可不去的地方，如芝加哥工具展、米兰时装展、汉诺威工业博览会、中国进出口商品交易会等。通常来讲，展会的知名度越高，吸引的参展商和买家就越多，成交的可能性也越大。如果参加的是一个新的展览会，则要看主办者是谁，在行业中的号召力如何。名气大的展览会往往收费较高，为节省费用，可与人合租展位，即使如此，效果也会好于参加那些不知名的小展览会。

(3) 参展财务预算　在提交参展提案时应做好财务预算，包括参展费用、特型展示布置费用、展品运输保管费用、广告费用、宣传赠品费用、人员差旅费用等可预见费用。

参展的投资规模应该参考展会对市场战略的支持作用、对区域市场销售的现实作用、品牌宣传和企业宣传的影响力。

(4) 展览内容　现代展览业的一大特点是日趋专业化，同一主题的展览会可细分为许多小的专业展。例如，同样是有关啤酒的展览会，其具体的展出内容可能是麦芽和啤酒花，可能是酿造工艺，可能是生产设备，可能是包装材料或技术，等等。

(5) 参展时间　任何产品都具有自己的生命周期，即新生、发育、成熟、饱和、衰退五个阶段。展出效果与产品周期之间有一定的规律。对于普通产品，在新生和发育阶段，展会有事半功倍的效果；在成熟和饱和阶段，展出的效果可能事倍功半；到了衰退阶段，展出往往会劳而无功。

(6) 参展地点　参加展览会的最终目的是为了向该地区推销产品，所以一定要研究展览会的主办地及周边辐射地区是否是自己的目标市场，是否有潜在购买力。必要时可先进行一番市场调查。

总之,展会的选择应谨慎,尤其是首次参加,参展前应通过当地114查询主办方、承办方、协办单位和展览馆电话,以确认其真实性。参展商还应结合参展目的尽量选择高规格,有实力的主办和承办单位操作的展会;尽量避免参加首次举办的展会,而选择已举办多届并有良好往期信誉的展会。

案例2.1 国际展会覆盖的目标市场范围不同

小张是一家销售灯具企业的外销员,今年的营销预算中增加了参加海外展会的计划。小张负责筛选海外灯饰展会。他了解到,世界上规模比较大的灯饰展览主要有美国纽约、德国法兰克福、意大利米兰、俄罗斯莫斯科、阿联酋迪拜、中国香港等地举办的国际灯饰展。虽然各个国家的灯饰展都打着国际展会的旗号,但是其实大部分的展会都有区域性的辐射半径。例如,纽约的国际灯饰博览会主要辐射北美地区,法兰克福灯展和米兰灯展主要是辐射欧盟地区,莫斯科的灯饰展主要辐射地区是前苏联国家,迪拜的照明展览会辐射半径是中东和非洲地区。而且他了解到,不同的市场对于灯饰产品都会有不同的要求,对出口企业相关的认证要求也不同,他正在了解相关的细则。请问小张如何筛选国外行业展会?

分析:近几年来各类展会蜂拥而起,选择一个对企业有促进和影响的展会可从以下几个方面思考:

(1)展会影响力。有的展会范围广,如博览会;有的展会专业性强;有的展会强调产品的展示;有的展会侧重贸易交流。企业须先了解展会的性质、规模和范围,再重点考虑。

(2)展览业有影响力的组织者,一般可提供较高的专业水平的展会服务。展前的服务一般包括对于展会的宣传与准备、提供展会的咨询、办理参展手续等;展中的服务是指在展会期间的保安、运输、搭建及研讨会;展后服务主要指向参展商和相关人士提供展会信息,与他们保持良好的商业关系。

(3)展会的时间和地址是吸引参展商和观众的重要影响因素,直接关系着产品的市场,因此也是重要的考虑因素之一。

(4)展会的参展商、观众的规模和组成也是考虑的一个重要因素之一。

如展会上行业竞争对手和同行业的代表企业关系着展会的层次和水平,也影响着企业参展所能获得的信息量。大批的专业观众中往往包括大量潜在客户和合作伙伴,从与观众的交流中,参展商可直接获得市场的反馈,便于达到参展的预期效果。

全球各种大型灯饰展每年数以百计,除了海外大型的行业展会外,根据产品用途还可以参加海外相关的展览,以实现差异化营销。例如生产台灯、圣诞灯饰的企业,可以参加美国洛杉矶的礼品展,生产商业照明的企业可以参加美国奥兰多举办的五金展等。

不同地区对于产品的质量和设计,有着不同的需求。技术实力稍弱的企业,可以选择前苏联国家、中东、非洲等地区作为突破口,因为这些国家对品质的要求相对较低,产品认证程序较少,这些地区的展会费用也相对低廉。

三、展位策划

一旦决定了参加某一个展览会,则要即刻开始积极筹备。展览会是一项系统工程,千头万绪,需合理使用人力、财力和精力,认真集中考虑五个方面的内容。

1. 展品选择

展品是展出者能给参观者留下印象的最重要因素。选择展品有三条原则,即针对性、代表性和独特性。针对性是指展品要符合展出的目的、方针、性质和内容;代表性是指展品要能体现展出者的技术水平、生产能力及行业特点;独特性则是指展品要有自身的独到之处,以便和其他同类产品区分开来。

2. 展示方式

大部分情况下展品本身并不能说明全部情况,显示全部特征,需要适应图表、资料、照片、模型、道具、模特或讲解员等真人、实物,借助装饰、布景、照明、视听设备等手段,加以说明、强调和渲染。展品如果是机械或仪器,要考虑安排现场示范,甚至让参观者亲自动手;如果是食品饮料,要考虑让参观者现场品尝,并准备小包装免费派发;如果是服装或背包,要有模特展示,或安排专场表演。这些都是为了引起参观者的兴趣,提高参观者的购买欲望。

3. 展位选择

展位应选择有利位置,主要考虑出口、入口、中厅、休息区、餐饮区、洗手间附近等人流密集地段。避免选择死角、长排中段、有墙柱障碍等展位。应遵循人流方向，以决定最佳的展台展示方向。

展位的大小可根据具体需要选用标准展位、双展位及36平方米空地，原则上建议选择非标准展位（特形展示）以适合品牌形象策略。

展位选择前应了解附近展位的厂商信息和展示方式，并作出必要的设计调整。

4. 展位空间设计

一般的展台空间设计有以下四种类型，参展商可根据产品和企业具体需要，设计展位。

（1）道边型展台　也称单开口展台，它夹在一排展位中间，观众只能从其面前的过道进入展台内。这种类型的展位租金最低，中小企业在选择这类展台时要注意位置，优先挑选位于洗手间、小卖部、快餐厅、咖啡屋附近的展台，这些地方是展会人流最密集的区域，易于捕捉商机。

（2）墙角型展台　也称双开口展台，位于一排展台的顶端，两面邻过道，观众可以从前面的通道和垂直的过道进入展台。墙角型展台与道边型展台相比，面积相同，但多出一条观众进入展台的侧面过道，因而观众流量较大，效果相对较好，当然租金也要比道边型展台高出10%～15%。

（3）半岛型展台　观众可从三个侧面进入这种类型的展台，其展示效果要比前两种好一些，企业在选择这种展台时，应该配合做好装修才能达到满意的效果。

（4）岛型展台　岛型展台在四种类型的展台中租金最高，与其他三种类型的展台不同，观众可以从任意一个侧面进入展台内，因而更能吸引观众的注意力。这类展台适于展示，广告效果好，因而设计起来更为精心，搭建费用相对较高，是大型企业参加展会之首选。

5. 展台布置

展台设计的表面任务是要好看，根本任务则是帮助展出者达到展览目的。展台要能反映出展出者的形象，能吸引参观者的注意力，能提供工作的功能环境。展台布置的基本原则是：远观效果醒目、有冲击力，近观效果舒适、明快，整体效果协调；展位结构和图片序列应考虑人流密度和流向；无论标准展位还是特型展示，都必须增加照明灯光；展品和图片的展示高度应符合人体身高和视角。

外贸业务心得 如何利用现有不利条件取得较好展示效果？

在一些大型展会上或场馆中,常有某些参展企业分摊到较小的展示空间,加上采光或照明不足,给展台的设计增加了很大难度。如何利用已有的不利条件取得较好的展示效果呢? 具体可采用以下七种办法。

1. 为使展位"亮"起来,可采用灯箱式结构

采用 K8 系统(八棱柱展架)或三通插接式框架结构,镶装白色有机玻璃,内部安装直管型荧光灯,可使展位通体透明,令人感到轻巧明快,且展位形象突出,可吸引观众注意力。

2. 展厅环境可采用整体照片和局部照片相结合的方式

如展厅较矮,可在顶棚上安装成组的格栅灯,排成行或方格网,或使用槽灯照明方式照亮顶棚。还可使用直管型荧光灯做成大面积的发光顶棚。此外,在靠墙展柜的背部和底部,在展台的下部也可加装直管型荧光灯或霓虹灯。这样,展台会令人感觉比较宽阔、高大,改变原来的压抑、沉闷感。

3. 空间界面和展示通道宜选白色或浅靓色

白色和浅靓色用于墙棚表面或道具以及隔断的外表,会增大空间的宽阔感。

4. 在展位造型设计上采用小尺度

在较小的展示空间中,展位形体和展示道具不应过大,而应与展示空间的尺度相协调。

5. 减少展示道具的数量

展厅小,展品陈列密度一定要小、少,而通道则要宽大,以保证观众的人身安全并使展厅显得宽阔。

6. 展品摆放造型要简洁和整体性强

展位形象和展品外型,要鲜明、简洁、大方,让人看后心情舒畅。

7. 不用或少用装饰纹样

展厅小,不宜使用大尺度和色彩浓重强烈的图案纹饰,因为这些纹样的衬托会让人感觉展厅"变"得更小,并会喧宾夺主,可用一点儿单独纹样(如标志、题花、尾花等)。如果非用大面积图案不可,则一定要选用小碎花图案,而且色彩要浅。

资料来源:http://bbs.fobshanghai.com/viewthread.php? tid=3321596&page=1&fromuid=972041#pid48018694

设计展区微观细节构造应考虑展台、展架、展示墙、标牌、标志、洽谈区,图片设计、说明性文字、动态屏幕演示系统、布展使用材料材质(一次性/重复性)。

展位的陈列摆放,主要分为展示的宣传内容与展示的物品内容。

(1) 展示的宣传内容　在陈列摆放中,展示的宣传内容要力求做到四个突出:第一,要突出企业的名称(或团体的名称)。第二,要突出商标(徽标)。第三,要突出产品名称和要展出的主要内容名称。第四,如果是企业,还要注意突出企业的领导人(那是企业无形资产的一部分)和企业的简介、企业的代表形象(如吉祥物、建筑物、标志等)。此外,有些必要的能代表单位产品、生产车间或公关活动、领导人视察的图片、证明书、画册等,都要尽量地展示出来,或发放到参观人的手中。

(2) 展示的物品内容　主要是指企业需要向外介绍或展示的新产品、新项目、新发明、新技术、新设备等。这些在陈列时,一定要主次分明,尽量做到主题突出,让人一看就能留住脚步。为了达到这种效果,必要时,可以用灯饰、盆景、花卉、工艺品等加以装饰,使之产生美、靓、明、爽的艺术效果。

总之,展台设计不仅注重视觉冲击力还要与整体的贸易气氛相协调;展台设计是为了衬托展品,不可喧宾夺主;展台设计要考虑参展者的公众形象,不可过于标新立异;展台设计时不要忽略展示、会谈、咨询、休息等展台的基本功能。

外贸业务心得　小展位怎样引人注目

选择合适的场地是参展计划中的重要部分。由于参展企业自身规模、资金能力等限制,往往只能购买小的展位。很多人认为,小展位要想引人注意不是件容易的事。其实不然,只要合理安排,小展位同样能吸引来观众的目光。

(1) 使用灯光,尽可能使小展位"耀眼"起来。大部分展览中心提供参展商天花板聚光灯,否则可租用便携式照明系统。根据产业调查,照明可将展览品认识度提高30%~50%。

(2) 采用主题式展览摊位。大企业通常采用传统方式展位,并且依赖大规模场地。所以小企业应该以新颖的设计来突显自己的小展位。

(3) 依展位大小选择合适的展示用品及参展产品,以免过度拥挤或稀松。

(4) 善于利用组合式展览用具,避免使用看似低廉的桌椅,应该给人"小而精"的感觉,把展位装潢得有品有味。

(5) 使用少量且较大的图片，创造出强烈的视觉效果。太过密集或太小的图片皆不易读取。同时限制文字的使用。要将图片放在视线以上，应在自壁板 36 英寸以上的地方开始放置。

(6) 展位装饰使用大胆抢眼的颜色。这样从较远距离即可突显出来，避免易融入背景的中性颜色。

资料来源：https://bbs.fobshanghai.com/thread-4781007-1-1.html

本节单项业务操作练习

1. 专注一个产品，针对此产品寻找国际专业展会，做出预算。
2. 专注一个产品，针对此产品设计展位。

第三节 展会期间工作

展会期间参展商的表现直接关系到其海外营销的成功与否，因此参展商在展会期间均会不遗余力地推销自己的产品，展示公司的实力，挖掘潜在客户，进行有效的沟通。

一、展会期间人员安排

展会上如何才能充分利用宝贵的时间接触买家，有效沟通，做成生意，不同的参展商都有不同的风格和方法。一般来说，展会期间参展商各人员工作分工应做到各司其职，完成以下三类工作。

(1) 参展人员在展位接待客户　担任这项工作的人，首先要非常耐心，因为每天都应对一些没有见过的客人，回答很多的问题。如果访问展台的客人太少，应将展台旁边走道的客人主动请进来，以增加接触潜在客户机会。负责接待人员需做好与客人沟通的笔记。客人进来的时候首先问客人对什么样的产品感兴趣，然后根据客人的要求推荐，介绍参展商的情况、工艺以及一些让客人了解生产流程的图片，解释付款方式、交货日期、样品等问题。尽最大努力让客人在展位下定单。

展位接待人员每天均需详细记录每个到访客户的情况及要求,不能凭事后记忆。对于没有把握的产品需求,不要当场允诺,及时回报总部作出合理答复,一旦承诺,必须按质按期完成,以取得客户合作信心。

(2) 参展商到老客户展台拜访　拜访老客户一定要事先约好时间,因为客户参展期间很忙,展会上的每一分钟都是金钱和机会。

(3) 参展商主动出击寻找客户　参展商拜访一些以前积累的潜在客户。带齐所有资料、包括谈话资料、产品介绍、生产线的图片、公司图片等。

以上三类岗位参展人员,一般需每天总结当天的情况,进行分析,看是否第二天要调整战略。

二、展会期间把握时机有效沟通

外贸业务心得　展会上和买家交流的技巧

外贸业务员1　在展览会上,我们能碰到各种各样的买家。与国外买家展会上交流总结以下五点。

(1) 欧洲人、美国人是非常喜欢那种善于交流的人的,所以你不需要太拘谨,不需要什么都"yes"。在两个人对话的时候,适当的时候要称呼对方。要注意,你不会读客户的名字可以直接问客户,这不算失礼。

(2) 母语是英语的客户说话可能会很快,没有停顿。你可以让客户稍微慢一点,这不算失礼。千万不要没有听懂就接客户的话。否则客户会觉得和你沟通很困难,很容易就走掉了。

(3) 客户在展会上坐下后,要让客户多说,在你完全明白的情况下,再介绍你自己。假如你有幸碰到头衔是主管、副总等职务的买家,要多说一些战略性的东西,因为你要有放长线钓大鱼的功力。假如你自己工厂实力可以的话,要主动邀请这些客户访问你的工厂。

(4) 跟客户介绍质量的时候,需要定量的评价。如你可以说,你向和客户差不多同档次的另一个客户供应同类产品已经有5年了。这样可以增强客户的信心。

(5) 国外大公司的买手最关心的不是质量、价格,而是可靠性。所以需站在客户的角度考虑问题,要让买手觉得你在所有的供应商里面,是最可靠的,包括质量、价格、长期供货能力等。

资料来源：http://bbs.fobshanghai.com/viewthread.php?tid=3332770&page=1&fromuid=972041#pid48182320

外贸业务员2 展会上与客户交流注意三个技巧：

1. 要名片时机和技巧

如果觉得客户一进来就要名片有点唐突，可以在聊得愉快时提出交换名片要求。不要等与客户聊完告辞之时，才想起要名片。如果客户名片用完了，可以请客户写下名字、公司名、邮箱等信息，或者直接加客户Skype、Whatsapp。

2. 重要的客户见面当晚再次跟进

因为在展会上同类产品的参展商很多，客户到别的展位可能看到和本公司产品差不多或者更好的产品。因此需要再次联系他，及时跟进，加深印象。

3. 拍照合影

展会是显示企业的规模和实力的地方，参展商可以多拍一些参展照片，比如一些对产品有兴趣的重要客户，经过他们同意，尽可能和他们合影，既有备忘录的作用，也可以在和客户跟进时发给他照片显得更加亲切。

其实展会结束，外贸人员的工作才刚刚真正开始，需及时开业务分析会，分析客户的情况。

资料来源：https://bbs.fobshanghai.com/thread-7315713-1-1.html

展会上的有效沟通是营销人员在展会上与潜在的客户联系，及时把企业的产品介绍给客户的有效方式。在展会上，参展商与客户有效沟通，应注意以下三方面。

(一) 与客户沟通要因人而异

行业展会云集了众多的产品和商家，要让参展商和产品在同行中脱颖而出，让客户牢记，最重要的就是要突出"异"，即在复杂的展会面前赢得高效率的沟通需做到与客户沟通因人而异。

区别对待不同性质的客户人员，如客户是技术人员，最想了解的是最新产品的研发进度和价位；客户是采购人员，寻找产品供应商是他们的最大目的；客户是情报人员，目的则是收集最新的研发方案、产品性能等信息，在此之上做比较分析，帮助企业进行生产研发。

由于不同客户的关注重点不同，针对不同客户的咨询，派出适合的人员与其沟通，能更好地解决客户提出的问题，增加他们的满意度。因此，参展商必须事先做好充足的准备,如产品资料、产品报价单、名片等。

(二)多问多听及时了解客户的需求

观众来到每一个展位前未必一定是来谈业务,展商一定要多问来者需要什么帮助,多听听客户对展品提出的问题,应该做到:第一,要知道这个客人对产品有哪些要求;第二,如果遇到不懂产品的客人,就要按照自己的思路引导客人。若是在展会之前已经预约好客户,在客户观展之前,要对客户所需要的产品有详尽的了解,才可以给客户满意的答复。

(三)与客户沟通注意语言

销售人员最重要的口头沟通是开场白和结束语。因为人们在沟通时易记住开始和最后发生的事情。参展商与客户沟通时,要特别注意开始时的礼貌寒暄和最后的结束语。在展会上,除了参展商预约了一部分客户到场交流,还存在一部分散客。销售人员往往与提前预约的客户很熟悉,在交流时游刃有余。但在面对新客户时,却不知所措。礼貌待客讲究即时应对,如主动打招呼以便让客户感受到参展商的热情;对客户提出的问题要做出准确而迅速的回答。

外贸业务心得 **在展会上如何获取更多客户邮箱信息**

展会上,外贸公司以收集客户名片作为主要参展目标,通过高大上的布展-吸引客户进展位-交换名片,这三个层次获得客户信息。收集名片的方式可吸引到更多意向度高的客户,但收集过程较繁杂。而邮箱的收集操作要简单很多,因为用有趣或者实用的方式就获取客户邮箱。获取邮箱最简单快捷的方法就是二维码。

制作易拉宝或大海报,和产品一同放在展位的最前面。易拉宝或大海报的目标就是让客户扫二维码订阅公司信息。海报的设计目标是,要给客户什么好处让他愿意订阅你的邮箱,最终让海报成功转化为客户邮箱信息。

还可以将印有简单二维码胶贴纸布置在客户可能看到的地方,如桌子、产品展示架等。

任何营销活动都需要积累数据来为后期的优化提供指导,在展会上的二维码订阅营销活动,最好也有专门的渠道流量统计,这样就知道这种方式是不是有用了。

资料来源:https://bbs.fobshanghai.com/thread-8129836-1-1.html

三、展会期间注意细节

展会期间工作繁多冗杂,但不可忽视的是细节,因为细节决定成败。因此,以下细节参展商需给予重视。

(一) 参展期间礼仪细节

(1) 展会期间参展商除与客户洽谈商务外,应坚持站立参展 在与客户洽谈时,需要注意热情的尺度,不要让客人感到有压力。

(2) 展会期间应注意避免随意吃喝 因为,这个细节可能会影响客户对参展商的企业文化、管理水平、员工素质、产品质量的评估,导致对企业与产品的不信任。

(3) 展会期间参展商应注意打手机的方式与时间 不恰当的电话会减少与潜在客户交流的时间,直接影响参展商在展会上的业务目标。

(二) 寻找和筛选价值客户的细节

(1) 参展商在有限的展位空间,应充分把握机会,引起参观者对参展产品的注意,吸引买家与专业观众停下来,对参展产品进行咨询。回答有关问题,进一步激发买家与观众的兴趣。

(2) 参展商参展资料有一定价值,因此参展商在展会期间不要见人就发资料,应注意筛选有价值的客户,或在展会后将信息资料寄给有价值的买家。

(3) 参展商应尽量不和参展同伴或临近展位的员工交谈。由于展会时间有限,参展商应抓紧时间专注于寻找潜在顾客并进行有效的沟通。

(4) 展会的参观者着装随意,参展商应专注于挖掘潜在客户,避免怠慢客户。

(5) 参展商需在展位上创造温馨、开放、吸引人的氛围。因此,参展商不要聚群。在参观者眼中,走近一群陌生人总感到心里发虚。

外贸业务心得　网上展会产品直播营销技巧

创新的线上直播形式,无疑给企业带来商机,但同时也带来了挑战。新形势下,谁能抢占先机,谁就可以在新的战场上收获。

网上展会的参展商直播属于品牌营销,并不等同于直播带货。展会上直播营销的主要受众是 B 端客户,关键是与采购商建立信任关系。参展企业应充分利用网上展会的品牌优势,重点突出企业实力、产品品质以及良好的服务等,以赢得和维持采购商信任,更好地提升参展效果。直播营销技巧包括。

1. 展示企业实力以及品牌故事

直播中的言语和行为要注重展示企业实力,讲解产品时要注意专业用语,切忌浮夸,树立良好的专业形象。可利用案例,讲述企业和产品故事,巧妙传递企业价值观和品牌理念,让观众印象深刻,有助于积累口碑,赢得信任。

2. 灵活控场

主播要根据直播现场的内容与氛围,采取单主讲和双主讲等灵活模式。单主讲模式一般呈现的是主播与产品之间的互动,如操作产品、效果展示、讲解说明;双主讲模式即主讲人+主持人模式,一主讲人讲解产品,另一主持人以引导、提问的形式串连。弹性把握直播时长,确定合理的直播节奏,使客户多留存、多转化。考虑何时需要主讲人发言,何时需要与观众互动,何时引导客户留下联系方式等。

3. 及时解答直播过程中观众提问

涉及产品和技术方面的问题,建议由专业人员解答,有助于赢得客户信任。需要24小时及时解答,以应对不同时区的客户群体。

4. 差别对待不同类型客户

根据不同种类客户的特点,差别对待。要维系老客户,开发新客户,有意识地引导潜在客户。

(1) 维系老客户关键在于巩固信任　企业可提前通知老客户直播计划,邀请他们观看直播,并为老客户制定优先线上接待流程,准备专门的接待人员,提供及时专业的线上反馈服务。

(2) 开发新客户的关键在于短时间建立初步信任　面向新客户的直播内容宜高效精准地展示企业实力和产品质量。可以通过多种方式如赠送礼品、样品等吸引新客户留下联系方式,安排业务人员记录新客户特点与需求,并及时跟进。

(3) 有意识地引导潜在客户　可以在直播间互动交流时,强调观众与主播之间的沟通是一对一私密的,有意识地引导有洽谈意向的客户预约在线会议,或开展在线点对点即时沟通,促进客户留下更多信息,提供更深入的洽谈机会。

资料来源:https://bbs.fobshanghai.com/thread-8214682-1-1.html

本节单项业务操作练习

1. 模拟一个展会,学生分别扮演参展商和访问者进行商务谈判和沟通。
2. 参观国际展会,观察和体会展会上参展商与不同国家的客户如何打交道。

第四节 展会结束后工作

展览后续工作的主要内容是巩固、发展客户关系,推销产品和服务,洽谈贸易,签订成交合同。如果说,展览相当于"播种",建立新的客户关系,那么后续工作则相当于"耕耘"和"收获",是将新的关系发展成为实际的客户关系的重要环节。

一、致谢

展览会一闭幕,就应抓紧时间向提供帮助的单位和人员致谢。最好是展台经理亲自致谢。对于最重要的人,可以登门致谢甚至通过宴请表示谢意,其次可以打电话致谢。如果没有时间亲自向每一个有关人员和单位致谢,至少要向主要的人员和单位致谢,并尽快给不能亲自致谢的人员和单位发函致谢。致谢与付款的道理一样,接受货物和服务需要付款,接受帮助和支持需要致谢,即使不准备再次参展,也要对给予帮助和支持的人表示感谢。

致谢应作为展后例行工作之一。致谢不仅是一种礼节,而且对建立良好的关系有促进作用。如果在感谢信上就接待时一些问题发挥一下,感谢效果会更好,因为这已不是一般交流,而是比较近、比较深的交流方式,能表现出对参观者的重视。

对参观展台的客户,不论是现有客户还是潜在客户,均发函致谢,感谢客户参观展台。这是一项比较大的工作,可以在展览会未结束之前就开始做。

二、宣传

如果展出效果好,可以举行记者招待会或发布新闻,将有关情况提供给展览会和新闻界,进一步扩大展出影响。在正常情况下,也应将展览会上的相关新闻稿提供给媒体。很多参展商不重视展览会后的宣传,而重视展前宣传。其实,展览之后的宣传可以获得比较突出的宣传效果，加强参观者的印象。

三、确立贸易关系

在展览会闭幕之后和离开展出地之前，可以抓紧时间访问展出地的关键新客户。每个买主在展览会上都会与许多参展商建立联系，但是只会与少数企业建立实际的贸易关系。这一方面依赖于产品、价格等条件，另一方面依赖于工作效率和质量，要抢在竞争对手之前巩固与新客户的关系，谁的工作做得好，谁就可以争取到新客户。对于接近谈成的项目，更要抓紧继续洽谈，争取离开展出地之前签约，否则，未谈完的项目随时可能变卦。毕竟，市场充满变数，时机不等人。

四、准备下一届展出

展出效果好，参展商可能希望继续参展，可以与展览会组织者初步接触、商洽，提出申请。这样展览会组织者更容易熟悉参展企业，参展企业也有机会优先挑选场地位置。组织者可能在其新闻稿中提及最先申请的公司，这也是公司扩大影响的机会。

五、更新客户名单

客户一般分为两类：现有客户和潜在客户。在信息发达的市场，搜集编制所有的客户名单并不是一件难事，而且，营销工作做得好的参展商多有完整的客户名单。所有客户都应当是争取建立关系的对象。现有客户是有实际贸易关系的客户，要保持、巩固、发展与这些客户的关系，展览工作也多承担这一任务。同时，现有客户也有被竞争对手挖走的可能。潜在客户尽管还没有建立贸易关系，但是通过努力有可能成为最终客户。因此，接触潜在客户，发展和潜在客户的关系是展览会工作和展览后续工作的重要和主要任务。

通过展览会期间的接触，以及展览会之后的后续巩固和发展工作，一些潜在客户能成为实际客户。但同时，也有可能失去一些现有客户。客户的名单可能会有所变化，因此要编制、调整、更新客户名单，并根据名单的变化分析、发现和调整对客户工作的方向和投入，可按客户类别的不同，分别给予不同方式的跟进和管理。对合作和购买意向强烈的客户，采取"邮件回访＋邀请参观＋展会中所谈及事宜的备忘提醒"的方式处理；若客户有特别提出的问题，如不能及时给予答复也应告诉客户大概的回复期限；对合作和购买意向较弱的客户，采取"邮件回访＋所推广的产品的详细介绍＋强化合作意向"的方式处理；对于访客及合作意向不突出的客户,简单邮件群发即可。

六、发展客户关系

贸易展览的重要任务是发展客户关系,包括巩固现有客户的关系和发展潜在客户的关系,尤其是后者。潜在客户往往意味着参展商的未来发展希望,但是由于展览会时间短、客户多,展览接待工作大多是尽可能多地接触和认识客户,展览会期间的客户工作应重数量,而展览会之后的客户工作则应重质量,要加深与客户的相互了解,建立相互信任关系,将认识关系发展成伙伴关系和买卖关系。

七、促进贸易成交

推销产品和服务、洽谈签订合同是展览的最终目的。在展览会期间,向现有客户推销老产品和服务可以更迅速,可能在展览会期间签约。但是,向现有客户推销新产品和服务,向潜在客户推销任何产品和服务,并进行贸易洽谈都可能比较费时,需要在展览会之后继续努力。

> **外贸业务心得** 关于展会结束后跟进的几点观念
>
> 展后结束后一定要趁热打铁,对在展会上搜集到的买家信息进行进一步跟进,否则时间一长买家对我们的印象或热度都会减弱,所以展会后第一步需要对客户进行分类:
>
> 1. 已签约客户——紧急跟进
>
> 这种客户可以被划分为 A 级客户,是意向最明显的,所以回来后要马上按照其要求准备资料、安排收款、协议生产等。不过,跟你签约客户也并不一定会下单,对他们来说,合同完全没有束缚作用,合同只是相当于形式发票,只是一种形式。所以,对于此种客户也要小心沟通,一旦出现迟迟不开证或不汇订金的情况,应提高警戒,及时沟通,采取相应的措施。
>
> 2. 意向客户——持续培养
>
> 这些客户在展会上可能会谈得比较投机,也会谈到很多细节问题,一般间的产品与工厂细节越多,意向越显著。对于这部分客户,回来后要马上跟进,把展会上没解决的疑问及时解决,索要的样品要马上准备寄送,及时跟进对样品的检测结果及定单情况。这部分客户也许最终没有给我们下单,但不

能放弃,作为普通的感情维护,还是要一直联络下去,作为潜在客户培养,有新的产品及时向他推荐,以后还是有合作的机会。

3. 有歧议客户——回旋

在展会上可能会跟一些买家在某些条款上产生歧议,比如价格、设计等。如果在展会时没有妥协,建议回来后也不要马上妥协,先用邮件或电话联系,探探客户口风,把自己不能妥协的利益点再做陈述。若和客户沟通终无结果,需按照自己工厂实际情况做调整。

4. 索要资料客户——判断

还有些客户索要样品册或者价格单,但可能我们没准备充分,展会回来后要马上准备好并发送,然后进一步跟进。不过也要提前判断一下他们索要的目的是什么,是不是一些同行或者其他资料搜集的第三方。

资料来源:http://bbs.fobshanghai.com/viewthread.php?tid=4095923

总之,展览后续工作的主要内容之一是将已开始的贸易谈判持续下去并争取签约成交,或者对已显示出购买兴趣的客户继续做工作,引导其购买意向,并争取洽谈成交。

本节单项业务操作练习

针对一产品,商讨展会后业务跟进细节。

本 章 小 结

1. 展会的优势包括五点:展览会提供了展示自身实力和优良产品的机会;展览会是接触客户的有效方式;展览会提供了市场调查和了解市场行情的机会;展览会是融洽客户关系的良好手段。

2. 参加展览会是外贸公司最重要的营销方式之一,也是其开辟新市场的重要方式之一。参展步骤包括展前准备工作、展会期间工作、展会结束后工作。

3. 外贸公司的参展目标通常有以下几种:树立、维护公司形象,开发市场和寻找新客户,介绍新产品或服务,物色代理商、批发商或合资伙伴,销售成交,研究当地市场,开发新产品等。外贸公司可能会同时抱有几种目的,但在参展之前务必确定主要目标,以便有针对性地制定具体方案,区分工作重点。

4. 在提交参展提案时应做好财务预算,包括参展费用、特型展示布置费用、展品运输保管费用、广告费用、宣传赠品费用、人员差旅费用等可预见费用。参展的投资规模应该参考展会对市场战略的支持作用、对区域市场销售的现实作用、品牌宣传和企业宣传的影响力。

5. 展会的选择应谨慎,参展前应通过当地114查询主办方、承办方、协办单位和展览馆电话,以确认其真实性。参展商还应结合参展目的尽量选择高规格、有实力的主办和承办单位操作的展会;尽量避免参加首次举办的展会,而选择已举办多届并有良好往期信誉的展会。

6. 展台布置的基本原则:远观效果醒目有冲击力,近观效果舒适、明快,整体效果协调;展位结构和图片序列应考虑人流密度和流向;无论标准展位还是特型展示,都必须增加照明灯光;展品和图片的展示高度应符合人体身高和视角。

7. 展览后续工作的主要内容是巩固、发展客户关系,推销产品和服务,洽谈贸易,签订成交合同。如果说,展览相当于"播种",建立新的客户关系,那么,后续工作则相当于"耕耘"和"收获",是将新的关系发展成为实际的客户关系的重要环节。

基 本 概 念

1. 贸易性质的展览会:为产业即制造业、商业等行业举办的展览。展览的主要目的是交流信息、洽谈贸易。

2. 消费性质的展览:为公众举办的展览,展出品多为消费品,目的是直接销售。

3. 综合展览:全行业或数个行业的展览会,也称作横向型展览会。

4. 专业展览:展示某一行业甚至某一项产品的展览会。专业展览会的突出特征之一是常常同时举办讨论会、报告会,用以介绍新产品、新技术。

5. 道边型展台:也称为单开口展台,它夹在一排展位中间,观众只能从其面前的过道进入展台内。这种类型的展位租金最低,中小企业在选择这类展台时要注意它的位置,优先挑选位于洗手间、小卖部、快餐厅、咖啡屋附近的展台,这些地方是展会人流最密集的区域,易于参展商捕捉商机。

6. 墙角型展台:也称双开口展台,它位于一排展台的顶端,两面邻过道,观众可以从它前面的通道和垂直于它的过道进入展台。墙角型展台与道边型展台相比，面积相同，但多出一条观众进入展台的侧面过道，因而观众流量较大，效果相对较好，当然租金也要比道边型展台高出 10%～15%。

7. 半岛型展台：观众可从三个侧面进入这种类型的展台，其展示效果要比前两种好一些，企业在选择这种展台时，应该配合做好装修才能达到满意的效果。

8. 岛型展台：在四种类型的展台中租金最高，与其他三种类型的展台不同，观众可以从任意一个侧面进入展台内，因而更能吸引观众的注意力。这类展台适于展示、广告效果好，因而设计起来更为精心，搭建费用相对较高，它是大型企业参加展会之首选。

本章综合操作训练

1. 针对一产品，设计和布置一标准展位。
2. 在展位上分扮参展商和访客，模拟商展谈判。

用搜索引擎和 B2B 网站开发客户

学习目标

- 学会用搜索引擎寻找潜在客户信息
- 学会在 B2B 网站上进行注册和产品信息发布
- 能通过 B2B 平台搜索和联系客户

截至 2020 年 3 月,中国搜索引擎用户规模达 7.50 亿,较 2018 年底增加了 6 883 万人,搜索引擎使用率达 83.0%,比 2018 年底上升了 0.8 个百分点;其中作为搜索引擎的主要设备,手机搜索引擎用户规模达 7.45 亿,比 2018 年底增加 9 139 万人,使用率达 83.1%。

从全球来看,国内搜索引擎占比较小,全球搜索引擎市场格局相对稳定。谷歌始终以 90% 以上的市场份额独占鳌头,2019 年谷歌在全球市场中的占比达 92.71%;其次为必应和雅虎搜索,市场份额占比分别为 2.32%、1.59%;而作为国内搜索引擎巨头,百度的市场份额占比仅为 1.06%。

从国内搜索引擎市场份额来看,自 2010 年谷歌退出中国后,百度始终占据国内搜索引擎市场首位,搜索市场呈现一超(百度)一强(搜狗)局面。2019 年百度国内市场份额占 67.09%;其次为搜狗搜索和神马搜索,分别占 18.75% 和 6.84%;此外,谷歌和 360 搜索市场份额占 2.64%、1.91%。

第一节 使用搜索引擎寻找客户

做外贸最大的问题就是客源,网络上找客户最常用的方法是利用搜索引擎找客户。

搜索引擎是互联网中获取信息的重要工具,是互联网基础应用之一。大量的工业设备和服务采购商在互联网上寻找货源供应商。根据 GlobalSpec 的调查分析，以前采购商物色新的供应商是通过展览会、销售电话和印刷目录，这些传统方式正在被网络搜索替代。搜索引擎成为采购商寻找新供货商的第一渠道，其次是行业在线分类目录，两者加起来占据采购渠道的 73%，印刷目录的作用已经降到最低。[1]

一、搜索引擎的分类以及工作原理

(一) 搜索引擎的定义和分类

搜索引擎是指根据一定的策略，运用特定的计算机程序从互联网上搜集信息，在对信息进行组织和处理后，为用户提供检索服务，将用户检索相关的信息展示给用户的系统。

搜索引擎包括全文索引、目录索引、元搜索引擎、垂直搜索引擎、集合式搜索引擎、门户搜索引擎与免费链接列表等。百度和谷歌等是搜索引擎的代表。按照工作原理的不同，可以把它们分为两个基本类别：全文搜索引擎（Full Text Search Engine）和分类目录（Directory）。

1. 全文搜索引擎

全文搜索引擎是目前广泛应用的主流搜索引擎。它的工作原理是计算机索引程序扫描文章中的每一个词，对每一个词建立一个索引，指明该词在文章中出现的次数和位置，当用户查询时，检索程序就根据事先建立的索引查找，并将查找的结果反馈给用户。网络机器人（Spider）或叫网络蜘蛛（crawlers）软件，通过网络上的各种链接自动获取大量网页信息内容，并按拟定的规则分析整理。最常用的全文搜索引擎有百度、谷歌（Google）等。

2. 目录索引

目录索引也称为分类检索，是因特网上最早提供 WWW 资源查询的服务，主要通过搜集和整理因特网的资源，根据搜索到网页的内容，将其网址分配到相关分类主题目录的不同层次的类目之下，形成像图书馆目录一样的分类树形结构索引。目录索引无需输入任何文字，只要根据网站提供的主题分类目录，层层点击进入，便可查到所需的网络信息资源。

目录索引虽然有搜索功能，但在严格意义上算不上是真正的搜索引擎，仅仅是按目录分类的网站链接列表而已。用户完全可以不用关键词（Keywords）查询，

---

[1] 资料出处：http://blog.csdn.net/chengg0769/article/details/1712081

仅靠分类目录也可找到需要的信息。目录索引中代表性的是雅虎(Yahoo)、搜狐、新浪、网易搜索。

全文搜索引擎和分类目录在使用上各有长短。全文搜索引擎依靠软件进行，所以数据库的容量非常庞大，但是它的查询结果往往不够准确；分类目录依靠人工收集和整理网站，能够提供更为准确的查询结果，但收集的内容却非常有限。为了取长补短，现在的很多搜索引擎，都同时提供这两类查询，一般对全文搜索引擎的查询称为搜索"所有网站"或"全部网站"，比如 Google 的全文搜索(http://www.google.com/intl/zh-CN/)；把对分类目录的查询称为搜索"分类目录"或搜索"分类网站"，比如新浪搜索。对这两类搜索引擎进行整合，还产生了其他的搜索服务，主要有以下几类。

3. 元搜索引擎 (META Search Engine)

元搜索引擎在接受用户查询请求时，同时在其他多个引擎上进行搜索，并将结果返回给用户。著名的元搜索引擎有 InfoSpace、Dogpile、Vivisimo 等(元搜索引擎列表)，中文元搜索引擎中具代表性的有搜星搜索引擎。在搜索结果排列方面，有的直接按来源引擎排列搜索结果，如 Dogpile，有的则按自定的规则将结果重新排列组合，如 Vivisimo。

4. 集合式搜索引擎

该搜索引擎类似元搜索引擎，区别在于并非同时调用多个引擎进行搜索，而是由用户从提供的若干个引擎中选择，如 HotBot 在 2002 年底推出的引擎。

5. 门户搜索引擎

如 AOL Search、MSN Search 等虽然提供搜索服务，但自身既没有分类目录也没有网页数据库，其搜索结果完全来自其他引擎。

6. 免费链接列表(Free For All Links，简称 FFA)

这类网站一般只简单地滚动排列链接条目，少部分有简单的分类目录，不过比起 Yahoo 等目录索引来规模要小得多。

(二) 工作原理

网络机器人是一种网络软件，它遍历 Web 空间，能够扫描一定 IP 地址范围内的网站，并沿着网络上的链接从一个网页到另一个网页，从一个网站到另一个网站采集网页资料。为保证采集最新的资料，还会回访已抓取过的网页。网络机器人采集的网页，还要由其他程序分析，根据一定的相关度算法进行大量的计算，建立网页索引，才能添加到索引数据库中。平时看到的全文搜索引擎，实际上只是一个搜索引擎系统的检索界面，当输入关键词查询时，搜索引擎会从庞大的数据库中找到符合该关键词的所有相关网页的索引,并按一定的排名规则呈现出来。不同的搜索引擎,网页索引数据库不同,排名规则也不尽相同,所以,同一关键词用不同的搜索引擎查询时,搜索结果也就不尽相同。

和全文搜索引擎一样,分类目录的整个工作过程也同样分为收集信息、分析信息和查询信息三部分,只不过分类目录的收集、分析信息两部分主要依靠人工完成。分类目录一般都有专门的编辑人员,负责收集网站的信息。随着收录站点的增多,现在一般都是由站点管理者递交自己的网站信息给分类目录,然后由分类目录的编辑人员审核递交的网站,以决定是否收录该站点。如果该站点审核通过,分类目录的编辑人员还需要分析该站点的内容,并将该站点放在相应的类别和目录中。所有这些收录的站点同样存放在索引数据库中。用户在查询信息时,可以选择按照关键词搜索,也可按分类目录逐层查找。如以关键词搜索,返回的结果跟全文搜索引擎一样,也是根据信息关联程度排列网站。要注意的是,分类目录的关键词查询只能在网站的名称、网址、简介等内容中进行,它的查询结果也只是被收录网站首页的URL地址,而不是具体的页面。分类目录就像一个电话号码簿一样,按照各个网站的性质把其网址分门别类排在一起,大类下面套着小类,一直到各个网站的详细地址,一般还会提供各个网站的内容简介,用户不使用关键词也可进行查询,只要找到相关目录就完全可以找到相关的网站。

搜索引擎并不真正搜索互联网,它搜索的实际上是预先整理好的网页索引数据库。真正意义上的搜索引擎,通常指的是收集了因特网上几千万到几十亿个网页并对网页中的每一个词(即关键词)进行索引,建立索引数据库的全文搜索引擎。当用户查找某个关键词的时候,所有在页面内容中包含了该关键词的网页都将作为搜索结果被搜出来。在经过复杂的算法排序后,这些结果将按照与搜索关键词的相关度高低,依次排列。

搜索引擎的基本工作包括如下三个过程:先在互联网中发现、搜集网页信息;后提取信息和组织建立索引库;再由检索器根据用户输入的查询关键字在索引库中快速检出文档,进行文档与查询的相关度评价并对将要输出的结果排序,且将查询结果返回给用户。简言之,搜索引擎的工作,可以看作三步:从互联网上抓取网页→建立索引数据库→在索引数据库中搜索排序。

1. 从互联网上抓取网页

利用能够从互联网上自动收集网页的网络机器人系统程序,自动访问互联网,并沿着任何网页中的所有URL爬到其他网页。重复这一过程,并把爬过的所有网页收集回来。

2. 建立索引数据库

由分析索引系统程序对收集回来的网页进行分析,提取相关网页信息(包括网页所在 URL、编码类型、页面内容包含的关键词、关键词位置、生成时间、与其他网页的链接关系等),根据一定的相关度算法进行大量复杂计算,得到每一个网页针对页面内容中及超链中每一个关键词的相关度(或重要性),然后用这些相关信息建立网页索引数据库。

3. 在索引数据库中搜索排序

用户输入关键词搜索后,由搜索系统程序从网页索引数据库中找到符合该关键词的所有相关网页。因为所有相关网页针对该关键词的相关度早已算好,所以只需按照现成的相关度数值排序,相关度越高,网站排名越靠前。最后,由页面生成系统将搜索结果的链接地址和页面内容摘要等内容组织起来返回给用户。

网络机器人一般要定期重新访问所有网页,更新网页索引数据库,以反映出网页内容的更新情况,增加新的网页信息,去除死链接,并根据网页内容和链接关系的变化重新排序。这样,网页的具体内容和变化情况就会反映到用户查询的结果中。

各搜索引擎的能力和偏好不同,抓取的网页各不相同,排序算法也各不相同。大型搜索引擎的数据库储存了互联网上几亿至 20 亿的网页索引,数据量达到几千 G 甚至几万 G。但是,即使最大的搜索引擎建立超过亿网页的索引数据库,也只能占到互联网上普通网页的不到 30%,不同搜索引擎之间的网页数据重叠率一般在 70% 以下。使用不同搜索引擎的重要原因,就是因为它们能分别搜索到不同的内容。互联网上有更大量的内容,是搜索引擎无法抓取索引的,也是无法用搜索引擎搜索到的。

二、关键字的设置

外贸企业在搜索引擎推广自己的网站时,要考虑的一个问题就是如何提高网站的访问量和点击率,让更多的客户关注产品,解决这个问题的方法就是使自己的网站在搜索引擎中排名靠前。这就关系到关键字设置问题,关键字的设置必须是跟网站相关的或客户(网民)经常使用的词或词组。注意以下三点。

(一) 相关性

相关性指的是在搜索引擎推广自己的网站时选择一些跟网站主题内容密切

相关的词或词组。例如,关于药品销售的网站,如果有客户在谷歌、百度或雅虎搜索"另类药"这个关键字时找到了该网站,网站虽然获得了一些访问量,但这些访问量对网站的经营并没有多大用处,因为"另类药"这样的关键字跟网站的主题无关,客户最多也只是在网站上查询一些信息。如果客户搜索"感冒药"或"中药治疗感冒"这类关键字找到了该网站,网站不但获得了有效的访问量,并且也得到了一个很有可能购买网站产品的潜在客户。所以,在搜索引擎中想得到的是相关的访问,对网站关键字的选择就必须认真谨慎。因为从搜索引擎过来的相关的访问越多就意味着会产生更多的销售。

(二) 使用短语

研究表明,有 65% 以上的搜索都是通过搜索短语而不是单词来进行的。在搜索引擎中使用短语搜索的目的性非常强,比如,地方性的旅游网站,在谷歌、百度或雅虎搜索"阳朔西街的风味小吃"或"桂林的玉器市场在哪里"这类关键字找到了该网站,网站获得了有效的访问量,同时网站客服为客户提供了免费的信息服务。最主要的是为该潜在客户转变为真正的客户打下基础。所以,在网站的一些资讯类的内容加上类似于以上举例的标题,也是网站推广中关键字选择的技巧。

(三) 使用热门关键词

在某一阶段,网络都会有一些新鲜的、热门的话题,网站定期更新的内容中增加这类话题内容,既能提高网站点击率,也能引起搜索引擎的关注。比如,曾经备受关注的"圣元奶粉"的话题,因为含有禁用外源性性激素导致婴儿性早熟,从而引起所有中国人的关注,网上对此的报道更是铺天盖地,每个搜索引擎每天对此事件的搜索量不少于百万次。如果某网站在定期更新的新闻或资讯栏目中加入跟圣元奶粉相关的报道,同时使用合理的网站推广手段,必能在短期内迅速提高网站的浏览量。

三、搜索引擎的使用技巧

最简单的查询方法是直接在搜索引擎中输入关键词,然后点击搜索,会出现很多与关键词有关的查询结果,但是这些结果很多不是想要的。例如,在 Google 中输入关键词"外贸英语",然后点击"搜索",系统很快会返回查询结果,共 3 730 000 个。查询结果中可能包含许多无用的信息,会觉得查询结果不准确,甚至怀疑搜索引擎是否真的有用。事实上,每个搜索引擎都有自己的查询方法,只有掌握这些查询方法和技巧后,才能方便地查询网上信息。搜索引擎不同,查询方法不同,例如,书名号是百度独有的特殊查询语法。在其他搜索引擎中,书名号会被忽略,而在百度是可被查询的。加上书名号的查询词有两层特殊功能:一是书名号会出现在搜索结果中;二是被书名号扩起来的内容不会被拆分。书名号在某些情况下特别有效果,例如,查电影《手机》,如果不加书名号,很多情况下出来的是通信工具——手机,而加上书名号后,《手机》结果就都是关于电影方面的了。这里介绍一些通用的、各个搜索引擎都具有的查询方法。

1. 使用双引号(" ")

如果希望实现更加精确的查询,不包括演变形式,那么可以给要查询的关键词加上双引号(半角[①],以下要加的其他符号同此)。例如在搜索引擎的搜索框中输入"电传",就会返回网页中有"电传"这个关键字的网址,而不会返回诸如"电话传真"之类的网页。如果输入的查询词很长,百度在经过分析后,给出的搜索结果中的查询词可能是拆分的。给查询词加上双引号,就可以不拆分查询词。例如,搜索上海科技大学,如果不加双引号,搜索结果被拆分,效果不是很好,但加上双引号后,"上海科技大学",获得的结果就全是符合要求的了。

2. 使用加号(+)

如果希望某个关键词必须出现在搜索结果中的网页上,那就在关键词的前面使用加号。例如,在搜索引擎中输入"+电脑+电话+传真"就表示要查找的内容必须同时包含电脑、电话、传真这三个关键词。

3. 使用减号(-)

如果发现搜索结果中某一类网页是不希望看见的,而且,这些网页都包含特定的关键词,也就是说,不希望在查询结果中出现某个关键词,用减号语法就可以去除所有这些网页。例如,搜索神雕侠侣,希望是关于武侠小说方面的内容,却发现很多关于电视剧方面的网页。可以查询"神雕侠侣 -电视剧"。再如,在搜索引擎中输入"电视台 -中央电视台"表示查询结果中一定不包含中央电视台。前一个关键词和减号之间必须有空格,否则,减号会被当成连字符处理,而失去减号语法功能。减号和后一个关键词之间,有无空格均可。

4. 使用通配符(*和?)

通配符[②]包括星号(*)和问号(?):前者表示匹配的数量不受限制;后者表示匹配的字符数要受到限制,主要用在英文搜索引擎中。例如,输入"computer *",

---

[①] 在使用英文输入法时,一个英文字符所占的位置称为半角,而一个汉字所占的位置则等于两个英文字符,称为全角。

[②] 通配符主要有星号(*)和问号(?),用来模糊搜索文件。当查找文件夹时,可以使用它来代替一个或多个真正字符。

就可以找到 computer、computers、computerised、computerized 等单词,而输入"comp? ter",则只能找到 computer、compater、competer 等单词。

5. 布尔检索

布尔检索[①]是指用标准的布尔逻辑关系表达关键词与关键词之间逻辑关系的一种查询方法,这种查询方法允许输入多个关键词,各个关键词之间的关系可以用逻辑关系词来表示。and 称为逻辑"与",表示所连接的两个词必须同时出现在查询结果中,例如,输入"computer and book",要求查询结果中必须同时包含 computer 和 book。这样的组配增加了限制条件,即增加查找的专指性,以缩小范围,减少输出量,提高准确率。or 称为逻辑"或",表示所连接的两个关键词中任意一个出现在查询结果中就可以,如输入"computer or book",就要求查询结果中可以只有 computer 或只有 book,或同时包含 computer 和 book,这样的组配可以放宽范围,扩增检索结果,提高查全率。not 称为逻辑"非",表示所连接的两个关键词中应从第一个关键词概念中排除第二个关键词,用于排除不希望出现的关键词,如输入"automobile not car",就要求查询的结果中包含 automobile,但同时不能包含 car 这样的组配能够缩小命中文献范围,增强检索的准确性。

6. 使用括号

当两个关键词用另外一种操作符连在一起,而又想把它们列为一组时,可以给这两个词加上圆括号。

7. 使用元词检索

大多数搜索引擎都支持元词(metawords)功能,把元词放在关键词的前面,检索的内容具有明确的特征。例如,在搜索引擎中输入"title:清华大学",就可以查到网页标题中带有清华大学的网页。在键入的关键词后加上"domain:org",就可以查到所有以 org 为后缀的网站。其他元词还包括:

(1) image 用于检索图片;

(2) link 用于检索链接到某个选定网站的页面;

(3) URL 用于检索地址中带有某个关键词的网页。

8. 区分大小写

许多英文搜索引擎可以让用户选择是否要求区分关键词的大小写,这一功能对查询专有名词有很大的帮助,例如,Web 专指万维网或环球网,而 web 则表示蜘

[①] 布尔检索是数据库检索最基本的方法,是用逻辑"或"(+、OR)、逻辑"与"(×、AND)、逻辑"非"(-、NOT)等算符在数据库中对相关文献的定性选择方法。

蛛网。

四、利用搜索引擎寻找国外客户

相对而言,成熟的国外客户带来的订单和利润都是极为可观的。当然,找到好的国外客户并不容易。通常在搜索引擎输入经营的产品,查询需要的相关信息。但要寻找全球的客户,搜索引擎就会给出很多网站,和要找客户的相关性太远。

1. 原则上每种产品在销售上都有相关产品

如果某个进口商进口产品 A,那么很大程度上还会进口 B 或者 C,称 B 和 C 为 A 的紧密相关产品。尝试在搜索引擎中输入 A B,这时的结果相关性往往大大增强。关于相关产品,还可以定位为 A 的不同型号产品,同系列产品等。以上方法的原理是:如果某个网页提到一系列相关产品,那么这个网页可以成为该产品专家级别的网页,通常就是经营、生产或者研究这类产品公司的网页。所以,要多关注这类网页。要注意的是,这些产品名称一定是准确而且客户也使用的英文名。

2. 输入 Product list A 或者 Catalog A

结果的网页通常就是某个 A 经营者的产品网页,如果他们卖 A,并且不是生产商,极有可能就是一个目标客户。

3. Price 方法(Price+产品名称)

通过这种方法,通常能找到很多客户在 B2B 网站上要求供应商报价的 inquiry 信息,顺着这个信息能发现客户的信息;另外,可以发现一些产品 A 的市场行情,有时试试 A market research 也有用处。

4. Importers 方法(产品名称+importers)

打开 Google 搜索引擎后,输入关键词"battery operated toy importers",查询结果约有 2 800 000 项,网页显示如图 3-1。

Battery Operated Toys - Importers - Tradekey
importer.tradekey.com › Importers - 网页快照 - 翻译此页
Battery Operated Toys Importers - Instantly Connect with Verified Battery Operated Toys Buyers & Battery Operated Toys Importers from USA, India, China at ...

Battery Operated Toys - Importers - TradeFord.com
importer.tradeford.com/battery-operated-toys - 网页快照 - 翻译此页
Battery Operated Toys Importers Directory - Browse list of Battery Operated Toys

图 3-1

点击"Battery Operated Toys-Importers-TradeFord.com",网页显示如图3-2所示,tradeford.com 是一家来自美国本土的 B2B 网站,符合搜索条件的进口商共有337家,图3-3所示是符合条件的其中四家进口商、包括两家香港进口商、两家美国进口商。点击公司名称,发现登录网站后才能查看公司的联系信息,如图3-4所示。

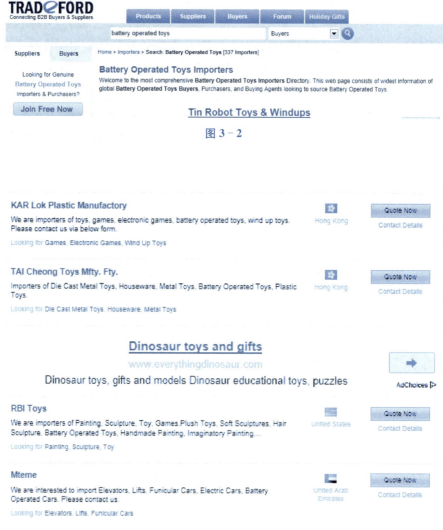

图 3-2

图 3-3

图 3-4

往后多翻几页,可以看到更多的信息,例如,翻到第四页,如图 3-5 所示。

图 3-5

点击"battery operated toy importers-GlobalSources. com"得到图 3-6 所示结果,即环球资源网页面。

图 3-6

点击网页显示的第一家公司 Teemway Industrial Ltd china(mainland),结果如图 3-7 所示。

Established in 1999, Teemway Industrial specializes in the design, development and production of a wide range of plastic children's toys and gifts and premium items. We currently have over 200,000 items you can choose from. We also provide ODM and OEM services for your customization requirements.

Our innovative designs and strict quality control have earned us the trust of several international... more >>

This supplier has products in 50 categories

RC helicopters (59)	RC cars (45)	RC toys (34)
Battery-operated toys (32)	Play sets (29)	Promotional toys (22)
Children's boots (17)	Evening bags (15)	Sports toys (11)

Show All

图 3-7

可以看到这家玩具供应商共有 50 个产品类别，选择"Battery-operated toys (32)"。可以看到 32 种电动玩具的名称和图片，如图 3-8 所示。

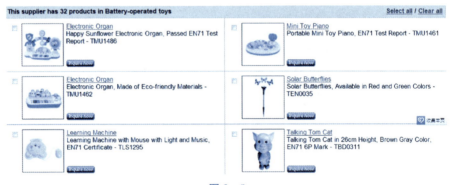

图 3-8

可以用 importer 替代 importers。还可以用 Google 在不同的国家搜。例如，www.GOOGLE.COM.UK，www.GOOGLE.COM.CA。

5. "买家"搜索方法

在 Google 中输入"产品名称＋ buyer"，搜索出来的页面大部分和该产品的买家有关，有的就是目标客户的网页。打开 Google 搜索引擎后输入"battery operated toy buyer"，网页显示如图 3-9 所示。

点击第二栏"Battery-operated Toy Buying leads from Global Battery-operated Toy"，如图 3-10 所示。共有 139 条求购信息，选择左侧区域 United Kingdom。

点击第二条求购信息"I need Products of Battery-operated Toy"，显示的是公司 Sarik Laszlo 的相关信息如图 3-11 所示。虽然在联系信息栏内没有具体的联系方式，点击"Contact Now"，即可与该买家取得联系。

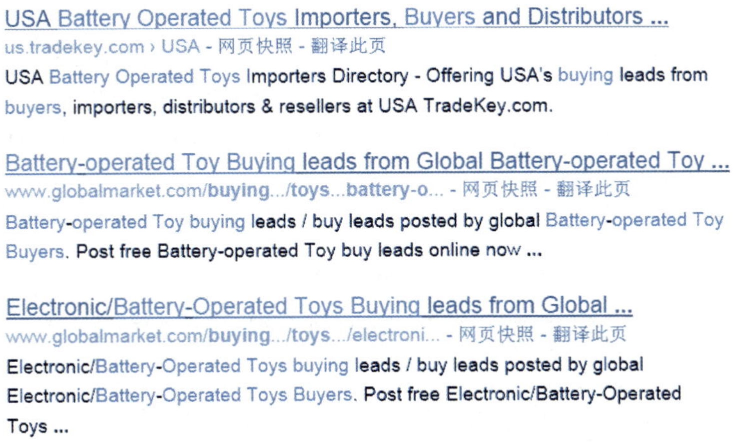

USA Battery Operated Toys Importers, Buyers and Distributors ...
us.tradekey.com › USA - 网页快照 - 翻译此页
USA Battery Operated Toys Importers Directory - Offering USA's buying leads from buyers, importers, distributors & resellers at USA TradeKey.com.

Battery-operated Toy Buying leads from Global Battery-operated Toy ...
www.globalmarket.com/buying.../toys...battery-o... - 网页快照 - 翻译此页
Battery-operated Toy buying leads / buy leads posted by global Battery-operated Toy Buyers. Post free Battery-operated Toy buy leads online now ...

Electronic/Battery-Operated Toys Buying leads from Global ...
www.globalmarket.com/buying.../toys.../electroni... - 网页快照 - 翻译此页
Electronic/Battery-Operated Toys buying leads / buy leads posted by global Electronic/Battery-Operated Toys Buyers. Post free Electronic/Battery-Operated Toys ...

图 3 - 9

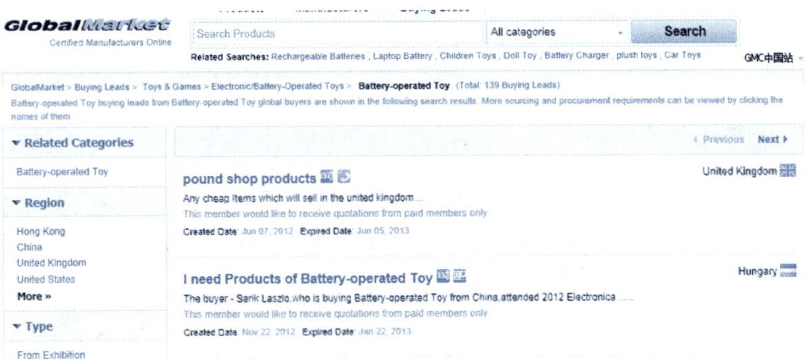

图 3 - 10

图 3 - 11

6. Distributors 方法

搜索"产品名称+distributors",搜索时如果加上引号,能得到更准确的结果。虽然这样做可能牺牲很多潜在客户,但有时可以找到很多分销商的信息。

仍以 Battery operated Toy 为例,搜索"Battery operated Toy distributors"结果如图 3-12 所示。

```
B2B Toy importers wholesale - hktdc.com
www.hktdc.com/Hobby_Collector_Item
HK Government Assured Since 1966. Source From D&B Verified Suppliers!
610 人已 +1 推荐或关注"HKTDC 香港貿發局"

Battery-Operated Toys Importers - GlobalSources.com
www.globalsources.com/Battery_Toys
Bulk Battery-Operated Toys Importers From China. Find More Online Now!
Baby & Children's Apparel - Baby & Children's Bags & Accessory - Toys

小提示:仅搜索简体中文结果。您可以在设置中指定您的搜索语言

Battery Operated Toy Distributors
www.globalsources.com › ... › Sports & Leisure - 网页快照 - 翻译此页
Global Sources provides ☆ Battery Operated Toy Distributors ☆ that Distribute
Battery Operated Toy.

Battery-operated toy Distributors
www.globalsources.com/gsol/.../12888.htm - 网页快照 - 翻译此页
Battery-operated toys Suppliers ☆ Comprehensive List of Battery-operated toys
Suppliers ☆ Choose Verified Battery-operated toys Suppliers.

求购信息,- 供应信息- Ec21.com
chinese.ec21.com › 现在供应 - 网页快照
Battery Operated Toy Products · Battery Operated Toy Buyers · Battery Operated Toy
Wholesale Buyers · Battery Operated Toy Distributors · Wholesale Battery ...
```

图 3-12

7. 其他类型目标客户搜索方法

产品名称+其他客户类型。相关目标客户的词语还包括 buyer、company、wholesaler、retailer、supplier、vendor 及其复数形式,可与产品名称结合搜索。这样搜索的结果不会很多,但包含比较丰富的客户信息和其他市场信息,比如行业状况、竞争对手信息和技术资料等。

8. 国家名称限制方法或者目标国家市场搜索方法

在前面 7 种方法的基础上加入国家名称限制,比如,在 Google 中输入"目标国家+产品名称",可以得到目标市场的产品情况,从中获得相关信息,有时也能发

现目标客户。以 distributors 方法为例,加上 USA 这样的区域限定词,搜索结果如图 3-13 所示。

Lead Acid Battery Importers - Importers - Tradekey
importer.tradekey.com › Importers - 网页快照 - 翻译此页
We are looking for suppliers who can supply Lead Acid Battery scrap: ISIR code RAINS (Drained) If you can offer us please provide the details, p... Related ...

Lead Acid Batteries on ThomasNet.com
www.thomasnet.com › Suppliers - 网页快照 - 翻译此页
Results 1 - 25 of 196 – Welcome to the premier industrial resource for Lead Acid Batteries. ... ISO 9001:2000 certified woman owned stocking distributor of lead acid & gelled electrolyte batteries available in voltage ranging from .... Made in USA.

Sealed Lead Acid Batteries on ThomasNet.com
www.thomasnet.com › Suppliers - 网页快照 - 翻译此页
Results 1 - 25 of 484 – Distributor of sealed lead acid (SLA) batteries. ... Distributor sealed lead acid batteries including burglar alarms, fire alarms .... Made in USA.

图 3-13

点击查询到的栏目,如"Lead Acid Battery on ThomasNet.com",结果如图 3-14 所示。这是美国知名的电子商务平台 ThomasNet.com 的网页,与"lead acid battery distributors"有关的搜索结果共 97 个,第一页列表显示了 25 个分销商的名称,点击第一家公司,网页显示如图 3-15 和 3-16 所示。网页内有公司的详细信息和产品信息,还列出了非常详细的公司数据。

Lead Acid Batteries Suppliers
Displaying 1 to 25 out of 97 results

Related Categories
Lead: Battery   Acid: Battery, Electrolyte   Acid
Batteries: Lead Acid   Batteries: Sealed Lead Acid (SLA)   More...

☑ to Compare Suppliers

▶ ☑ House of Batteries - Fountain Valley, CA
Distributor, Manufacturer, Custom Manufacturer, Service Company
ISO 9001:2000 certified woman owned stocking distributor of lead acid & gelled electrolyte batteries available in voltage ranging from 4 V to 12 V. Specifications vary depending on models including -20 degrees C to plus 60 degrees C operating temperature & 500mAh to 100Ah capacity. Applications include communication equipment, office equipment, security systems, small power tools, toys, ups systems, communication equipment, large power tools, office equipment, security systems UPS systems, CATV, CVCF, emergency lights, engine starting, PBX, base stations, large & small power tools & toys, audio communication equipment, office equipment & VCR's. RoHS compliant. Meets ANSI & IEC standards. ITAR registered. DOT certified.
Brand Names: Eagle-Picher, EnerSys, G.S. Battery, House Of Batteries, Powersonic
www.houseofbatteries.com/standard-batteries...

☑ Zeus Battery Products (Power Cell Battery Products) - Bloomingdale, IL
Distributor, Manufacturer, Custom Manufacturer
ISO 9001:2008 certified manufacturer & distributor of standard & custom rechargeable sealed lead acid (SLA) batteries. Features include cycle/standby (or float) use, low resistance, high rate discharge construction & deep discharge recoverability. Sealed lead acid batteries range in nominal voltage ratings from 2 V to 12 V & nominal capacities from 0.8 Ah to 200 Ah. Sealed lead acid batteries are available with 1-year warranty. Meet DOT & IATA/ICAO standards. Kanban & JIT delivery available.
Brand Names: Power Cell, Zeus
powercellbattery.thomasnet.com/viewitems/al...

图 3-14

House of Batteries

www.houseofbatteries.com
10910 Talbert Ave.
Fountain Valley, CA 92708   map
Phone: 714-962-7600, 800-432-3385 (toll free)
Fax: 714-962-7644

Lead Acid Batteries Information: www.houseofbatteries.com/standard-batter...

Distributor & assembler of batteries & battery packs for all electronic applications. Design, testing and UL, CE & UN DOT certification. RBRC recycling, technical support, custom assemblies, More...

Product Information

ISO 9001:2000 certified woman owned stocking distributor of lead acid & gelled electrolyte batteries available in voltage ranging from 4 V to 12 V. Specifications vary depending on models including -20 degrees C to plus 60 degrees C operating temperature & 500mAh to 100Ah capacity. Applications include communication equipment, office equipment, security systems, small power tools, toys, ups systems, communication equipment, large power tools, office equipment, security systems UPS systems, CATV, CVCF, emergency lights, engine starting, PBX, base stations, large & small power tools & toys, audio communication equipment, office equipment & VCR's. RoHS compliant. Meets ANSI & IEC standards. ITAR registered. DOT certified.
www.houseofbatteries.com/standard-batter...

图 3 - 15

Company Data

URL:	www.houseofbatteries...
Sales:	$10 - 24.9 Mil
Employees:	50-99
Activities:	Distributor, Manufacturer, Custom Manufacturer, Service Company
Year Founded:	1965
Certification:	RoHS Compliant, ISO 9001:2008, ITAR Registered, Woman Owned
Ownership:	Woman-Owned
Brand Names:	Eagle-Picher, EnerSys, G.S. Battery, House Of Batteries, Powersonic
Export Markets:	Latin America/Caribbean, South America, Western Europe, Pacific Rim, Australia, China, Canada, Mexico
Officials:	Clay Himayama, Product Mgr. Mel Weis, Dir., Sales

图 3 - 16

9. 著名买家法

在搜索引擎中输入行业著名买家的公司简称或者全称,这种方法可以帮助找到行业市场的情况,并能在相关网站中找到其他买家的名字。

10. 国外展会网站搜索

搜索展会,可在 Google 里输入"产品关键词＋ tradeshow/exhibition/trade fair",找出与产品相关的展会网站,并在其网站上找到国外展商名录及联系方式。一些展会网站也会有其他相关展会的链接,如此直接链接又可找到更多的展会。

另外,还要注意以下几点。首先,同一产品往往有不同的英文名称,如鞋子,其名称有 shoe/footwear 等,把这些不同的关键词都放在 Google 里搜索,结果都不一样,每个关键词都会搜出很多国外相关公司的网站等信息,然后打开网站并发邮件。此外,还可将同一关键词翻译成不同的语言再搜索,或者用关键词＋importer/distributor/buyer/ wholesaler/agent 等,搜索结果也都不一样。利用搜索引擎的"爬虫"原理,一般情况下,排在前几页的搜索结果都比较有效,因为其网站内容基本都是最近更新的。

其次,Google 在世界上每个国家基本都有分公司,因此可用当地的 Google 输入关键词搜索。比如,德国的域名为 www.google.de,再输入关键词,这样很容易找到德国当地的客户信息,搜索的结果更精确。不过,如果用各国本地的 Google 搜索,最好使用多国语言的翻译软件,将关键词翻译成当地语言再去搜索,例如,要找德国的客户,可以将 shoe 翻译成德文,再在 www.google.de 搜索,可找到更多当地公司的信息。

再有,关键词格式一般为[关键词]＋[空格]＋国家域名后缀。此处"空格"是半角的空格。国家后缀如 cn 是中国的域名后缀,uk 是英国的国家域名后缀。若搜索英国的 toys,使用关键词"toys uk",即可搜索出很多域名里含有 uk 的网站,这些网站大部分是英国本土的网站。

最后,一般情况下,每个国家的公司,其名称后缀都不一样,如中国公司的名称习惯是 Co. LTD,美国习惯是 INC、LLC 等,意大利习惯是 S. R. L,西班牙习惯是 S. P. A。

外贸业务心得　利用搜索引擎开发客户资源

　　搜索引擎成为使用频度最高的网络信息搜集手段之一，无论需要什么，第一个想要去的地方就是搜索引擎。但是，不同的使用方法所获得的使用效果是完全不同的。搜索到正确结果第一步，就是要知道找什么？这个问题似乎很简单，实际未必。你可能回答：找客户呗！我会接着问，找什么客户？做什么行业？有什么特征？有目标区域吗？贸易商？直接用户？接下来要考虑的问题就是"怎么找？"如果我问这个问题，大家可能会回答：输入什么就找什么啊！问题是，如果我再问：怎么写？写产品名称？写行业名称？写企业名称？写联系人？写email？假设你经营的产品是LED(发光二极管)，想通过搜索引擎寻找客户。最容易想到的是在Google和Yahoo上查找关键词led import、led importer、led buyer。换个角度去考虑这个问题，想一下：客户购买产品用来做什么？你的回答可能是做灯具占多数。你还要接着想一下，具体是什么产品？你的回答是汽车尾灯、交通灯、玩具上用的、电脑上也用。那就可以这样来搜索客户信息：同时在Google和Yahoo上查找关键词组合：客户产品英文名称＋supplier、客户产品英文名称＋export。客户产品英文名称会有很多很多，逐个逐个来组合搜索。

　　在搜索出来的页面中，找一下哪些是自己感兴趣的，记下来。要注意的有三点，第一，从客户的角度去看待网络推广，在他留下足迹的地方，你会找到他；第二，外商和国内出口企业一样，他们不会仅仅在某个网站发布信息，所以只要见到一则有价值的信息，可以推断有可能在其他地方发掘到更详细的信息；第三，客户资料不是拿来看的，需要足够的后续跟进工作来实现其价值，否则再多的客户资料也仅仅是本厚厚的企业名录而已。

资料来源：http://bbs.cnexp.net/thread-4622-1-1.html

外贸业务心得　找客户的好方法

　　到现在为止，我的客户几乎全部是通过搜索引擎搜出来的。很多都可以在阿里巴巴找到他们的影子。推荐七种搜索方法：

(1) 很多国家的买家都用一些公共邮箱系统,如印度的 rediff.com,可以连同小老鼠标志和找的商品名称写到 Google.com 搜索栏。幸运的话,你会找到很多买家,少的也能有一两个。比如,要找手机的印度的买家,在 Google.com 输入@rediff.com mobile。

(2) 任何商品都有名牌企业,尤其五百强的,可以搜索 Distributor 或输入 Dealer 等。一般五百强或是名企业都会把他们世界的分销商写在自己的网站上。

(3) 一般买家也会在一些商务网注册,搜索公司名称或邮箱,一般会显示在哪些网站注册过。

(4) 一般每个国家都会有本国的著名搜索引擎。可搜索各语言相应的单词。

(5) 可利用公共邮箱搜索。如印度的@vsnl.com,巴基斯坦的@cyber.net.pk,阿曼的@omantel.net.om,意大利的@libero.it,南非的@webmail.co.za,新西兰的@xtra.co.nz、@pacific.net.sg、@yahoo.com、@hotmail.com、@aol.com、@gmail.com

(6) 搜索本行业不是很出名的地区性的展会,这样的展会也有很多大买家。输入产品大类名称,再加上 show、fair 等词。找到他们的网站后,一般都会有展商列表,继而找到展商邮箱,并与之联系。

(7) 可利用各国的黄页搜录目标国家的客户。

资料来源:http://blog.1688.com/article/i2753403.html?tracelog=pd_blog_search_detail

本节单项业务操作练习

1. 学会应用搜索引擎的使用技巧。

2. 利用搜索引擎寻找客户的常用方法有哪些?试运用 Importers 方法在搜索引擎上,寻找潜在的客户信息。

第二节 通过 B2B 网站寻找客户

调查表明,9/10 的商业和工业领域买家在寻找产品和服务的时候是通过互联网开始的,1/3 的人认为互联网缩短了他们触及供应商和厂商的流程。这些企业在网站建设完成并在主流搜索引擎推广之后,通常还需要更多的网络营销资源,B2B 电子商务平台是主要网络推广资源之一,在 B2B 电子商务平台上发布产品信息和广告成为常用的网络推广方法。有 71% 的企业都会寻找综合电子商务平台或行业 B2B 电子商务网站进行推广宣传。[1]

B2B 电子商务平台是提供企业和企业之间做生意的网络平台。通过 B2B 的交易方式买卖双方能够在网上完成整个业务流程,从建立最初印象,到货比三家,再到讨价还价、签单和交货,最后到客户服务。B2B 使企业之间简化了交易流程,降低了企业经营成本。网络的便利及延伸性使企业扩大了流动范围,企业发展跨地区跨国界更便利,成本更低廉。

随着国际经济的逐渐复苏,以及国家逐步加大对电子商务的扶持力度,我国电子商务应用越来越普及。2019 年 7 月,网经社旗下国内知名电商智库电子商务研究中心发布了《2018 年度中国 B2B 电商市场数据监测报告》。报告显示,2018 年中国 B2B 电商交易规模为 22.5 万亿元,同比增长 9.7%。在营收规模上,按净额确认收入方法统计,2018 年中国 B2B 电商营收规模达 600 亿元,同比增长 71.4%。

一、什么是 B2B

B2B(Business To Business)是企业之间的一种营销关系。它将企业内部网通过 B2B 网站与客户紧密结合起来,通过网络的快速反应,为客户提供更好的服务,从而促进企业的业务发展。电子商务是现代 B2B 市场的具体主要的表现形式。

B2B 是指进行电子商务交易的供需双方商家使用 Internet 的技术或各种商务网络平台完成商务交易的过程。这些过程包括发布供求信息,订货及确认订货,支付过程及票据的签发、传送和接收,确定配送方案并监控配送过程等。有时写作 BtoB,但为了简便干脆用其谐音 B2B(2 即 to)。电子商务的发展过程中还有 C2C(Consumer to Consumer)、B2C、C2B 等模式。

外贸 B2B 常见的业务模式有四种。一种是 B2B Marketplace 模式,指多家企业对多家企业的 B2B 贸易市场模式,这种模式的主要网站及市场在中国,如环球

---

[1] http://blog.csdn.net/chengg0769/article/details/1712081

资源、阿里巴巴、中国制造等电子商务网站。第二种是 B2B Directory 模式，如 Europages、Thomas 等，指 B2B 商业目录、行业目录、黄页模式，其主要区别是收录和推广的核心是企业网站。第三种是 B2B wholesale 模式，也可以叫做外贸在线小额批发与零售贸易，如敦煌网 DHgate、环球商业联盟 IBUonline、阿里巴巴速卖通 AliExpress 等在线交易平台。其实，国外电商平台 eBay 也能归为此类。第四种是企业 B2B 模式，这是最重要的一种 B2B 模式，为国内企业所忽略。企业自身 B2B 网站平台有助于个性化的营销和展现自己，对于品牌建设尤为重要。其本质上是一对多模式，而非上述的多对多模式，特指一个企业通过其企业网站平台开展的电子商务模式。

二、B2B 网站的客户开发过程

B2B 网站的客户开发过程包括注册、产品信息发布、搜索和联系客户三个环节。TradeKey 是全球知名度和实用性比较强的 B2B 网站，近年来最受外贸行业关注的外贸 B2B 网站。下面就以 Tradekey 为例说明 B2B 网站的客户开发过程。

（一）注册和发布产品信息

1. 注册

注册要准备的相关资料一般有产品的海关编码、公司介绍（成立时间、年产量、年销售额、出口额、员工人数、技术员人数、总经理姓名等）和产品概述、单个主推产品的详细描述、公司地址、电话、传真、邮箱、网站。在拷贝公司地址等信息时，要注意网站是否有字段限制，如果有，要根据网站限制的字段重新组合，防止客户看到的是不完整的信息。有的 B2B 网站查看客户联系方式的权限只对新用户开放，比如 T-PAGE，它提供试用期测试网站的效果，过一定时间就取消。如果想长期免费享有这种权限，过了试用期限就需马上重新注册。网站审核一般是通过判断用户名和邮箱，二次申请的时候，最好用新的用户名和邮箱，重新获得权限。TradeKey 的注册页面要求填写国家、电子邮件，选择要加入的级别，买家还是卖家，产品名称信息。按照要求填写后，点击【提交】。

而后下一页面，要求填写电子邮件地址、密码、姓名等。姓名一定要用英文填写，公司名称、行业类别按照要求填写完毕后，点击【提交】按钮。

再后一页面。点击【核实 126】按钮，进入注册的邮件，在收件箱中找到 tradekey 的确认电子邮件，点击"确认验证"，页面跳转到 tradekey 主页。页面有最新求购信息和最新销售信息列表,可以点击查看。网页右侧有采购工具一栏,里面可以发布求购信息。下面销售工具一栏里面可以发布企业介绍、发布产品供应信息等。

2. 发布产品信息

发布产品信息需要准备的有产品英文描述、技术资料、认证信息、价格(如果是库存产品)、图片(一般不能超过 36 K)等。根据不同网站的权限,可以免费发布的产品数量也不一样。需要根据网站的具体情况,择重点,分主次。点击主页销售工具里面的"发布新产品"按钮,选择产品类别后,点击【提交】按钮。

转到下一界面,要求填写产品的详细描述,包括产品名称、模型/货号、关键词、简单描述、详细描述、产品照片、包装以及运输详情、最低订购以及付款。

填写详细描述时要注意,尽量详细并有条理地描述清楚产品特点、参数。这样做有两点好处:首先,就是买家能清楚了解产品;其次,因为很多 B2B 平台推广主要是靠搜索引擎优化效果来吸引采购商,对一个产品描述得很详细,描述中产品的关键词会多次出现,搜索引擎会判断该关键词的重要性和专业性并给予排位。买家使用搜索引擎时通过找到发布信息所在的 B2B 再找到产品的可能性会大大增加,因为这个链接页面很可能就是发布信息的页面。

关键词的设定是产品信息发布时要注意的一个很重要的因素。关键词就是客户在搜索供货商时需要键入的产品名称或其他,当这些名称与设定的关键词一致或包含关键词时,信息就会出现在搜索结果里。关键词的设定最好和发布信息的主题(subject)一致。同时,应该是写产品名称而不是型号,除非产品知名度相当高。发布信息时一定要有每个产品独立的供应标题。

事实上,一般 B2B 在发布信息的时候都要求填写主要产品(Main Product 或者 Keyword),这实际就是要求填写被搜索的关键词,可以借助 Google 的关键词工具来筛选该产品,同时参考这些关键词被使用或者被搜索的热门程度和频率,以便增加产品信息被更多的采购商搜索到的概率。一般平台主要有三个搜索条件:Company、Products、Trade Leads(Sell Offer)。

发布产品信息时一般允许使用多个关键词,建议排列顺序由小到大,如全棉面料、面料、纺织品……因为从搜索的习惯来看,一般人都是从具体到泛泛。要发布的产品只需要一个通用的关键词(如果是供应信息的话就是 Sell XXX 或者是 Supply XXX),在标题上加很多产品很不专业。为了更容易被搜索引擎收录,标题一定要简单明确。关键词最好中英文都写上。

还要注意的是,只要网站有上传图片功能的,就尽量利用。而且,产品图片尽量清晰,方能吸引更多人的关注。

多发并及时更新产品信息将提高被客户搜索到的概率,但要注意掌握更新的周期。要参考以下四个因素:一是网站允许的更新时间,二是网站审核通过新信息发布需要的时间,三是网站的信息量(针对产品的求购信息量),四是采购商的质量(可以根据采购商的国家、规模等判断)。根据这些要素来判断并记录好网站更新的时间和更新周期。要了解 B2B 平台主要是针对目标地区,以及目标客户的作息时间,以此为依据来确定发布信息或者更新的时间段。

信息发布后,一定要细致跟踪曾发过查询的客户,加强和客户沟通,及时交流,不要放过任何一个客户,把潜在客户转变为订单的机会。

(二) 搜索和联系客户

根据公司经营产品的关键词,在求购信息中查询相关买家信息。点击页面上方的"求购信息",网页上面有四栏,即最新求购信息、添加新的求购信息、我的求购信息、免费的供求信息提醒。假设一家玩具厂商要开发美国的电动玩具市场,寻找美国市场的电动玩具的进口商或者分销商,可以在搜索栏内输入"battery operated toy",地区选择"USA",点击【搜索】按钮,页面显示如图3-17所示。

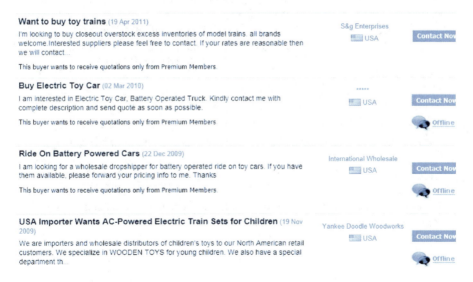

图 3-17

买家也可以添加新的求购信息,点击"添加新的求购信息"按钮进入,按照要求填写相关内容。

搜索求购信息的时候,搜索范围应该从小到大,提高匹配性,搜索时间从近到远。如果买家的资源有限,也可以搜索卖家。因为,OEM 业务非常普遍,在卖家列表中的公司也有可能成为客户。

搜索之后进入客户联系阶段。有些网站可以搜到客户的详细信息,email、传真、电话、网站,有的网站不公布客户的联系信息,只能通过网站的平台发送邮件。

案例 3.1　利用 B2B 平台搜索和联系客户的例子

打开 Google 搜索引擎,输入"battery operated toy importers",查询结果的第三页如图 3-18 所示。

点击"Battery Operated Toy-IndiaMART",如图 3-19 所示。

battery operated toy car Promotion - Alibaba.com
www.alibaba.com › Promotion - 翻译此页
30+ 项 – Promotional Battery Operated Toy Car, Find Various High-Quality ...
2012 hot 1;22 battery operated toy race car　2012 hot 1;22 battery operated ...
BATTERY OPERATED TOY CAR　　　　　forward,backward,fastspeed ...

Battery Operated Toy - IndiaMART
dir.indiamart.com › ... › Toys & Games - 网页快照 - 翻译此页
Find here Battery Operated Toy manufacturers, Battery Operated Toy suppliers,
Battery ... Manufacturer and supplier of battery operated toys such as kids battery ...

Battery Operated Toy Buyers & Suppliers, Buy and Sell Offers
trade.indiamart.com/search.mp?...battery+operate... - 网页快照 - 翻译此页
These toys are in wide demand among our clients due to their availability is different
shapes and designs. We make available these Battery Operated Toys at ...

图 3-18

图 3-19

点击"buy leads"(求购信息),输入关键词"battery operated toy",符合搜索条件的结果共有 53 个,第一页列表显示了 20 条求购信息(displaying 1 to 20 of 53),如图 3-20 所示。

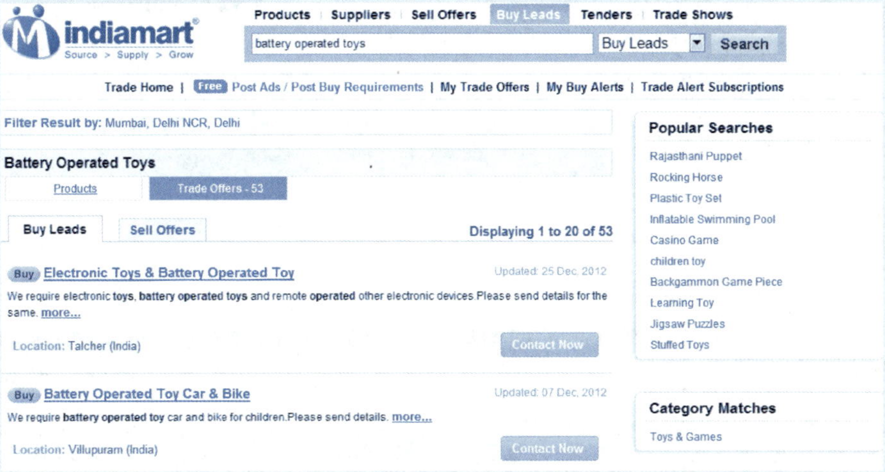

图 3-20

点击前两条求购信息,可以看到求购详情,公司的联系方式,如图 3-21 和图 3-22 所示。

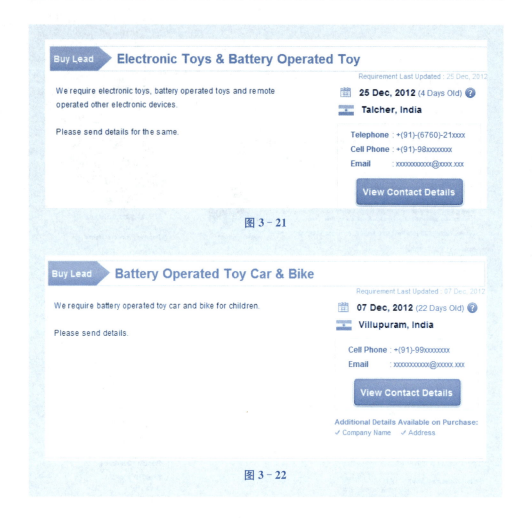

图 3-21

图 3-22

找到了客户的联系方式后,应主动与客户取得联系,使之了解产品并向其推销。具体的做法是,编写一个简短的介绍,包括企业特色、产品介绍等,加上联系方式,向潜在买家发电子邮件。如果没有音讯,要再打电话询问。发邮件的时候最好多附一些产品图片,让客户更好、更直观了解产品。如果客户要求报价,一定要及时报出,如果不能及时报价也要说明原因,并在合适的时机给出报价。客户对市场行情也有了解,报价不要水分太大,否则会让客户觉得没有诚意。

三、国内七大 B2B 平台介绍

据中国电子商务研究中心监测数据显示,按净额确认营收的方法统计,如图 3-23 所示,2018 年,中国 B2B 电商平台市场份额中,前三名分别为阿里巴巴 28.4%、慧聪集团 17.6%、科通芯城 9.2%,接下去分别为上海钢联 6.5%、国联股份 6.1%、焦点科技 1.4%、生意宝 0.7%,其他为 30.1%。七家核心 B2B 平台占比 69.9%,主流 B2B 平台市场份额虽有不同程度的波动,但整体较为稳定。阿里 B2B 依旧占据头把交椅。慧聪集团紧随其后,通过组织架构的全面升级,打造产业互联网生态圈。上海钢联的资讯+交易业务双轮驱动,钢银电商规模优势突显。随着 B2B 市场竞争加剧,平台间的竞争已从单一用户转变成了供应链之间的竞争。尤其是在细分领域,B2B 平台已从单纯信息平台发展成提供综合行业服务的产业链融合模式。

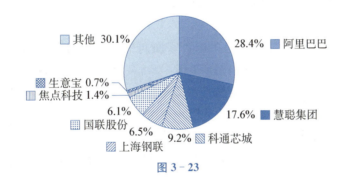

图 3-23

1. 阿里巴巴

阿里巴巴是国内最大的 B2B 电子商务网站,主要提供中国供应商会员服务和诚信通会员服务,已经连续 6 年排名《福布斯》杂志全球最佳 B2B 网站,累计注册会员(非付费和付费)逾 617 万。2012 上半年,B2B 电子商务服务商营收(包括线下服务收入)份额中,统计的八大服务商市场份额共为 67.1%,阿里巴巴继续排名首位。但因受国内外经济环境多重利空及自身因素影响,市场份额呈下降趋势,目前仅为 41.5%。

2. 慧聪集团

慧聪集团有限公司是致力于用互联网和大数据赋能传统产业的产业互联网集团。1992 年慧聪正式成立。2003 年于香港联合交易所创业板挂牌上市。2014 年,从香港创业板转到联交所主板上市。2018 年 3 月,更名为"慧聪集团有限公司",刘军出任董事会主席兼 CEO。2019 年 6 月,签约落户惠州,正式挺进粤港澳大湾区。同年 8 月,2019 中国产业互联网峰会(大亚湾)成功举办,中国电子商会产业互联网专业委员会成立。2020 年 3 月,发布 2019 全年业绩报告:2019 年全年年度,公司实现总销售收入近 150 亿元,同比增长 40.2%。

慧聪网中小企业经营服务平台是慧聪集团的核心资产,集中力量发展服务平台是慧聪集团当前的战略重心。慧聪网通过产业互联网工具连接服务,支撑生意场景,凭借流量优势,为企业提供从全场景企业级 SaaS 服务,实现企业数字化转型升级。慧聪集团看好未来消费品规模巨大的新增市场和迭代机会,认为"消费品中的每一个细分领域都值得被重构",孵化 ZOL 和拿货商城两条消费品垂直赛道,均表现突出。工业品赛道是慧聪集团依靠自身深耕垂直行业经验和积累的行业认知而精选的赛道,涵盖兆信股份、买化塑、棉联、中模国际四条垂直赛道,行业覆盖防伪溯源、化塑和棉花、建筑模架,借助互联网搭建生意场景、提高效率、创新发展,四条赛道公司已发展成为各自领域的领头羊。

3. 科通芯城

科通芯城成立于 2010 年,是中国首家面向中小企业的 IC 元器件自营电商,隶属科通集团。科通集团创建于 1995 年,2005 年在美国纳斯达克上市。2014 年 7 月 18 日,科通芯城正式在港交所挂牌交易。

2019 年 9 月 9 日,科通芯城引入欧洲微电子中心为中国物联网企业提供集成电路服务。科通芯城在其庞大的数据库和云计算平台基础上构建的微信应用"科通云助手",被媒体誉为"第一家企业级微信应用"。科通芯城集团总部设于深圳,在香港、上海、北京、武汉、成都、南京、杭州、西安等主要城市设有办事处或分公司,并在新加坡、以色列、日本等地设有办事机构。

4. 上海钢联

上海钢联电子商务股份有限公司 2000 年成立于上海。现已发展为全国最大的钢铁行业门户网站之一。旗下管理并运营我的钢铁网、我的能源网、我的有色网、我的不锈钢网、搜搜钢网五大网站,以及北京钢联麦迪电子商务有限公司、无锡钢联电子商务有限公司、上海钢银电子商务有限公司、上海博扬广告有限公司等专业公司。公司现有员工近千人,为了保证为客户提供及时、准确、全面的服务,公司在全国 100 多个城市、20 多个海关口、30 多个仓库设有资讯采集基地;在郑州、成都、西安设有业务代理公司,确保信息的全面性和权威性。近几年,钢材综合指数 MySpic 和矿石综合指数 MyIpic 已成为国际国内贸易的重要参考工具。上海钢联成为从事钢铁行业及大宗商品行业信息和电子商务增值服务的互联网平台综合服务商。2020年5月13日,作为第一批倡议方,与国家发展改革委等发起"数字化转型伙伴行动"倡议。

5. 国联股份

公司定位于B2B电商和产业互联网平台,以工业电子商务为基础,以互联网大数据为支撑,为相关行业客户提供工业品和原材料的网上商品交易、商业信息服务和互联网技术服务。公司拥有B2B信息服务平台国联资源网,B2B垂直电商平台涂多多、卫多多、玻多多、肥多多、纸多多、粮油多多,以及互联网技术服务板块国联云。各业务板块之间具有良好的价值交互协同优势。

国联股份2020年上半年公司实现营业收入580 768.32万元,同比增长133.03%;实现上市公司股东的净利润113 737 181.76元,同比增长74.96%。净利润13 385.10万元,同比增长74.28%,母公司的净利润为11 373.72万元,同比增长74.96%。报告期内公司营业收入快速增长主要来自网上商品交易业务的增长。得益于B2B行业的整体升级拓展、工业电子商务时代的到来,公司长期的行业资源积累和优秀的运营团队,以及公司多多电商拥有的模式优势、服务能力和运营策略,公司的网上商品交易业务在报告期内实现了高速增长。

报告期内公司积极推进B2B垂直电商多多平台(涂多多、卫多多、玻多多)的交易规模和行业影响力,一是积极实施上游核心供应商策略和下游集合采购、拼单团购、一站式采购策略;二是继续深入钛产业、醇化工、纯碱、原纸等垂直领域,进一步扩大单品竞争优势和市场占有率;三是在此基础上,积极开展多品类延伸、供应链延伸和用户复销交易;四是高效推进云ERP、电子合同、在线支付、智慧物流、智慧工厂等SaaS服务;五是孵化和复制上线纸多多、肥多多、粮油多多三个新的垂直电商平台。报告期内,多多电商在交易量、营业收入、利润等方面都取得了快速发展,从而推动了公司业绩的持续高速增长。

6. 焦点科技

焦点科技股份有限公司(原南京焦点科技开发有限公司),成立于1996年1月9日,是国内领先的综合型第三方B2B电子商务平台运营商,专注服务于全球贸易领域,在帮助中国中小企业应用互联网络开展国际营销、产品推广方面拥有20年的经验。

公司自主开发运营的中国制造网电子商务平台(Made-in-China),作为第三方B2B电子商务平台,为中国供应商和全球采购商(供求双方)提供了一个发布供求信息和寻找贸易合作伙伴的电子交易市场,为供求双方提供交易信息的发布、搜索、管理服务,提供初步沟通与磋商的手段与工具,及其他涉及供求双方业务与贸易过程的相关服务。

7. 生意宝

浙江网盛生意宝股份有限公司(原浙江网盛科技股份有限公司)是一家专业从事互联网信息服务、电子商务和企业应用软件开发的高科技企业,是国内最大的垂直专业网站开发运营商,国内专业 B2B 电子商务标志性企业。2006 年 12 月 15 日,网盛科技在深交所正式挂牌上市,成为"国内互联网第一股",并创造了"A 股神话"。上市之后,网盛生意宝积极拓展电子商务新领域,独创了"小门户＋联盟"的电子商务新发展模式,成为中国电子商务发展的新航标。联盟网站生意宝携手专业网站形成"小门户＋联盟"的模式,满足了用户真正的需求,可以让用户体验既"专业"又"综合"的服务,并能平等地将专业网站的内容、流量等资源有效整合。依托网盛生意宝对用户与行业精准理解的优势,加上网盛生意宝在专业网站的号召力与资源整合能力,生意宝成为"全球领先的生意人门户及搜索平台"。

案例3.2　疫情下的外贸行业有多难?

作为世界第一大贸易出口国,2019 年,中国全年出口 17.23 万亿元,仅在去年 126 届广交会上,累计出口金额就超 2000 亿元。根据商务部公布数据,2020 年前 4 月,受疫情影响,我国出口总额 4.74 万亿元,下降 6.4%。而疫情带来的影响恐怕还要持续。

5 月 7 日,商务部的发布会上,新闻发言人高峰表示,"外贸企业依然面临在手订单取消或延期、新订单签约困难、物流不畅等诸多困难。"由于境外疫情暴发增长态势仍在持续,对全球经济和贸易带来巨大冲击,"外贸发展面临的风险挑战前所未有"。

在这场求生战中,有的出口转内销,有的借助直播和短视频带货,销量翻了 60 倍。电商平台纷纷伸援手,3 月以来,京东、拼多多、阿里陆续出台了支持外贸工厂转内销的政策。

1. 服装外贸老板欲转行防护物资

蓉蓉在石家庄做服装外贸,今年是她从业的第 14 个年头,最近时间充裕,她正打算做短视频和直播,给新人分享外贸行业的经验。现在没有新客户,老客户也不下单。蓉蓉认为现在的情况比 2008 年金融危机时还要糟糕。蓉蓉主做户外服装、滑雪服、钓鱼服和工装类,全部出口欧美。这些放在平日就不是必需品,疫情期间就更为惨淡。从疫情开始到现在,她主营的服装线,没有一单。

这段时间"活"得很好的外贸企业,涉足领域几乎都与防疫物资有关。呼吸机、口罩、防护服供不应求,蓉蓉身边做这些的同行们,无一不爆单。

3月国外疫情蔓延时,蓉蓉明显感觉询单量暴增。"全是问询口罩、手套、防护服的,不管你是不是医疗领域。"她感觉机会来了,为了应对客户询价,她提前找了一些渠道。

有一家客户要9 000万只口罩,蓉蓉马上找渠道报价,为了求稳,她只打算赚退税。但最后这单依旧没成。不仅是这单,近两个月来所有在她这里问询防疫物资的单,都没有成交。

"最初口罩只是几毛钱的利润,后来几分,到现在几厘钱。就这么低的利润,仍然有大量公司在做。"这两个多月,蓉蓉见识了这个领域的竞争,一些中间商也败下阵来。多数外国客户没有渠道,依赖阿里等平台,平台上谁价低谁能抢到单。出口工厂往往是最大赢家。

持续到现在,外国客户也"摸清"了门路,供应渠道也基本定型,分毫之间的利润空间也基本殆尽。前段时间,蓉蓉决定放弃这条路,"你不做这个医疗领域,根本摸不到一手价钱。不知道一手价钱,你就无法从毫厘之中赚到钱。"

2. 线上电商"出口转内销":有人销量翻60倍,有人却在一折清仓

逆境中如何活下去,是每个外贸企业的头等大事。有人选择停工歇业,多家企业在网上晒出停业通知,有公司4月起安排放假,返工时间待定;还有公司选择上线电商,出口转内销。据中国经济网报道,广东一家主营冰丝内裤的外贸工厂,在4月底淘宝特价版举办的工厂直购节期间,短短11个小时里就卖出了60 000件,销量"爆发"了60多倍。

但"外转内"这条路并不好走,试水者的命运不尽相同。宁波外卖服装老板小凤,4月初刚上线微店和直播平台,希望能用网店的形式处理库存,开辟一条内销线。但效果差强人意,直播开了一个月,下单的却并不多。款式和尺码是其中一个原因,外贸服装普遍偏大,设计相对简单;另一方面在于没有内销的渠道和经验。小凤认为零基础做内销并不容易。

更难的是思维方式的转变。做出口的订单动辄数以千万计,但内销最多百十来件,形不成规模,生产线的成本也不一样。而由于订单无法抵达,之前

做好的成衣已经被原路送回。小凤担心,疫情过后这批服装早就"过季",如果客户确定取消订单,她还要为此搭上仓储费用,或者低价清仓,但无论哪种都会赔本。

被誉为"世界超市""世界小商品之都"的义乌市场,与东莞、昆山等并称为国内的"外贸重镇"。这个全球最大的小商品集散中心,商品出口到219个国家和地区,每年到义乌采购的外商有50多万人次,已成为中国外贸经济的重要窗口。也正因如此,此刻的义乌同样经受着国外疫情带来的冲击。义乌商户小志近期受外商之托,要把积压几个集装箱的货物清仓,回笼资金。对方要求很简单,"无论亏多少,只要能回笼资金,解决仓储压力。"

但对小志来说,却是异常艰难。4月初,在北仑港滞压很久的外贸货又被退回仓库,但仓库积压货物已有十几个集装箱,根本无处下脚。短时间清仓难以实现,他不得不把滞销了一个集装箱的几十万盒儿童彩泥拉出来当废品处理。仓库里还积压了一批精品女帽,上百款2万多顶。按他的话说,这些都是在商场售卖的产品,几十到几百元不等。为了顺利内销,他还学起了电视广告的架势,"只要6块5,100顶起批。"

电商平台驰援到这场求生之战中。3月以来,京东、拼多多、阿里陆续出台了支持外贸工厂转内销的政策。阿里巴巴1688上线数字化"外贸专区",平台数据显示,借助1688"外转内",已有至少32万家外向型出口企业谋求转型内贸。根据公开信息,目前淘宝上的外贸工厂店铺超过28万家。而海关总署此前公布的数据,2019年全国有进出口记录的企业超过28万家。也就是说,超过一半的外贸工厂都开设了淘宝店。5月7日,淘宝宣布:今年再让至少1万家外贸店铺年收入过100万,让1000家已经品牌化的外贸企业年收入过1000万。这也让不少处于低谷的外贸企业重燃希望。

资料摘自:http://news.sina.com.cn/c/2020-05-15/doc-iirczymk1729628.shtml

3. 疫情之下的"新外贸"

据海关总署数据,上半年,中国三大贸易方式中,一般贸易进出口下降2.6%,占外贸总值的60.1%;加工贸易进出口下降8%,占23.6%;跨境电商进出口增长26.2%,是唯一保持正增长的主要贸易方式,且增速远高于外贸大盘。疫情驱动下,强势扩张的跨境电商,与一般贸易、加工贸易一道合力"稳外贸",同时又进一步确立"三足鼎立"的新格局。

阿里巴巴国际站成立于1999年,是阿里巴巴集团的第一个业务板块,现已成为全球领先的跨境贸易 B2B 电子商务平台。80%,这是阿里巴巴国际站今年上半年的实收交易额同比增速(以美元计价),相当于行业平均增速的 3 倍。

以跨境电商为代表的数字化新外贸,已经成为世界贸易发展的大趋势。2020 年 7 月 14 日,麦肯锡发布 B2B 销售趋势调研报告称,远程销售渠道越来越重要,各国 B2B 交易沟通模式从传统方式转向数字化。作为全球最主要跨境电商市场的中国,是全球新外贸的领跑者。不用买机票漂洋过海参展,就能获取订单,把数百万美元打到从未谋面的客户账上,依靠的是数字技术的支撑。人们通过数字运营工具用大数据做生意,新的数据同时又继续沉淀每个企业的信用资产。

数字技术让外贸生意降本增效。阿里巴巴国际站在全球跨境电商首发的智能发品系统,经测试,发布效率整体提升 40%,商家每月可节省 1 万元左右人工成本,而且,智能发品比人工发品的买家下单率高出 217%。数字技术让外贸生意更加简单。阿里巴巴国际站构建的全链路数字化跨境供应链服务体系,为商家智能推荐可靠物流,涉及境内外监管的关务、外汇、税务终于不再复杂。达摩院的区块链技术,让出口退税核查时间缩至"0 天"。

疫情以来,政府支持新外贸发展的政策方向始终很明确:从增设跨境电商综合试验区,到开展跨境电商 B2B 出口监管试点。广交会转到线上举办,阿里巴巴国际站则举办阿里巴巴网交会等 20 场线上展会。政企合力,还将继续释放更多的红利。

资料摘自:https://supplier.alibaba.com/content/detail/1522729.htm?joinSource=baidu

四、如何挑选合适的 B2B 平台

可以从知名度、活跃度、饱和效应等六个方面来考量选择 B2B 平台。

1. 看影响力

在各种门户网站导航站上重复出现的都是一些知名度比较高的 B2B 平台,这就为选择 B2B 平台提供了一种思路。

2. 查询买家数量

基本上用户在 B2B 平台都可以查询买家刊登的询盘,用所在行业的关键词查,看网站上买家询盘数量和发布时间,对比其他网站,就会对平台有基本的评估。

3. 看论坛讨论

外贸人聚集的论坛上经常讨论和B2B平台相关的问题,评价各个平台的优缺点,比如"福步"、"贸易人"、"合众出口"都是很好的外贸论坛。

4. 到谷歌百度上搜索

到Google上搜索,第一个B2B平台一定是效果好的。

5. B2B平台有饱和效应

选哪个平台,先查查产品所在行业的关键词,看平台是不是有很多会员、有很多产品,如果平台上的供应商过多,又不能保证自己排在前面,这样的平台就没效果。

本节单项业务操作练习

1. 熟悉利用免费B2B开发和寻找客户的技巧。
2. 注册几个免费的B2B网站,在网站上寻找潜在客户信息。
3. 根据产品,通过网络搜索引擎找到一个潜在的采购商,并把寻找过程(步骤)及结果(客户的名称、地址及其他联系方式等)用截图方式表示出来。

本章小结

1. 搜索引擎包括全文索引、目录索引、元搜索引擎、垂直搜索引擎、集合式搜索引擎、门户搜索引擎与免费链接列表等。全文搜索引擎是目前应用广泛的主流搜索引擎。目录索引是按照目录分类的网站链接列表,仅靠分类目录就可以找到需要的信息。

2. 很多搜索引擎同时提供全文搜索引擎和分类目录,这两类在使用上各有长短:全文搜索引擎的数据库非常庞大,但查询结果不够精确;分类目录依靠人工整理网站,收集的内容有限,但查询结果更为精确。

3. 搜索引擎的基本工作原理包括三个过程:首先在互联网中发现、搜集网页信息;同时对信息进行提取和组织建立索引库;再由检索器根据用户输入的查询关键字,在索引库中快速检出文档,进行文档与查询的相关度评价,对将要输出的结果进行排序,并将查询结果返回给用户。

4. 每个搜索引擎都有自己的查询方法,掌握这些查询方法和技巧才能方便地查询网上信息。

5. 外贸企业在搜索引擎推广网站时，要注意关键字的设置必须是跟网站相关的或者客户经常使用的词或者词组。这样可以使自己的网站在搜索引擎中排名靠前，提高网站的点击率。

6. 外贸B2B常见的业务模式包括B2B Marketplace模式、B2B Directory模式、B2B wholesale模式、企业B2B模式。

基本概念

1. 搜索引擎：根据一定的策略运用特定的计算机程序从互联网上搜集信息，在对信息进行组织和处理后，为用户提供检索服务，将用户检索相关的信息展示给用户的系统。搜索引擎包括全文索引、目录索引、元搜索引擎、垂直搜索引擎、集合式搜索引擎、门户搜索引擎与免费链接列表等。按照工作原理的不同，可以把它们分为两个基本类别：全文搜索引擎（Full Text Search Engine）和分类目录（Directory）。

2. 全文搜索引擎：目前广泛应用的主流搜索引擎。工作原理是计算机索引程序通过扫描文章中的每一个词，对每一个词建立一个索引，指明该词在文章中出现的次数和位置，当用户查询时，检索程序就根据事先建立的索引进行查找，并将查找的结果反馈给用户的检索方式。这个过程类似于通过字典中的检索字表查字的过程。

3. 目录索引：虽然有搜索功能，但在严格意义上算不上是真正的搜索引擎，仅仅是按目录分类的网站链接列表而已。用户完全可以不用进行关键词（Keywords）查询，仅靠分类目录也可找到需要的信息。

4. 元搜索引擎：在接受用户查询请求时，同时在其他多个引擎上进行搜索，并将结果返回给用户。

5. 集合式搜索引擎：类似META搜索引擎，但区别在于不是同时调用多个引擎进行搜索，而是由用户在提供的4个引擎当中选择。

6. 布尔检索：布尔检索是数据库检索最基本的方法，是用逻辑"或"（＋、OR）、逻辑"与"（×、AND）、逻辑"非"（－、NOT）等算符在数据库中对相关文献的定性选择的方法。通过标准的布尔逻辑关系来表达关键词与关键词之间逻辑关系，这种查询方法允许输入多个关键词，各个关键词之间的关系可以用逻辑关系词来表示。

7. B2B(Business To Business)：企业之间的一种营销关系,将企业内部网通过 B2B 网站与客户紧密结合起来,通过网络的快速反应,为客户提供更好的服务,从而促进企业的业务发展。电子商务是现代 B2B 市场的具体主要的表现形式。

本章综合操作训练

1. 根据产品,通过搜索引擎找到潜在的采购商。
2. 练习通过 B2B 网站寻找潜在客户信息的基本步骤。

利用其他重要资源寻找客户

学习目标

- 学会用黄页寻找客户
- 学会利用贸促会找客户
- 学会通过康帕斯找客户
- 学会在 Kellysearch 上查找供应商信息

第一节 通过黄页寻找客户

作为一种信息产品,拥有信息涵盖量大、分类明细、导购性强、使用方便等诸多优势,黄页的地位和作用已经远远超过了传统号簿。现代黄页具有强大的商业价值,具有服务商家的媒体功能。由于黄页号簿具有分类详细、信息量丰富的特点,被称为商业百科全书、信息超市。

一、黄页的定义和主要种类

黄页起源于北美洲,1880年世界上第一本黄页电话号簿在美国问世,至今已有 100 多年的历史。黄页是国际通用按企业性质和产品类别编排的工商企业电话号码簿,以刊登企业名称、地址、电话号码为主体内容,相当于一个城市或地区的工商企业的户口本,国际惯例用黄色纸张印制,故称黄页。目前黄页就是指电话号码簿,目前几乎世界每一个城市都有这种纸张为载体所印制的电话号码本。现在流行的企业名录、工商指南、消费指南等,也可以算是黄页的各种表现形式;黄页可以以印刷品、光盘、互联网等多种形式向公众发布。

黄页主要包括综合型黄页、商务型黄页和特定行业型黄页三大类。综合型黄页分类比较齐全,包含各种产业,也包括饭店、学校、银行等分类,除了可以找到商业信息外,还包括大量的吃、住、行等消费类信息。缺点是能提供的信息只包括电话和单位名称、地址等简单信息。

商务型黄页主要针对商务人士,名称也往往是商业目录、工商目录、出口商目录、进口商目录、制造商目录等,分类比较细致,对客户的主要经营范围有简单的描述。

特定行业型黄页主要针对一些狭窄的领域发行,如钢铁行业名录、玩具行业名录等。这类黄页的特点是专业性强。

二、收集黄页的方法和途径

收集黄页的方法和途径包括以下三个。

(1)宾馆里获取　一般宾馆房间里都配有黄页。这些黄页上基本汇集了当地几乎所有生产企业、经销商、批发商及其介绍、联系方式、地址等详细信息。而且,宾馆的档次越高,提供的黄页种类越多,品质越好,信息也越全面,版次越新,为出门旅游带来便利的同时,也为寻找和开发客户提供可能,可以把有用的信息记录下来。

(2)从黄页中找黄页　通常黄页的出版商也会在其他国家的黄页中做广告,根据广告上的电话可以购买所需要的黄页。

(3)到商业协会去找　一般各国商会都会编撰或者出版黄页,去某个国家寻找合作伙伴或者投资机会时,想获得当地黄页的一个行之有效的方法,就是去拜访当地的商会。一般情况下,可以免费获得。

除了上面提到的方法和途径外,还可以从专门经营名录的书店购买黄页。另外,展览会上可能有专门的黄页销售点。

三、用黄页搜索客户信息的详细步骤

欧洲黄页即 Europages,是一个多语言、多媒体进行欧洲市场推广的专业商业目录。它包括了印刷簿、光盘和网站三种媒体形式,展示语言多达 25 种,是贸易公司(进出口公司)和出口型生产企业,特别是中小企业寻找海外客户,尤其是欧洲客户的首选途径。欧洲黄页一部分赠送给具有购买潜力的公司(评价依据是该公司的国外采购量、公司的规模、公司所属商业领域以及商业类型)。光盘版的发行已经有十几年的经验,选取 35 个国家 580 000 多家欧洲企业,使用 14 种语言,浏览方便快捷,其中有 40 万家企业是欧洲具有大量采购能力的买家,其发行量巨大,专业性强。欧洲黄页能够在 22 年内成为欧洲采购员的主要参考工具,主要因为它的 450 000 本印刷簿和 580 000 光盘目录每年都会寄给欧洲黄页广告业主的企业采购负责人。

欧洲黄页网站因具有大量免费的欧洲企业信息而成为外贸人员寻找潜在客户的方式之一。

第 1 步:登录欧洲黄页 http://www.europages.com,如图 4-1 所示,选择简体中文,如 4-2 所示。

图 4-1

图 4-2

第 2 步:点击"浏览业种",进入页面后,所有行业列表如图 4-3 所示,
第 3 步:点击"电能及电子组件",如图 4-4 所示。
第 4 步:点击"光电二极管",显示有 387 家企业,如图 4-5 所示。

图4-3

图4-4

图 4-5

以找到的第一家 BILTON 公司为例,点击,进入该公司的主业,如下图 4-6 所示,如果感兴趣,可以联系企业了。

图 4-6

外贸业务心得　　黄页给我带来了第一个大客户

　　20世纪90年代中期我刚刚从学校毕业,被分配到一家国有外贸公司,作为一个新人,没有任何人告诉我应该怎么做。每天早上守在公司的传真机旁,看有没有老外的询价,这种办法还真做成几笔小生意,但时间一长,发现在传真机旁多了几个同事,有限的机会几个人分,这种方法看来难成气候。后来,物色了有竞争力的产品,决定主动出击。但是,如何寻找潜在的客户,联系函该发给谁,样品寄给谁呢? 一时间一筹莫展。

　　有一次溜达到了经理的办公室,看到了书架上的一本1990年的阿联酋黄页(UNITED ARAB EMIRATES BUSINESS DIRECTORY 1990)。毕竟是好几年前的了,黄页有些老旧。当时如获至宝,立即拿过来一页一页翻看起来。

　　打开一本黄页就如同打开了一个崭新的世界。里面分门别类的信息整齐有致地向我扑面而来,我仿佛成了一个威武的将军,认真地检阅着,那些天我呼吸的不是空气而应该是这本黄页上的电话和传真号。把所有可能的公司一一抄下来,数一数一共多少个? 我寻思:那么厚的一本黄页,里面总会有我要找的客户,总能做成几笔生意吧? 接下来就是联系。传真,发;电话,打;样品,寄。之后是客户来访,然后是成交,而客户下的订单,是工厂历史上收到的最大一笔。而这个产品,我一直做到现在,成为我现在的支柱业务之一。

　　资料来源:金牌外贸业务员找客户——17种方法、案例、评析,中国海关出版社,71~72页。

本节单项业务操作训练

　　1. 练习通过本节列举的几种途径去寻找一本黄页。

　　2. 登录美国的网络黄页 www.superpages.com,根据教师指定的产品,搜索一家潜在客户的信息。

第二节　通过商会(或贸促会)寻找客户
——以中国贸促会为例

一、中国贸促会简介

中国国际贸易促进委员会(中国贸促会，China Council for the Promotion of International Trade)是由中国经济贸易界有代表性的人士、企业和团体组成的全国民间对外经济贸易组织。其宗旨是，根据中华人民共和国的法律、法规，参照国际惯例，开展促进中国与世界各国、各地区之间的贸易、投资和经济技术的合作活动，增进中国人民同世界各国、各地区人民和经济贸易界的相互了解与友谊。

中国贸促会是中国最大的贸易和投资促进机构，在国际上也有较大影响力。贸促会与全球五大洲的 200 多个国家工商界建立了广泛联系，与 300 多个对口组织签订了合作协议，搭建了 34 个多(双)边区域性合作机制，牵头成立了 21 家双边商务(企业家)理事会，加入了许多重要国际组织。在中国各省、自治区、直辖市建立了 50 家地方分会、826 家基层贸促机构，拥有近 11 万家会员企业，还在机械、电子信息等行业建立了 22 个行业协会。

2019 年中国贸促会筹办一系列重大活动、推进共建"一带一路"、参与应对中美经贸摩擦等，取得显著成效。成功举办"一带一路"企业家大会，中外企业签署总计 640 多亿美元 125 项协议。在组织企业出国参展方面，共实施出展项目 500 多个，参展企业 2 万多家，促成成交和意向成交数十亿美元。另外，在推动稳外贸方面，中国贸促会助力上万家企业开拓国际市场，自贸协定项下优惠原产地证签发数量增长 19.3%，涉及金额增长 20.6%。

驻外机构是贸促会工作网络的重要组成部分，是贸促会开展贸易投资促进工作的重要窗口、桥梁和平台，其主要任务是建立和巩固中外工商界联系、增进中外工商界交流、促进政策沟通和理解互信、推动企业间务实合作和双边经贸关系发展。贸促会在全球 17 个国家和地区设有驻外代表处。

新冠肺炎疫情发生后，中国贸促会驻外代表处积极行动，为国内寻找紧缺医疗物资，协调当地中资企业捐赠，汇聚抗击疫情力量，为疫情防控做出了贡献。截至 2020 年 2 月 14 日，中国贸促会驻外代表处共帮助国内企业与国外医疗物资供货商对接 281 家次，组织协调 507 家当地中资企业机构及个人捐款捐物，累计筹集防疫款项及物资折合人民币1亿2 782万元。

二、如何利用贸促会寻找客户

(一)利用贸促会网站上的资源寻找客户

进入中国国际贸易促进委员会网站 http://www.ccpit.org/，首页包括贸促服务、业务指南、业务网站等大板块，如图4-7～4-10所示。

点击"贸信通"→"贸易撮合"→"贸易机会"，进入登录/注册页面，如图4-11～4-12所示。

图4-7

图4-8

第四章 利用其他重要资源寻找客户

图 4-9

图 4-10

图 4-11

图 4-12

登录后，能看到贸易机会列表，如图4-13所示。

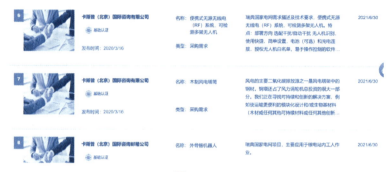

图4-13

第2步：点开第6条信息，这是一条关于工业防尘口罩的供应信息，如图4-14所示，可以看到基本信息、产品信息、合作条件、联系方式等。有合作意向的话，可以直接通过电话、邮箱与企业联系。

图4-14

第 3 步：点开第 8 条信息，这是一条外骨骼机器人的采购需求，如图 4-15 所示，页面显示了需求基本信息、合作条件、联系方式。有合作意向的话，可以通过电话、邮箱与企业联系，了解更详细的合作条件。

图 4-15

第 4 步：点击"贸易撮合"→"需求发布"，进入需求发布界面，如图 4-16～4-19 所示，完成需求内容、产品描述、合作条件、联系方式相关内容的填写后，点击【发布】按钮。

图 4-16

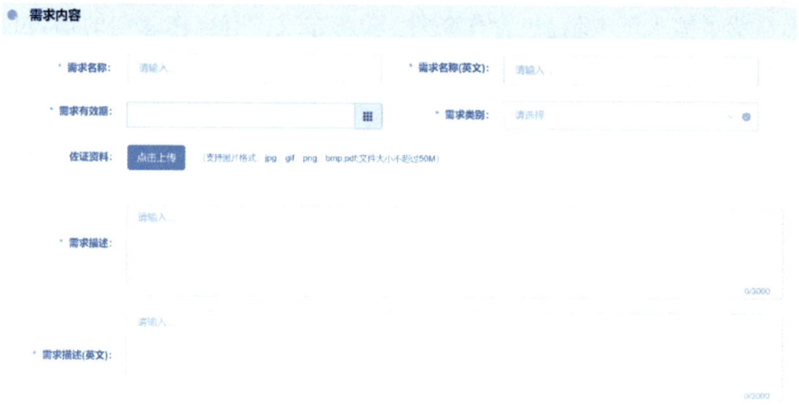

图 4－17

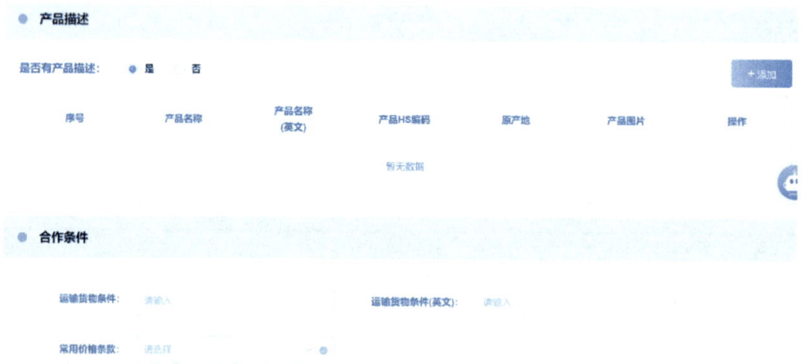

图 4－18

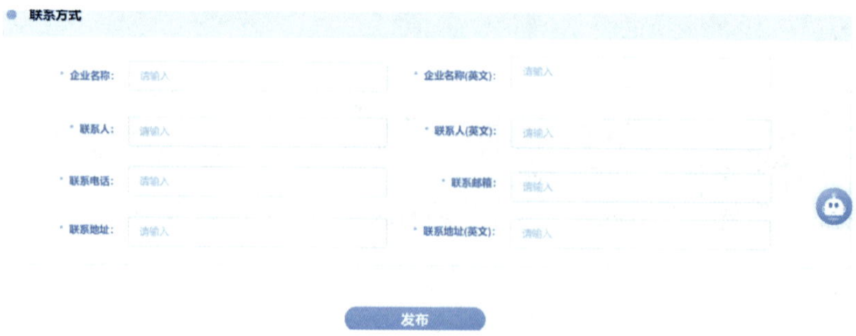

图 4－19

贸促会首页,右下角有"微信服务",提供了一些单位或者账号的二维码。

(二)中国国际贸易委员会驻外代表处以及联系方式查询方法

在贸促会首页,"驻外代表处"一栏内,可以查询到驻外代表处以及联系方式,如图4-20、4-21所示。

图4-20

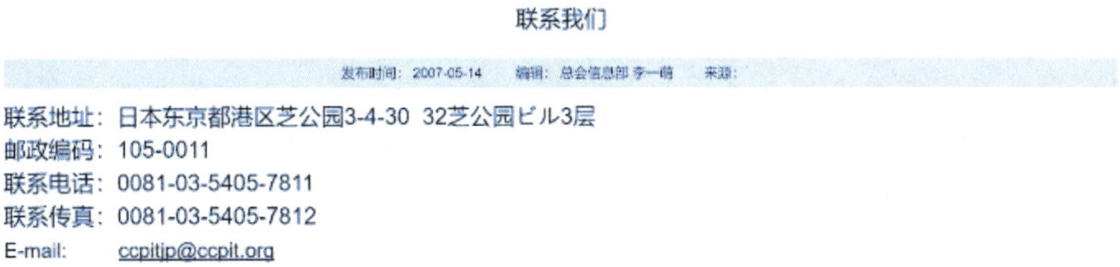

图4-21

贸促会还有很多地方网站,如贸促会青岛站 www.ccpitqd.org,也有相关进出口信息。商会的英文为 commercial chamber,可以以此为关键词搜索,获得世界上很多商会的网站地址。当然,搜索时可以使用行业词汇,例如 chemical、textile、ceramic 等,与 commercial chamber 搭配,精细化搜索,可以得到相关行业商会的信息。

外贸业务专栏　　**WTO成员贸易政策向促进口转变**

　　日前,世界贸易组织(WTO)发布贸易政策审查机构定期年中报告,对成员(地区)在2019年10月16日至2020年5月15日期间的贸易政策予以审查、评估。报告指出,世贸组织成员实施的进口限制措施继续影响全球贸易,但总体趋势显示,成员的贸易政策正在向促进进口转变,特别是与新冠肺炎疫情相关产品进口。在本期贸易政策审查期间,世贸组织成员实施了363项新的贸易相关措施,其中,贸易便利化措施198项,贸易限制措施165项,256项措施(约71%)与疫情有关。

　　在2019年10月中旬至2020年5月中旬期间,世贸组织成员实施了56项与疫情无关的贸易限制新措施,主要是提高关税、进口禁令、出口关税和更严格的出口海关程序等。新的进口限制措施涉及价值约4231亿美元商品,达到自2012年10月份以来第三高水平。自2009年以来,世贸组织成员一直实施进口限制措施,累计实现贸易覆盖额1.7万亿美元,占世界进口总额的8.7%。无论是按贸易价值计算还是按占全球进口总额百分比计算,这两项数据一直在升高。

　　尽管贸易限制措施仍然普遍存在于世贸组织成员中,但有证据表明,在本期贸易政策审查期间,世贸组织成员采取了促进贸易的政策,实施了51项与新冠肺炎疫情无关的贸易促进新措施。这些措施主要包括取消或降低进口关税、简化海关手续和降低出口关税。与疫情无关的进口便利化措施贸易覆盖额约为7394亿美元,明显高于前一期贸易政策审查报告(2019年5月中旬至10月中旬)的5447亿美元,为2012年10月份以来的第二高水平。

　　截至2020年5月中旬,世贸组织成员实施了256项与新冠肺炎疫情明确相关的贸易措施,全部是与疫情出口限制相关的出口禁令。在疫情早期阶段,世贸组织成员实施的若干措施限制了贸易自由流动,但截至2020年5月中旬,这些措施中有57%已具有促进贸易的性质。今年5月初,一些成员(地区)开始逐步取消针对外科口罩、手套、药品和消毒剂等产品的出口限制,疫情早期阶段采取的相关贸易限制措施也在减少。

　　尽管本期报告是在新冠肺炎疫情下编写的,但尚未反映疫情对贸易的全面影响。在本期贸易政策审查期间,世贸组织各成员为应对疫情造成的经济和社会动荡,采取了前所未有的紧急支持措施。记录在案的468项与疫情相关经济支持措施中,大多数贸易措施都是临时性的,包括数额空前巨大的政府拨款及补助金、相关货币、财政和金融措施,针对中小微企业的救助措施等,总价值达数万亿美元。这些紧急支持措施是各国政府应对疫情导致的经济衰退和为强劲复苏所做准备的战略核心。

在本期贸易政策审查期间,世贸组织成员实施了239项贸易救济行动,启动贸易救济行动的力度为过去8年最大。其中,启动反倾销调查占所有贸易救济行动的80%左右。此外,还有贸易保障措施和反补贴行动。

在服务贸易方面,在本期贸易政策审查期间,世贸组织成员为应对新冠肺炎疫情而实施的99项新措施中,大部分都是为了促进贸易,但一些涉及外国直接投资、国家安全与战略相关领域的新政策,则对贸易有所限制。

世贸组织成员还实施了卫生与动植物检疫措施、技术性贸易壁垒措施,实施力度和数量均明显高于前一审查期,其中大多数措施是由发展中成员实施的。2020年2月1日至5月15日,有19个成员向世贸组织通报为应对疫情而采取的29项卫生与动植物检疫措施。但从今年4月份起,这些措施中的大多数发生了性质转变,已从最初对从受疫情影响地区进口或过境的动物实施限制和额外认证要求,转变为贸易促进措施,包括使用电子证书检疫检查。截至今年5月15日,世贸组织14个成员通报了53项应对新冠肺炎疫情的技术性贸易壁垒措施,涉及个人防护装备、医疗设备及用品、药品和食品等。世贸组织总干事阿泽维多在介绍该报告时指出,世界贸易很大一部分继续受到新增和累积的进口限制措施影响,在各经济体需要通过贸易在新冠肺炎疫情影响下重建之际,这一问题值得关注。从积极方面看,世贸组织成员已经推出了规模可观的促进进口措施,并开始缩减疫情早期实施的贸易限制。

资料来源:http://www.ccpit.org/Contents/Channel_4117/2020/0803/1280339/content_1280339.htm

本节单项业务操作练习

登录贸促会网站,寻找一条化工产品的国外采购商的详细信息和采购要求。

第三节　通过专业信息名录服务商获取客户

在信息化的 21 世纪，任何一个企业如果不能准确掌握所处行业的最新动态，那么企业随时都会有被淘汰的危险。信息同物质、能源一样重要，是人类生存和社会发展的三大基本资源之一。

康帕斯（kompass）、托马斯（Thomas）、开利（kelly search）都是全球领先的专业信息名录服务商，能提供世界范围内的企业名录。与 Google 或黄页一样，它们也是网络数据库，支持产品搜索和企业搜索。

一、康帕斯

（一）康帕斯是什么

作为国际商业活动中资料检索、商业联络、国际采购和公司业务推广的知名国际网站，康帕斯提供了极其专业的信息服务。康帕斯国际站和 70 国子站是服务全球进出口商的国际贸易平台，其拥有 300 万家全球企业产品信息和来自 240 多个国家和地区超过 2 500 万商务搜索用户。因此被联合国使用和推荐，成为欧盟政府采购招标合作伙伴和世界贸易中心协会 WTCA 战略合作伙伴。康帕斯是国内外大中小企业日常查找供应商和采购商，政府商务部门、使领馆商务参赞处、工商会、图书馆对外提供全球企业产品信息不可或缺的信息源。

（二）康帕斯使用方法

1. 康帕斯搜索

康帕斯的网页 www.kompass.com 上面是快速检索区，下面"类别总览"中是按照产品所属行业分类的产品列表。如果有明确目标地查找某种产品，可以在快速检索区输入一个描述产品或者服务的词，例如"空调"，然后按回车键或者点击【搜索】。搜索引擎将扫描并显示与空调相关的列表，每个类别指示它所包含的公司数（在括号内）。点击这个数字可查看相关的公司列表，最后点击公司名称，这个公司的资料就会被显示出来。如果只想查找某个国家的公司信息，可选择国家搜索。比如，查询中东地区与空调相关的企业，在快速检索区输入"空调"，在"地区"一栏选择"中东"，点击搜索即可出现相关分类列表。点击第一个空调相关的分类"空调设备，用于机动车［25 家公司］"，即可进入相关的公司名称列表。点击第一个公司名称" Alex Original Ltd"，则进入该公司信息页面,左上角是公司名称、地址及联系电话、传真、网址等,下面"负责人"。"产品和服务"里面是公司的产品经营范围。一般免费查询的信息是有限的,大多数信息只对付费客户开放。若所用主题词未搜索到,可改用相关词,最好是英式英语说法,或用"Overview of the categories 引导式搜索"。

简单概括,共有如下七种搜索方式:

(1) 按产品和服务名称搜索　在"搜索文本"下面的空格处输入关键词,在"地区"列表里选择地区,点击"搜索",即出现相关的产品名称,后面括号里注明公司数量。点击进入,即可看到公司名称列表,点击公司名称即可进入信息资料页面。康帕斯分类系统覆盖各种工商行业,包含 53 000 种产品和服务条目。需要注意的是,在此处只能输入产品和服务名称,否则查不到相关信息。如果输入的关键词没有在产品分类中查到任何结果,系统会在公司资料的业务描述里自动扩大搜索。用多个主题词搜索须在主题词之间用"与"隔开,如果没有任何查找结果,系统也会进行扩大搜索。

(2) 按公司名称查找　在搜索区输入公司名称,在"地区"下拉列表里选择地区,点击"搜索"即可出现相关公司名称。

(3) 按商标名称查找　在搜索区输入商标名称,在"地区"下拉列表里选择地区,点击"搜索",即可出现相关公司名称。

(4) 按负责人姓名搜索　在搜索区输入负责人姓名,在"地区"下拉列表里选择地区,点击"搜索",即可出现相关公司名称。

(5) 按地区搜索　在"地区"下面选择一个搜索路径进行搜索,即可出现该地区的分类产品目录。

(6) 浏览康帕斯分类系统　点击主页左侧的"查看分类",选择地区;点击行业大类(如"石油和天然气"、"橡胶和塑料"等);点击产品种类(如"焦油和沥青制品"、"轮胎修补材料"等);将看到多个产品和服务种类(如"沥青乳液"、轮胎修补用品,内胎轮胎用"等),选择感兴趣的产品和服务,然后点击查看公司简介。

(7) 高级搜索　能提供更多更为详细的搜索信息,但是这种方式是收费的。可以通过地区、公司信息(包括公司介绍、联系方式、营业额、所属行业协会等)、业务范围(公司类型或公司经营领域),财务数据等来查询信息资料。

案例4.1　利用康帕斯找客户

假定一家生产冰箱的企业产品可以卖给以下几类客户：冰箱的代理商、冰箱的贸易商、家电的贸易商、超级市场。

(1) 找冰箱的制造商　国外生产型企业的生产成本过高，可以与这些国外冰箱的制造商取得联系，强调公司产品的质量及价格的优势，帮助节约成本，提供公司的资质等，帮助生产型企业生产，也就是做OEM。

打开：http://cn.kompass.com/en 输入："Refrigerators"，点击【搜索】，出现相关的产品分类名称，后面括号里注明公司数量。产品分类包括mortuary refrigerators（1 companies）、Refrigerator and freezers（995 companies）、Refrigerator, electric（439 companies）等，找出想要的分类，如Refrigerator and freezers，点击"[995 companies]"，出现公司名称列表。点击公司名称即可进入信息资料页面。在公司的展示页面的最下面有此公司的产品分类。每个产品分类前都标出字母P、D、S，P=生产商，D=分销商，S=服务商。

(2) 找冰箱的分销商、代理商　如果企业能够在国外建立分销渠道及优质的代理商，对打开当地市场会有事半功倍的效果。找分销商的步骤与找生产商一致，只是到公司展示页面，找分类前标有"D"的企业。如果是高级会员，还可以搜索到知名品牌在国际上的分销渠道、分销商信息。

(3) 找冰箱的贸易商　在康帕斯分类中，有中类产品的贸易商也可以是批发商。打开 http://cn.kompass.com/en 输入："Refrigerators"。当找到很多分类时，不妨多看几页，例如，找到第三页，即出现 Refrigerators and freezers, electric, domestic, including parts and accessories（trade）[3773 companies]。

(4) 找家电的贸易商　冰箱是家电中的一类，买冰箱的客户不仅做冰箱，有可能做其他家电产品，特别是贸易商、批发商这种类型企业。输入Household appliances electric，出现 Household and kitchen equipment, electric and electronic（trade）[12619 companies]（中类），Including：Household appliances and kitchen supplies, electric and electronic（trade）(17050 companies)，Small household and domestic kitchen appliances, electric（trade）[4722 companies]（小类），Household appliances, electric and

electronic (trade)[6092 companies](小类),(以上小类是包括在中类下面,如需查看"中类"所有小类,请点"中类"前的灰色文件夹)

输入 Household appliances import,出现 importers-exporters,Household appliances(629 companies)。

(三) 使用康帕斯信息联系国外客户应注意的几个问题[①]

根据国际康帕斯组织的调查,70%以上的国外采购商,特别是欧洲采购商,每年最多只选择 3~4 家潜在供应商。所以,在对目标市场仅是模糊认识的情况下,大规模发出推广函电很难取得好的推广效果。在发盘前应该充分了解目标客户群和目标市场的情况。主要包括以下三点:第一,目标客户群有多大,包括在此客户群中各档次的客户数量、特点、可能的需求;第二,全局形势对目标客户群的影响,包括全球、地区、行业总体形势对目标客户群的影响,这些因素对目标客户群的需求起着直接作用,而客户需求正是出口产品的卖点;第三,竞争对手对目标客户群的影响,包括同类产品、品牌、价位、同行对目标客户群的销售情况、所占比重、进入的时间、方式等。这对于确定发盘函电切入点与估计目标客户群对发盘的可能反应十分重要。

1. 重新认识上下游产品的客户,扩大潜在客户搜索面

世界上根本不存在买方汇聚的数据库或者网站,只有供应商汇聚的数据库或者网站。有需求、有购买力的用户=买家≠同行。同类产品的销售商≠自己产品的销售商。基于这两个原因,发盘前要找准产品的真正用户。

(1) 搜索范围锁定在公司产品的用户　要注意区分:用户≠同行≠专项产品销售商。使用康帕斯数据寻找潜在客户,要注意搜索产品的下游用户或最终用户,而不是搜索产品分类项下的企业。因为康帕斯产品分类所涵盖的企业基本是该产品、服务的提供商或者制造商,并非该产品的买家。

(2) 同类产品的销售商不一定是自己产品的销售商　在康帕斯的企业资料标注中有"D = Distributor(分销商)",但这并不意味着该分销商就一定会接受专销产品的其他发盘。相反,这些在某产品分类项下的分销商,绝大部分是专销已接受的某企业的产品或其自产商品,包括贴牌产品。这些分销商绝大多数是卖方,正是竞争对手。

[①] 参考资料出处:http://blog.sina.com.cn/s/blog_67ccbbba0100wn4x.html

（3）明确国外产品销售链条，找准买主　国外消费品进口国不尽相同，但多数是下面这样的销售链条：A. 各类进口商、专营商。这是出口企业主要开发的客户群；B. 各种国内分销商，分销商从进口商处买进进口商品。这不是出口企业应主要开发的客户群；C. 各种独立或从属于国外分销商、批发商的零售网点。这些基本不是我国出口企业应开发的客户。

2. 营销函电要有针对性地度身定制，尽量少用通函

通函给人的第一感觉是发函人并不了解或关注收信人的利益，只是为其自己的利益在推销。国外客户，特别是欧洲客户，不喜欢无明确客户对象的推销通函。对外推广产品时应该切入正题直接明确，避免使用通函。

3. 营销函电要提及潜在客户在康帕斯系统上的广告

提及其广告，以拉近关系，并以客户需求为切入点，因此事先必须多方摸清客户需求点。发盘函件的篇幅应控制在 1 页 A4 纸内或 1 屏电子邮件内。开始要提及在何处得知对方的情况，说明是通过对方公开展示的渠道，或对方特意让人了解的渠道得到其信息的。这样有助于减少对方对立意识。在这点上，可以借鉴一些国外的发盘函件。

4. 充分利用康帕斯提供的企业信息，不要浪费宝贵资源

康帕斯提供的企业信息比其他平台或者客户网站提供的信息要详细。康帕斯可以提供公司各部门高管的姓名，可以直接找到负责人以提高开发效果。康帕斯提供的公司基本信息包括公司成立时间、员工数量、公司营业额和注册资本等信息。康帕斯提供的企业信息里包括生产商、分销商、进出口商。如果是贸易商还可以通过康帕斯查看到该企业从哪些国家采购过产品，如果是分销商的企业会查看到该企业代理的品牌。

还要注意的是，开发过的客户要重点跟踪。联系过的企业，要跟踪客户是否收到推销邮件，如果收到是否对公司产品感兴趣，如果不感兴趣是什么原因。对采购意向强烈的客户最好电话跟踪。

外贸业务心得　使用康帕斯找客户的一点技巧

通常客户购买了康帕斯产品后，可能不会使用康帕斯查找客户。这里做个简单分析。以芦荟为例说明。在康帕斯里面输入"ALOE"，并不能找到几

家专做 ALOE 的进口商。

这时可以在康帕斯里查找已经成交过的那些客户。这里要注意的是，要用公司名里面简单的关键词去查找，不要用公司名的全称查找。比如，康帕斯全称是康帕斯中国国际信息服务有限公司，使用"康帕斯"这个关键词就可以。结果发现，找到的客户的产品分类是：

1：Food products 保健食品
2：Cosmetics 化妆品
3：pharmaceuticals 医药品，药物

分析思路：芦荟是一种原料，可以用于化妆品、保健食品、中草药等行业，所以，从事保健食品、化妆品和医药品这些行业的公司都有可能成为芦荟的买家，也都有可能成为下游客户。可以输入 Food products、Cosmetics、Pharmaceuticals 等关键词找潜在客户。

总之，找客户可以根据上下游客户行业的关键词来找。只要找到买家的一个共同点，找客户就不难了。

资料来源：http://bbs.wtojob.com/print.aspx? bbsid=119992

二、托马斯

托马斯(Thomas Global)是一个具有 110 年历史的出版集团，100 多年来，托马斯出版公司(Thomas Publishing Company)一直致力于为全球工业提供全球最新的产品资讯。

能否采用最新的设备来提高企业的生产水平，是企业成功的关键，所以对于工业企业的决策者来说，不论他们身为何职，对最新的产品资讯的渴求都是一样的。所以，工业企业对于获取各种工业产品及服务有着惊人的需求，而这种需求得到满足的唯一方式就是采购全面的、准确的和最新的供应商信息。但是，产品更新速度相当惊人，每天都有无数的新产品涌向市场，能否及时发现并采用新产品影响着企业的赢利与发展，因此这一切最终将会决定企业在市场竞争中的地位。

托马斯及时采用最新的出版技术，来满足工业企业从业人员对产品信息的需求。托马斯公司出版包括书籍、杂志、互联网、光盘、快讯、电子商务和虚拟后台办公系统等众多服务，并建成全球领先的工业产品与服务在线搜索引擎(www.

Thomasglobal.com），它包含了来自 29 个国家，逾 70 万家工业企业，超过 11 000 种工业产品/服务信息，拥有 9 714 010 位工业买家，帮助企业快速建立在全球范围内的产品推广。旗下的 IEN 系列杂志，为工业读者提供来自全球最新的工业产品新闻，以帮助他们解决工业中的技术问题，提升产品品质，降低成本，在竞争中保持企业的领先地位。托马斯出版公司还提供工业细分出版物，用以帮助决策者随时掌握世界范围内的最新工业产品。

在托马斯的 54 种产品中，有两大网站用于工业企业的 B2B 服务——Thomas Net 和 Thomas Global。Thomas Net 立足于美国，主要用于帮助全球工业买家获取北美供应商的信息，其中包含详细的产品和服务描述、供应商网站的链接、在线样本以及可下载的 CAD 工程图等。不过，其他国家的企业也可以免费注册。广告是 Thomas Net 的主要收入，包括固定价格的目录广告和行业新闻广告。前者可以帮助企业提升该产品在行业目录中的曝光率。同时，企业还可以通过购买排名积分的方式，进一步提高本企业广告的可见度。企业购买的排名积分越多，其广告排名就越靠前。

另外，如果企业愿意为行业新闻广告买单的话，则可以在客户免费发布的新产品信息构成的 RSS 新闻源中，以赞助商链接的形式显示付费企业的产品信息和展示性广告。当然，这一形式的广告同样会显示在客户订阅的商情通知邮件里。企业可以使用 Thomas Net 提供的内容解决方案的服务，例如，企业可以通过目录导航（Catalog Navigator）的解决方案来自动生成在线产品目录。

Thomas Global 是一个为全球工业买家服务的专业工业搜索引擎，它可以提供来自世界各地的制造商的详细产品信息。目前，Thomas Global 已经覆盖了美国、英国、中国以及日本等 28 个工业发达国家，页面支持英语、中文、日语、法语、德语、意大利语、西班牙语、荷兰语以及葡萄牙语 9 种语言的关键字搜索。

Thomas Global 拥有新闻广告服务，类似电子直邮的方式，企业可以通过上面的旗帜广告、产品描述以及各类文章展现企业信息。订阅者可以通过 Thomas Global Register 网页，查看世界范围内的工业企业的产品和服务信息。该网页能用 11 种语言显示，涉及 70 多万家公司，并可以用 11 000 种工业产品的关键词检索。

三、开利

案例 4.2　Kelly search 的影响

"在欧美的工商业中，Kelly search 享有很高的地位。"Tonny 强调说。这名在外贸领域摸爬滚打了多年的销售人员，自 2003 年开始就接触到了 Kelly search(www.kellysearch.com)，而今在他离开公司成为一名"独行侠"时，更是通过 Kelly search 为自己的事业支起了一片天空。"上周我跟一名美洲的客户谈合作，谈到最后需要对方预先支付款项时，该客户犹豫了，因为他无法完全相信我。"Tonny 停顿了一下，很自豪地说，"但是当我告诉他，我已经在 Kelly search 上销售了三年，至今无人投诉时，对方毫不犹豫地将 1 万多美元的预付款打到我的账户上。"

资料来源：网上平台，国内外 B2B 平台系列介绍之十一：Kelly search：200 年历史的工商业目录

(一) 开利的由来

开利(Kelly search)的总公司是英国的 Reed Elsevier 及荷兰的 Reed Elsevier NV，全年营业额近 100 亿美元，在全球 180 个国家设有办事处。Reed 集团是全球最大的 B2B 信息管理公司之一，集团业务主要包括商业展览、杂志及书本发行、行业网站及信息及最新的 B2B 网站。Reed 也是全球最大商业展览公司，全年安排 460 个展览会，覆盖 52 个不同行业，每年参展商 9 万家，买家人数超过 550 万，包括建材、电子、电讯、科技、出版印刷、运动、家庭用品等行业。2000 年，集团凭借诸多优势资源，整合 Kelly Directory 黄页，开始发展全球 B2B 网站 Kelly search。Kelly search 是欧美最大 B2B 搜索引擎网站，收录了全球超过 200 万家公司信息和 1000 多万产品信息，是全球采购商最青睐的采购工具网站；Kelly search 发起 catalog on-line 项目，旨在将全球企业的公司宣传册和产品手册直接放置在网站上，供全球采购商查找和浏览。

(二) Kelly search 的优势

1. 买家共享信息

与国内许多 B2B 网站不同，在 Kelly search 上，未缴费企业和缴费企业看到

的信息内容是一样的,能看到 Kelly search 上所有供应商的信息以及联系方式。

买家在搜索框中输入相应的产品或者公司名称关键词就可以。供应商付费决定了其在相应关键字下的排名,供应商付费,就可以通过在线目录展示企业信息和产品信息,展示信息的多少取决于供应商缴纳的费用。所以说,Kelly search 不仅体现黄页对其商业信息完全公开的作风,也体现了"共享"精神,所有买家可以共享信息。

2. Reed Elsevier 集团下行业网站共享信息

除了让 Kelly search 上所有买家共享信息之外,Kelly search 还同 Reed Elsevier 集团下其他行业网站完全共享信息资源。比如,在 Kelly search 上做广告的企业,还可以在 Reed Elsevier 旗下超过 20 家的在线买卖指南上展示,包括 ecnasiamag.com、ednasia.com、purchasing.com、eb-asia.com 以及 zibb.com 等。Kelly search 的全球站与其英国站(kellysearch.co.uk)、荷兰站(kellysearch.nl)、德国站(kellysearch.de)、新加坡站(kellysearchasia.com)以及印度站(kellysearch.co.in)之间也实行了信息资源的完全共享,也就是说,Kellysearch.com 的数据完全共享在 kellysearch.de、kellysearch.nl、kellysearch.co.uk 等。在 kellysearch.com 上做的广告,同样在这些网站上面有显示。在计算流量排名时各站分别统计,因此当企业查询 Kelly search 在 Alexa 上的排名时,需要将各国分站的流量汇总才能得到 Kelly search 的实际总流量。

Kelly search 相关知识 1   Kelly search 中国区产品说明

根据中国企业特点,Kelly search 推出三款服务包:基础服务包(Basic Package)、标准服务包(Standard Package)和高级服务包(Hyper Package)。基础服务包的价格是每年 10 000 元,包括:10 个指定的目录出现(中国区)在搜索结果首页;不超过 500 个字符的公司介绍,不超过 35 个单词的公司描述;显著位置出现公司的联系信息,如名称、地址、电话、传真和电子邮件等;在线询盘表单这一项包括罗列企业的产品和服务,链接到企业的网站以及提供在线流量统计分析;增值项目包括 10 个指定目录同时出现在全球区;如果加 2 000 元,赠送一个指定目录前 5 名。

标准服务包的价格是每年 15 000 元,包括:两个指定目录出现在(中国区)搜索结果的前 5 名;20 个指定的目录出现在(中国区)搜索结果首页;完整的公司介绍,含不超过500个字符的公司介绍,不超过35个单词的公司描述;显著位置出现公司的联系信息,如名称、地址、电话、传真和电子邮件等。在线询盘表单包括罗列企业的产品和服务,链接到企业的网站,提供在线流量统计分析,提供在线宣传册服务。增值项目包括22个指定目录同时出现在全球区,如果加2 000元,赠送一个指定目录前5名。

高级服务包价格是每年30 000元,包括:10个指定目录出现在(中国区)搜索结果的前5名;40个指定的目录出现在(中国区)搜索结果首页;完整的公司介绍,含不超过500个字符的公司介绍,不超过35个单词的公司描述;显著位置出现公司的联系信息,如名称、地址、电话、传真和电子邮件等。在线询盘表单包括罗列企业的产品和服务,链接到企业的网站,提供在线流量统计分析,提供在线宣传册服务。增值项目包括50个指定目录同时出现在全球区;加2 000元,赠送一个指定目录前5名。

(三) 利用 Kelly search 免费搜寻国外客户

Kelly search 有着强大的客户资源,特点鲜明简洁,容易操作。

首先,选定关键词。Kelly search 的关键词非常丰富。尽可能的少输入关键词,比如 chain,会列出所有包含 chain 的关键词、目录。当然可以直接输入各种修饰词。

其次,直接点开链接,会看到一大批供应商。主要用户投放市场都是在欧美,所以欧美供应商占到80%左右。由于中国供应商的成本优势,发达国家的供应商也可以成为潜在客户。

最后,点开一个供应商的链接,就会出现详细信息,包括公司简介、电话、传真、网站、产品列表,不需要注册,可以在线发布同对方合作的信息,或者找到这个公司的网站,直接发到邮箱。

例如,在 Kelly search 搜索框内输入关键词,例如 air compressor(空气压缩机),点击"Go",显示6 289个查询结果。第一家供应商是 Draeger Safety, Inc.,这是一家宾夕法尼亚的供应商,点开链接,就可以看到公司的详细信息。点击页面上【contact company】按钮,可以与该供应商取得联系,出现一个界面,可以输入 Email 地址、公司全称、电话号码,而后可以在"message *"一栏内输入所感兴趣的具体产品信息,然后点击【send】按钮提交。

Kelly search 主页下方有两栏,一栏是"Top Industry Categories",列出了主

要的行业类别共 14 大类；另一栏是"Top Locations"，列出了 10 个主要国家。买家可以根据所处行业查找供应商，如"Business Products and Services"，出现 492 448 个查询结果，可以进一步筛选得到有价值的信息。右侧中间有一栏"browse"，列出了 Business Products and Services 大类下面的所有中类。一共有 9 个中类：Advertising、Marketing and Public Relations、Banking and Financial、Business Support Services、Information Services、Legal Services、Office Supplies、Property Services、TrainingTransportation and Storage，随即可进入各种类的供应商查看，例如，点开类别"Business Support Services"，页面显示 219 296 个查询结果。继续看页面的右侧中间"browse"这一栏，中类 Business Support Services 下面进一步列出了 6 个小类：Auction Services、Business Process Consultancy、Business Process Outsourcing、Business Valuation and Transfer Agency Services、Contract Labor or Recruitment Agencies or Consultancy or Services、Design and Cartography。这样可以进一步缩小查找范围。例如，点开"Business Process Outsourcing"，得到 83 797 个查询结果，继续看"browse"栏，会发现"Business Process Outsourcing"下面进一步细分为更小的类别，可以从中查找感兴趣的供应商。而且，"browse"这一栏下方是"Locations"，因此可结合国家来查找供应商，然后再根据类别进一步细分，查找。

Kelly search 相关知识 2　　Kelly search 使用问答

Q：Kelly search 和 B2B 网站、黄页、一般搜索引擎有什么区别？

A：Kelly search 结合了 Kelly's direction 的庞大数据库，有 B2B 网站的产品类别，但是要优于 B2B。因为 Kelly search 上的分类是采用整个欧美工业过程中通用的词条，这些关键词、目录更贴近欧美企业的使用习惯。只需要点击三次鼠标就能找到最后一层信息，即公司的详细信息、产品、联系方式、网站和电子样本。

Q：为什么 Kelly search 上面登记的都是外国供应商？

A：所有登记在 Kelly search 上面的公司都是供应商，英国、荷兰和美国企业所占的比例很大，这与 Kelly search 成立背景有关。中国已经逐渐成为世界的制造中心，在一个平台上同发达国家的供应商竞争，在成本上是有优势的。虽然 Kelly search 以外国供应商为主，中国企业同样有机会。发达国家的供应商也是我们的客户。供应商网站最大的好处就是有众多的买家浏览这个网站,判断平台的质量好坏的同时,也是企业接触买家的良好机会。

Q:如果不想做付费的会员,该怎么使用它呢?

A:Kelly search 的一个特点就是信息开放,主动发布供应信息,同时使用经营产品的关键词来搜索欧美供应商的信息。经常上 Kelly search 的欧美供应商就是企业潜在的采购商。要强调的是,关键词要与欧美工业体系中的通用名词一致,且不同的关键词直接对应于不同的公司。

Q:Kelly search 和阿里巴巴、环球资源以及中国制造网有什么区别呢?

A:Kelly search 和这些公司最主要的特点有以下几个方面。

首先,在使用群体方面有很大的不同。Kelly search 的询盘全部都是"一对一"的方式发送,而且全部都是海外采购负责人直接发送,企业可以获得这个采购商的详细信息,并马上可以和对方取得联系。而其他电子商务平台,部分是内部工作人员通过系统,采取"一对多"的方式群发,一个询盘发给国内多个供应商,有时询盘信息还无法包括采购商的相关联系信息。除此之外,Kelly search 是一个专业的 B2B 搜索引擎,拥有更加丰富的买家资源等都是区别于其他电子商务平台的特点。

资料来源:罗佳,2008.10,www.ebworld.com.cn,第 68~69 页;关于 Kelly search 的 7 个 Q&A,2010 年第 2 期《进出口经理人》。

本节单项业务操作练习

1. 以面料为例,分析如何利用康帕斯找客户。

2. 康帕斯中文网站上有最新外贸教程视频,视频讲解了康帕斯网站的三大功能,即让买家找上门、找新客户、找供应商。下面是视频对应的资料。要求观看视频内容,练习康帕斯的使用方法,熟练掌握康帕斯网站的更多功能。

(1)我们生产工业用液流泵和泵流系统,我想做广告宣传我们的技术和业务。我销售液流泵并提供维修服务,我想扩大我们的业务员用户。随着网站能力的扩大,我们通过网站获得潜在用户主动联络的可能性越大越大。带着这个信念,我决定用康帕斯推广我的公司。我选康帕斯理由如下:全球范围的展示,康帕斯网站可以用 26 种语言来检索,因此全世界的企业无论任何地方都可以找到我;康帕斯网站的设计使其能被搜索引擎找到并建立索引，所以加入康帕斯意味着被主流搜索引擎找到并建立索引，任何访问康帕斯网站的人仅仅在检索栏输入几个关键词就可以直接找到我公司；另外，康帕斯根据我公司的业务对产品分类，我公司被归到大的工业类，并细分到泵和压缩机产品组下，这意味着任何寻找泵和压缩机的买家会查看到我公司资料并和我联系。加入康帕斯后，康帕斯会自动把握业务相关的询盘发给我，这使我有更多机会找到客户。

（2）你好，我叫金容，RACK 公司的采购经理。我们设计和生产特别耐用的玻璃水杯，我的任务是寻找欧洲的陆路运输商把我们的水杯运到马德里。我必须对我的业务优化，所以简便和准确的信息是我的首选，用这些信息可以分析所有可以为产品提供服务的运营商。比如，要找陆路运营商，我输入陆路运输（road transport）。康帕斯可以细化搜索，以便确实找到要找的潜在的服务供应商。找出巴黎的陆路运输商，列出的名单上有 350 家潜在的供应商，很容易看到主要的供应商名字，然后点中第一家。公司资料有我需要的所有内容，以便联系。只要点下鼠标，就可以向这家公司或者选中的几家发送招标邮件。我输入一切必需的信息，以便供应商估算和应标，甚至可以添加更详细要求的附件。

（3）你好，我是罗洪勒，Holouis 公司的经理，我想要在我的贸易区域寻找公司拓展我的业务。我们销售机械传动系统，我想在亚洲找分销商，我要寻找新客户、分销商或者合作伙伴，得到相关的和及时更新的信息和正确的联络线索。使用康帕斯高级检索功能使这些都很容易，点击就可以打开高级检索来精确地找到我的潜在业务伙伴。先在地理区域选择我的目标地区，因为这里有 63 个国家的企业，比如，目标是亚洲地区，选定区域后，要确定那些我认为能更多地销售我的产品的行业。在这里，定义好我的目标群是康帕斯分类里的机械传动系统分销商，这个分类体系在网站上用 26 种语言来检索，包含有 57 000 个产品类别，然后用公司规模细筛找到的公司。比如，这里想找雇员人数 50 以上的企业，现在要联络中国公司，所以在亚洲区域国家里选定中国。搜索结果列出了所有符合检索要求的公司，看到这里有 140 家潜在的业务拓展伙伴。可以点看选定的公司，展示出来的是详细的公司资料，有公司的全部信息，公司详细情况，联络信息，产品和服务，能向他们发送邮件，打印资料，还可以把这些信息下载成 Excel 格式文件以备进行直邮推广，等等。

本章小结

1. 黄页的种类包括综合型黄页、商务型黄页、特定行业型黄页。综合型黄页分类比较齐全,可以找到商业类信息和消费类信息。但是,只能提供电话、单位名称、地址等简单的信息。商务型分类细致,简单描述客户的主要经营范围。特定行业型黄页专业性强,主要针对狭窄的领域发行。

2. 收集黄页的途径包括宾馆里获取、从黄页中找黄页、从商业协会获取。宾馆房间里基本配有黄页。这些黄页提供当地生产企业、经销商、批发商的信息。通常黄页的出版商也会在其他国家的黄页中做广告,可以根据广告上的电话购买需要的黄页。一般各国商会都会编撰或者出版黄页,去某个国家寻找合作伙伴时,可以去拜访当地的商会。

3. 可以利用贸促会网站上的资源寻找客户。网站上的贸易机会链接提供了很多投资的机会,从中可以获取项目的详细情况。从企业服务网中的企业名录链接也可以获取企业信息。

4. 康帕斯产品分类所涵盖的企业基本是某产品制造商,并非该产品的买家。所以,使用康帕斯数据寻找潜在客户时不要搜索自己产品分类项下的企业,搜索产品的最终用户。这样做可以扩大潜在客户搜索面与客户群,筛分出最终用户。

5. 供应商通过付费,不仅决定其在相应关键字下的排名,还可以在线目录展示,展示企业信息和产品信息,供应商缴纳费用多少决定展示信息的多少。

基本概念

1. 黄页:国际通用按企业性质和产品类别编排的工商企业电话号码簿,以刊登企业名称、地址、电话号码为主体内容,相当于一个城市或者地区的工商企业的户口本,国际惯例用黄色纸张印制。黄页的表现形式包括企业名录、工商指南、消费指南等。

2. 康帕斯:全球最大的企业间国际贸易电子商务公司之一,康帕斯国际站和70国子站是服务全球进出口商的国际贸易平台,康帕斯是国内外大中小企业日常查找供应商和采购商、政府商务部门、使领馆商务参赞处、工商会、图书馆对外提供全球企业产品信息不可或缺的信息源。

3. 托马斯:美国商务部官方工业年鉴,被认为是"北美工业圣经"。通过在全球建立子公司，并综合运用杂志、展会、互联网等多种媒体推广方式，为世界工业产品的国际推广做出了贡献。托马斯公司出版包括书籍、杂志、互联网、光盘、快讯、电子商务和虚拟后台办公系统等众多服务。

4. Kelly search：欧美最大的 B2B 搜索引擎网站，收录了全球超过 200 万家公司信息和 1 000 多万产品信息，是全球采购商最青睐的采购工具网站；发起 catalog on-line 项目，旨在将全球企业的公司宣传册和产品手册直接放置在网站上，供全球采购商查找和浏览。作为老牌英国的 reed 出版集团的一个 B2B 搜索引擎，Kelly search 有着强大的客户资源，被称为"欧洲阿里巴巴"。

本章综合操作训练

1. 登录 www.europages.com，搜索一家潜在客户信息，要求保留截图，说明详细过程。

2. 以产品或相关行业产品为载体，用学到的两种不同重要途径，寻找两个不同的潜在客户，描述寻找过程。

第五章

客 户 跟 进

学习目标

- 了解外贸客户跟进的相关知识
- 掌握参展后不同客户的跟进措施、技巧和方法
- 掌握网上询价客户的跟进措施、技巧和方法

数据显示,2%的销售是在第一次接洽后完成的,3%的销售是在第一次跟进后完成的,5%的销售是在第二次跟进后完成的,10%的销售是在第三次跟进后完成的,80%的销售是在第四至十一次跟踪后完成的。由此可见,获得的每一笔外贸订单都与外贸人员持续不断的努力和坚持密不可分。以下各节将按照不同跟进方式详细介绍外贸客户跟进的措施、技巧和方法等。

第一节 参展后不同客户的跟进措施

贸易展会是最快捷有效的 B2B 营销方式,能够在同一时间、同一地点把某一行业中最重要的企业和买家集中到一起。利用这个贸易平台,买卖双方建立起面对面的联系。展会是采购信息最重要的来源,也是出口商接触买家的重要渠道。出口商可以获得行业内的各种有效信息,还可以将最新产品以及公司的发展状况以令人信服的形式直接展示给展会上的专业人士和新老买家。当然,出口商参展的最终目的还是为了多找买家,多拿订单。据统计,在各种营销方式中,贸易展会的成交额通常仅次于直销。

数据显示,86%的展会销售线索没有得到参展商的有效跟进,造成了参展企业人力、物力和财力的惊人损失。实际上,对展会上有意向的专业人员来说,一般不会在一家参展商的产品上钉死,而会广泛地在同类企业中比较和询价。参加完

各种展会后,外贸人员应根据参展获得的相关资料,及时与客户沟通联系。要想顺利地从展会获取客户,必须在参展后对不同客户采取一些针对性的跟进措施。

对参展后客户的跟进措施大概可以分为展后对客户信息的收集和整理、区分不同类型的客户并进行分类跟进、有效地与客户沟通以及展后的业绩评估和总结。

一、展后对客户信息的及时收集和整理

客户跟踪服务必须有明确的服务对象,首先要拥有关于客户的完备资料,有条件的最好能够建立信息数据库,并利用外贸客户管理软件进行管理。要保证展后跟进营销的成功,必须先制定完整的信息采集和整理方案,将展会上企业收集的资料和信息进行分类管理。

要让参展人员有目的地和参观者沟通,获取意向信息,做好确认潜在客户的工作。展会期间,参展人员要了解客户来展位的初衷,尽量多收集来访客户的信息,记录名片上没有的信息,注意客户要找的产品,供应商愿意和什么业务伙伴合作。如果是老客户,可以询问客户对以前使用的产品的建议,将来需要什么产品。如果是新客户,要了解对方是厂家还是经销商,做到心中有数。

参展人员还应与同行交换客户资源。这里所指的同行并非指同一种产品的企业,而是指同一类产品的企业。比如汽车配件类展会,参展商所经营的品种有很大的区别,如车用音响、车用灯具、车用座椅等。此类的参展商既是供应方又是需求方,客户也许会向你求购你不生产的汽车配件,因为他们不一定比你更了解国内市场。所以,主动拜访这些同行,向他们推荐产品,将样本留给他们,也向他们索取样本,这样可以做到资源互补、共享。

在参展期间做好每天的工作总结。每天参展结束后,要将当天的客户归类整理,并将谈话要点记录下来。要回忆并熟悉客户,比如可以观看与客户的合影来记住客户的模样和名字。另外,根据客户谈话中所提出的需求判断当前产品流行趋势,展后和公司决策层讨论新产品的开发及推广。比如,展会上展出的车载液晶电视最大尺寸为17英寸,而许多客户提出是否生产21寸的液晶电视,这是一个潜在的市场信号。

展会结束后,要将从展会上获得的信息整理和评估,将展会上获取的销售线索按照客户的专业性、诚意度、感兴趣程度、职位等与客户对应起来,作为展后跟进工作的依据。必须依照实际情况对跟进措施进行一定的调整,分类跟踪所有在展会上获得的销售线索,为下一步的客户跟进工作做好准备。

二、区分不同类型的客户并分类跟进

把展会上获得的信息整理和分析后,挑选出最有价值的潜在客户并优先跟进。为了提高效率和绩效,可以把客户分为不同的类型,并根据销售线索、紧急程度区分跟进优先级别,对不同类型的客户采取不同的跟进措施。

(一) 客户分类

参展后对客户信息的及时收集和整理,并根据展会上与客户谈判的过程及结果判断客户的购买欲,把客户分类。对客户的分类一般可以从四个方面来衡量:(1)对方对有关产品或服务是否有需求;(2)对方有合理的采购时间段,即对方是在将来多久的时间内采购;(3)对方有足够的资金或预算,因为只有有购买能力的需要才能构成真实的需求;(4)对方有多大的权力或者能力购买或影响购买,即对方的权限。

根据以上四个方面的考量,通常可以把客户分为三类,即正式客户(A)、潜在客户(B)和中长期客户或无效客户(C)。

(1) 正式客户(A)　通常是老客户,也叫热门客户(Hot lead)。它们有购买预算,并且计划在未来3~6个月内有确定的购买产品意向。

(2) 潜在客户(B)　对产品有明确的订购意向,只需进一步跟进,确定一些细节即可订货的客户。他们通常计划在未来6~12个月内采购。

(3) 中长期客户或无效客户(C)　仅在展会留下名片、没有深入交流的客户,他们参加展会只是为将来的采购收集资料、信息。

(二) 分类跟进

为了最大限度地将展会上的潜在销售线索转化为订单,应该趁热打铁,立即跟进所有合格的潜在客户。通常首先要确定追踪时间表,优先跟进热门客户。可以发送感谢信,感谢买家光临展位,或邀请买家继续洽谈。按照承诺给客户寄送样品、发送报价、发送产品具体参数、回复具体问题解答、发送电子目录等。大多数展会销售线索通常在展会后3~8月内转化为订单,那些与生产设备或高价值采购相关的销售线索需要更长时间跟进。因此,必须坚持不懈地按照追踪时间表定期跟进,直到拿到定单,实现销售。

为了提高成功的可能性,多获订单,需要对不同类型的客户进行分类跟进。

1. 对正式客户的跟进

对正式客户应该立即跟进。为此,应该在展位安装传真机或与公司办公室联网的电脑,以便将展位上搜集的销售线索随时发回公司安排即时跟进。对于正式客户的跟进,应在展后1~2天内,寄送量身定制的跟进材料,并确定追踪时间表。

针对老客户,回来后要按照其要求及时发送详细的资料及准备样品。对已签订合同的客户,不管是新客户还是老客户,跟踪要紧凑,回来后一般都是按照其要求寄送详细的资料,接着便要要求对方开信用证或汇订金。要注意的是,签过合同的客户并不表示一定会下订单。现在这种情况已经很普遍。对客户来说,合同完全没有束缚作用。所以,此种客户需小心沟通,提高注意力和跟踪频率,以便采取相应的措施。

2. 对潜在客户的跟进

对潜在客户,通常需要在一周内答复。信件最好能以经理名义发送,就相关问题做进一步询问。对有意向的客户,只能从沟通中判断其潜力,类似于网上询价。一般而言,对方对产品问得越详细,条款谈得越仔细,成功获取订单的机会就越大。对于这些客户,回来后便及时联系,把所有的资料,问题标明后发去,马上落实打样(一般这些客户都要求打样)。即使寄了样品还没消息,也不要断然放弃。最常见的原因是对方在收到所有样品(包括其他供应商的样品)后没有选择该公司的产品,或者市场发生了变化等。这时仍然要与对方保持联系,及时向对方推荐其他新产品,日后还有可能合作。

如果对某个条款或价格谈不下来,回来后即使已经决定按照对方的要求,也不要马上妥协。可以邮件或电话联系(还是坚持先前的意见)看情况再做决定。

3. 对中长期客户或无效客户的跟进

对中长期客户或无效客户,可在一周内答复,以标准模板信件表示感谢,并了解客户背景信息。感谢信要能唤起客人的记忆,要提及具体感兴趣的产品,询问新的需求,并了解买家的兴趣。

在展会上,这类客户只是随便看看和问问,刺探行情而已。可以凭借客户名片联系,如果名片有网址,还可以先访问网站,查清底细和产品,再按照不同情况发不同的资料。说不定此次没带去参展的产品正是他们的主营产品。同时,也要根据他在你们摊位看的那种产品发资料,看是否有合作的机会。如果客户要求给他发送相关的资料,可以按他所说的要求尽可能把详细的资料发给他。

(三) 按照时间进度持续跟进

对客户进行的第一次跟进最好是在展会结束后的一周之内,回来后应把全部的客户梳理一遍,给他们发邮件,最好是在星期二至星期四之间,星期一和星期五效果都不佳。所有销售线索须在一周(最多两周)内回应。

对客户的信息要重新确认,并据此调整客户的跟进措施。展后对客户进行分类后,应立即针对上述正式客户(A)和潜在客户(B)重新评估其购买兴趣。可以通过电话、Fax、反馈表和 E-mail 重新确认客户的购买兴趣和对产品的需求。一旦确认客户的购买兴趣和具体需求后,再寄出个性化的信件和公司介绍继续跟进。这样一方面显示出公司的专业性和对客户的重视,另一方面也使展后的追踪工作更有针对性,提供客户的回复越个性化,越能提升客户回复和成交的可能性。

最普遍的情况是需要销售人员坚持跟进。大多数展会销售线索通常在展会后 3~8 个月内转化为订单。采购数额庞大的销售线索可能需要更长时间跟进。要跟踪记录所有销售线索,在电脑系统中建立销售线索中心数据库。每份客户询问表均应该在分配前,在服务器保留备份,分别给所有销售线索分配标志代码,以免与一般客户数据混淆。将客户记录一直跟踪至开出发票为止。要建立有效的销售汇报系统,要求销售人员定期记录和汇报,在分配销售线索时应附带汇报表格,并要求在规定时间内反馈销售跟踪进度。如果反馈显示销售跟踪仍在继续中,则应发出下一份汇报表格及反馈截止时间,如此直到销售线索跟踪结束。

(四) 和客户保持长期的感情联系

应当与客户保持密切的感情联系,这样他们对下次展会才有热情,而且可能向展会反馈许多十分有用的信息。培养忠诚客户和建立良好的新客户网的一个重要诀窍是,为客户提供人性化和个性化的服务,尤其要注重细节的运作,向客户寄送展会的各种信息和材料。

同客户联系还应当尽可能采用一些个性化的方法,比如对客户所提供的信息由公司高层人士亲笔签署回信表示感谢,对他们提出意见和建议除表示感谢外,还告诉他们接受和整改的方法;对于客户的各种庆典活动,发出贺函或礼品;在圣诞节前向客户以及其负责人和联系人寄送贺卡或小礼物。贺卡可以广泛寄发,成本低效果好。

要主动和经常同客户联系,态度要诚恳,要守信。客户跟踪服务应该注意细节,追求人性化和个性化的统一。追求人性化会使得服务亲切、自然、有人情味,而追求个性化使得服务独树一帜,能够在激烈的竞争中脱颖而出,让客户印象深刻。

> **外贸业务心得** 展会后客户跟进技巧
>
> 在展会上，由于参展时间紧张，客户通常都不会花太多时间与参展商详细洽谈，只是看看产品，然后留下参展商的联系方式，希望展会结束后根据自己感兴趣的产品与参展商联系，并让展商报价。
>
> 因此，展会后的客户跟进是每位外贸业务员必须做好的"功课"。以下谈谈展会后的客户跟进技巧。
>
> 技巧一：不要无条件满足客户。例如不要客户一要求寄样品就马上给他快递，应考虑快递费用的问题。应先和客户多通过邮件等方式交流，了解他对该产品的认知情况以及国外终端客户对该产品的反应等。这些都要依靠自己的判断去辨别客户是否是真正的买家。如果客户急着要样品，那可以让客户倒付快递费。
>
> 技巧二：坚持、耐心以及热情，会给你带来最后的成功。我有个欧洲客户，从一见面到第一次下单，整整跟踪了半年时间。现在这个客户每个月给我们公司下10个柜的订单。在仔细分析客户需求的基础上，不断与客户接触，从客户的立场去解决问题。
>
> 技巧三：保持良好心态。对毫无反应或反应消极的客户，也不必很在意。这样的客户很多，他们各怀目的，并非真正的买家。或者有些是暂无成交意愿，但作为卖家，我们广而告之的目的也达到了。
>
> 技巧四：在成交后，将客户当作朋友，同时及时更新产品资料等。
>
> 资料来源：http://www.cifnews.com/17/5/10.html，2011/04/01。

三、有效跟进邮件技巧

展会结束后，业务员要主动与客户联络。因为客户通常都很忙，而且一场展会下来，会去很多同行的展位，索要很多样品，展会后也会收到很多同行的邮件，因此一般不会主动联系。这时候应该主动出击，提供完整的资料和价格给客户，然后跟进，赢得客户的信任。与客户的联系可以通过打电话、发传真、邮寄反馈表以及发邮件等方式来进行。

(一) 联系客户的邮件

确定了不同客户的类型及其相关的跟进措施后,要和客户联络,最常见的方式就是发邮件。

(1) 对重点客户要重点联系,先联系重点客户,分清主次。对重点客户一定要非常主动。例如,如果客户要说明书,可以连设计稿和文字一起都给他参考;如果客户需要彩盒,不仅给他图片,还可以将准确尺寸的刀模图,甚至别的客户的彩盒也一并给他参考。在获得允许的情况下,可以和展会上遇到的那些有意向客户合影留念,展后发送第一封邮件的时候附在其中,以引起客户的注意。

(2) 给每位客户发邮件,首次邮件不用附件,不群发邮件,给予特别优惠以鼓励进一步行动,建议电话跟进。

(3) 邮件中的联系方式正确齐全,有专业的产品名称,能链接公司网址,但不要长篇阔论介绍公司。另外,还要增加一些个性化信息,如邮件中体现出此次展会的内容,包括洽谈纪要、产品介绍及推荐等;邮件要有明确的主题。如果没有主题,或者是类似与 need cooperation 这样的主题,都不会引起客户的注意。

(4) 邮件不要过长,回答、追踪相关问题要直奔主题,寄出邮件时要求回执。客户的时间很宝贵,一般看完一封邮件的时间不会超过 5 秒,特别是以英语为母语的客户。

(5) 要避免无差异化、无个性化的邮件,如只介绍公司和产品,无原则承诺,随便报价,频繁发同类邮件,问一些毫无意义的话。

(6) 如果确认客户方便可电话追踪,寄送日常公司信息,邀请未来商展。

外贸业务心得   参展培训技巧

对展后如何进行有效的邮件跟进,环球资源对买家进行了专访。买家之一叫 David Dayton,他在亚太地区有 6 年的进出口贸易经验,其公司总部位于深圳,在亚洲拥有超过 300 个供应商。买家之二是 Mike Bellamy,他在亚太地区有 10 年的进出口贸易经验,其公司总部位于深圳,在亚洲拥有超过 150 个供应商(其中 95% 位于中国大陆)。

问:您希望收到怎样的展后跟进邮件?

David:不要发一些公式化的邮件给我,也不要发那些很标准化的回复邮件,如"亲爱的先生/女士,非常感谢您参观了我们的展位,我们从展后上得到您的名片,希望能再次见到您"。这类的邮件我收到太多太多,但这并不是我想要的。我真正希望收到的邮件应该像这样:"你好,大卫。我们还记得你。我们曾经在展会中有过一些深入的交谈,知道您正在寻找这些产品(产品名)。就您提出的要求,我们能做到以下几点(列出细节)。希望能再次与您沟通,以便对您的需求有更深入的了解……"这样的邮件就比较有个性化,而且内容针对我的需求。

Mike:我觉得基本上参展商都会在展后跟进。他们对收集名片都很在行,但有时候他们跟进的次数太过频繁了。而我其实更倾向于主动联系那些我愿意与之合作的参展商,然后双方再做进一步的沟通。每次展后结束后,我总会收到大量来自参展商的邮件,但是我通常只会留意那些开篇就清晰提及我们曾在展会中有过某些沟通邮件,其他的基本上都会被当作垃圾邮件删除掉。

资料来源:http://wenku.baidu.com/view/b8d435f7ba0d4a7302763a3e.html

(二) 回复邮件的技巧

邮件发出去以后,陆续会收到一些回复。对这些回复要认真阅读,以便掌握客户的真实的想法,针对客户的回信内容及时复信。

如果客户需要某产品的报价,那就专门为客户制作报价单。一份好的报价单不仅要有合适的价格,还要有良好的格式制作。

1. 回复邮件时的合理报价

在报价前做好充分准备,如在报价中选择恰当的价格术语,利用好合同中的付款方式、交货期、装运条款、保险条款等要素与买家进行讨价还价;另外,凭借自己公司的综合优势,在报价中掌握主动,做到有的放矢。首先,要认真分析客户的购买意愿,了解他们的真正需求,有些客户会将价格作为最重要的因素,如果一开始就报给他很接近底线的价格,那么赢得订单的可能性就会比较大;而有的客户会有还价的习惯,总觉得报价中含有水分,无论报多低的价格,他总要砍价,这时候要分清他的购买意愿和意图,然后决定是给他报虚盘还是实盘。其次,要做好市场调研,了解市场的最新动态。外贸业务员要在关心成本和价格的同时,关注同行的成本与价格,做到知己知彼。比如,经常去一些工厂搜集信息,了解一些厂家的售价情况。另外,还要了解这个行业的发展和价格变化历史,从而对近期的走势做出合理的分析和预测。由于市场信息透明度高,市场价格变化更加迅速,因此出口商必须依据最新的行情报出价格——随行就市,才有成交的可能。

2. 报价单的制作

必须根据报价及相关的事项制作一份完整的报价表。这对新客户尤其重要。

在报价单的名字上,很多人只是简单地将报价单命名为"报价单",其实这是比较肤浅和不负责任的做法。客户会认为这只是一个普通的发盘,所以价格也不足为信。比较好的作法是在给报价单命名时,用"报价单+客户名字+日期",如Quotation-Microsoft-18-7-2006。客户会认为这是专门为他做的订价单,对里面的价格也会认真对待,也方便其快捷地找到这份报价单。

报价单的内容和格式也十分重要,在报价单中要体现的内容有价格术语、产品尺寸、清晰的产品图片、包装明细、内盒/外箱的尺寸、装柜量、品名、货号、颜色、材质、价格有效期、付款条件、备注(如电子产品要指明产品的配置)等。常见的做法是:报价单顶端左侧为公司的图标,右侧为公司名称及联系方式;报价单中间列明产品名称、图片、单价、特征、规格及包装方式等;底端为一些条款。

(三) 再次跟进

如果客户对产品及价格比较满意,则要诱导他订购,如询问订购的数量、时间、交易条件等,引导客户进入正题。

展会后邮件追踪最常见的问题是发出邮件后客户没反应。很多客人询过价格,寄过样品后就杳无音讯了。对于这种情况,建议邮件和电话结合使用,了解客户真正的意图,看看是否可以采取其他措施。现在SKYPE等是最好的沟通方法。对某些情况不紧急的客户,耐心等待些时间,隔几天再发邮件。为了更好地吸引目标客户,邮件主题很重要,标题要简略、醒目,使用"展览会名称+产品名称"就是不二之选。在邮件发出去后,须耐心等待。如果担心频繁发邮件会引起客户的反感,不妨在接下来的第三封邮件加上一条:如果贵公司不希望收到此封邮件,请回复说明。有些客户在展会后并不马上回去,阶段性电话结合邮件追踪十分必要。此时,打电话跟踪往往更有效果。不管客户是否合作,都要问清楚原因,这样就可以及时调整应对策略,策略调整到位才能促成成交。抓住客户不是短时间内做得到的,可以重新介绍,把展会上与客人的记录发给他,然后针对其需求推荐自己公司产品。

外贸业务心得　善于运用联络技巧

展会结束,企业收集从展会上获得的信息后,企业要评估好参展信息,并依照实际情况对营销计划进行一定的必要调整,跟踪所有在展会上获得的销售线索,这样能衡量最终在销售方面的成功和总体结果。这能帮助企业证明对展会投资的合理性,比较不同展会的参展效果。此后,参展团队的工作便全面进入后续跟进营销阶段,而面临的第一个问题,也是最大问题,就是如何和展会上遇到的那些客户重新建立起有效联系。前美国国际展览管理协会主席、现华盛顿大学教授 Bob Dealmaker 的看法是,与客户建立联系不但需要投入精力,更需要掌握技巧。比如,个性化的电邮是一个非常有效的促进因素。但是,营销人员应该试着发三轮邮件。因为研究证实,每一轮新的邮件都可增加回复率:一轮邮件可得到25%的参观者回复,两轮可产生50%的回复率,三轮可将回复率增至75%。此外,随着发出的每一轮邮件,买家对企业参展的感知也有提升。

而与邮件相辅地寄去一些具有特色创意的物件和赠送品也是十分有效的方法。选择一个独一无二的物件,如果可能的话,应该是一个有纪念意义并且是环保的。可以采用这种方式:将特色物品的一半寄给那些参观者,让他们再次来访或者我方前去拜访时获得另一半。

另外,他还提醒参展企业应注意让员工在展会期间获得合理休息,研究证实人在展台上的最佳工作状态最多只有4～6个小时。之后,从生理到心理都将开始疲惫。因此,应该把员工在展台服务的连续时间控制在4小时以下,以避免影响工作效率。

经验老到的参展商还建议,在获得允许的情况下,可以和展会上遇到的那些有意向客户合影留念,展后发送第一封邮件的时候附在其中,以引起客户的注意。总之,一切都为了给对方留下一个好印象,以便后面的接洽更加顺利。

资料来源:http://blog.china.alibaba.com/article/i13228799.html,2010/05/19。

四、参展人员对参展效益的评估和报告

展会结束后应立即进行效果评估,以便不断自我改进。参展商越清楚了解自身在展会上的表现,越有助于今后的工作改进。

评估时通常考虑的问题如下。

(1)展位位置是否方便客户找到,是否接近人潮流量高的地方,是否靠近出口处,是否避免了柱子、头顶上的管道、会议室、灰暗区域。

(2)展位尺寸是否考虑了展品数量、预期买家数量、参展人员数量等因素。

(3)展位设计是否有明确的产品/服务诉求点,是否有方便进出的路径,展品陈列品是否方便接近,是否容易获取宣传资料,是否具备了会谈、咨询、展示功能。

(4)推广广告配合,宣传标志是否专业、设计清晰、独特,有无精练的语句、方便阅读的大号字体和统一的公司形象。

(5)展前展中推广的效果是否具有成本效益,展会礼品、展前推广进行得如何,个人邀请函、广告(贸易出版物、当地媒体)、直邮广告、电话推广等是否有效。

(6)展会浏览统计分析是否根据主办机构提供的参观者数据,分析了展会的专业客户数量和质量,以及来自己展位的买家数量和质量。

在评估参展效益之后,应分析、总结成功经验及失败原因,以便将来提高。如果未能达到预期目标,应分析是展会主办机构的原因,如观众数量、质量不理想、管理不力等,还是自己的原因;仔细检讨参展活动的各个方面包括计划、预算、展台设计、宣传及员工表现以及是否还会参加该展会;是扩大展位还是缩小展位;是在原地还是有新的建议;展品是否需要调整等。

在此基础上撰写展后总结报告。展会后必须以报告形式向管理层汇报上述评估结果,结合目标实现状况提出未预期到的情况、改进措施、未来挑战等。良好的总结报告能为下一次参展活动积累宝贵经验,因此务必认真总结和回顾。

本节单项业务操作练习

1. 选择某一个熟悉的产品,设计一封量身定制的展会跟进邮件,与正式客户确认购买兴趣和具体需求。

2. 作为参展供应商,针对展会现场签约的客户,应该采取哪些跟进策略呢?

第二节　网上询价客户的跟进

询价（enquiry）又称询盘，是指买方为了购买或卖方为了销售货物而向对方提出有关交易条件的询问。其内容可以是只询问价格，也可以询问其他一项或几项交易条件，甚至要求对方向自己做出发盘。但是，询盘对于询盘人和被询盘人均没有法律上的约束力。询盘往往只是一笔交易的起点，因此作为被询盘的一方，应该对接到的询盘给予重视，及时和适当地予以处理。

询盘不等于订单，很多询盘最后都是不了了之。一个外贸业务员通常每天都会收到很多不同情况的询盘，有直接问价的，有直接发送样品的，有来自欧洲的，有来自美洲的……那么，要使这些询盘转化成为订单，就需要对网上询价的客户进行持续、有效的跟进。对网上询价客户的跟进，首先要求外贸业务员能对询盘的类型进行分析和判断，看它们是不是有跟进的价值；其次要求外贸业务员针对有潜力的询盘进行迅速、专业的回复；最后还要对询盘进行持续的跟进，以落实各项交易条件，直至拿到订单。

一、分析、判断询盘类型

（一）询盘的类型

通过外贸平台发送的询盘，通常可分为寻找卖家型、准备入市型、信息收集型、索要样品型、窃取情报型和毫无相关型。

1. 寻找卖家型

寻找卖家型的询盘通常信息比较全面，询问专业，问题详尽。此类询盘通常会有公司名称、地址、电话、传真、联系人，有具体的品名、型号、需求量或最少订购量、交货条款等，而且通常会非常明确说明对哪款产品感兴趣，或者同时会索取产品报价、图片、特征或功能以及外包装尺寸、毛重和海运费等；有些会问是否有认证。

案例 5.1　Want Buy Pressure Sprayers

Dear Scott,

　　We are interested in your product of backpack sprayers in a quantity of a 20ft container. Please send us details of your product specifications and price terms for shipment to the port of Bandarabbas FOB.

We looking forward to hearing from you soon.

Sincerely, Pashazadeh.

2. 准备入市型

对于准备入市型的询盘,询盘人可能已经准备做生意,他有一定的经营经验,对产品感兴趣,但还有许多具体问题须解决。询盘人一般对产品不是特别的了解,可以询问其市场定位,然后推荐合适的产品。

案例5.2 **Business relationship**

Dear Amy,

We are Import/Export Company dealing in sales of Medical and Surgical Equipment exclusively in WEST – AFRICA Countries (TOGO, BURKINA – FASO, MALI, etc.).

We are very interested in your products. We began the studies for the information concerning the conditions of marketing of your products.

To start the marketing, we will appreciate to receive the general price list for the products by E-mail: edimamel@club-interest.fr or edimamel@free.fr or by fax:33 1 69 90 30 43 attention Mr EDORH J.

Looking forward to your esteemed co-operation and thanking you in anticipation.

BEST RGDS

Mr. EDORH J., G. Manager.

3. 信息收集型

对于信息收集型询盘,其询盘人有可能是技术人员,往往正要开发或仿造相同或相似的产品,需要了解市场、了解产品、得到更多的同行信息;还有可能已经有固定的供应商了,但是需要寻找替补或者了解行情来判断原供应商价格等是否合理。这类客户通常是潜在的买家。

4. 索要样品型

对于索要样品型的询盘,其询盘人有可能纯粹是为了索要免费样品,对价格、质量等并不关心。当得知要收取样品费或者快递费,对方就会放弃。当然,也有询盘人确实要购买样品,但是由于付款麻烦或者手续费太高而不愿购买,这时利用 PAYPAL 账户比较方便。

5. 窃取情报型

对于窃取情报型询盘,其发盘人往往非常专业,对产品的各项指标都非常清楚。他利用互联网的特点,装扮成外国客户来刺探价格、交易条款等信息,从而制定出更有竞争的策略。

6. 毫不相关型

毫不相关型询盘通常没有称谓,也没有提到产品名称。对于这种类型的询盘,可以直接过滤掉,不予理睬。

(二)对询盘类型的判断

对询盘的分析判断主要从以下三个方面来进行。

1. 询盘的内容

判断客户有没有实单、订单大小、需求缓急,可以通过询盘的内容或一两次的沟通看出来。主要从六个方面来看。

(1)邮件标题 邮件标题不仅可以体现买家的仔细和礼貌,也可看出是群发的还是单独发的询盘。例如,如果对方是称呼姓名而不是 Dear Sir/Madam,则说明对方是在对卖方公司有了一定的了解后而发出的一对一询盘。

(2)产品名称 要看对产品的描述是否清晰完整。对于询价产品通常需要了解产品名称、产品规格,包括尺码、材料类型、材料克重、颜色等,产品的包装要求,有无 LOGO 印刷。如果询盘中提到了上述方面的具体细节,说明很有诚意。

(3)订单数量 如果客户问到每次可以订购的数量,以及一段时间内总的订量、价格,一般来说,这个客户的开始订单量不大,但有明确需要了。

(4)产品认证 客人对产品认证很关心,问有无安全标准或环保标准的要求,或者问有没通过他提出的认证,说明客户可能走超市或其他渠道,订单量应该不错。

(5)关键部件或功能 说明客户有明确的需求,只是在物色一个好的供应商。

(6)交货时间 如果客户明确问到交货时间、付款方式,也可看出是有实单在手的,而且可能有点急。

2. 客户的联系方式

(1)公司名称 如果想进一步确定某公司,可以在网上查,如果网上查不到,说明该公司可能刚起步,也可能不太注重电子商务。

(2) 联系电话　如果电话、传真都是一个号,说明公司小。

(3) 办公地址　公司地址写得清清楚楚,包括几栋几号,可看出这一家正规公司,试着通过 Google 地图查一下,可看出公司大小。

(4) 网站信息　一般来说,正规公司会用企业邮箱,可以通过企业邮箱或网址了解客户,查看其经营范围。可初步判断出客户的公司实力、产品范围、销售渠道等。

3. 询盘 IP 地址

一般从阿里巴巴网站上收到的询盘,大都有 IP 地址。可以利用技术手段,通过网上的 IP 地址查询器,查证客户登录网站的发出地址。如果和公司的地址一致,基本可以说明该客户的真实性。常见的客户使用的 E-mail 服务一般是:印度为@vsnl.com、@rediff.com,意大利为@libero.it,新西兰为@xtr.co.nz,巴基斯坦为@cyber.net.pk,新加坡为@pacific.net.sg,南非为@webmail.co.za,等等。在 google 中搜索电邮,无结果时搜前缀,查看每条搜索结果。利用 www.whois.domaintools.com,输入客户的网址搜索,可得到许多询盘中没有的信息,如创建时间、期限、公司所有人的信息(邮箱、电话),进一步验证询盘的真伪。

还可以利用一些辅助工具进一步了解客户的信息,例如,使用关键词在 www.ask.com 中搜索,可了解客户对产品的终端需求;使用 tool.alimama.com 的"搜索引擎反向查询",输入网址后可查看到过去链接过该网站的信息等。

二、回复询盘

(一) 对询盘的回复方式

回复询盘的基本原则是迅速而专业。一般而言,对于客户的询盘,24 小时内必须给予回应。不能直接报价的,则需向客户查询所缺的信息。如果不缺信息而报价需要时间,则告知客户收到询价,会尽快回复报价。

收到一个询盘时,首先要分析客户询问产品的初衷,其想了解什么信息。如果一律进行标准性的回复,例如,先感谢询盘,然后很大篇幅介绍自己及公司实力,报上价格,最后期待合作。这样的回复,客户对产品仍将一无所知,很难勾起注意力,必须针对询盘的不同类型进行有针对性的处理。

1. 寻找卖家型

如果判断询盘是寻找卖家型或准客户类型的,一定要对此高度关注,给予及时、准确、全面和专业的答复并作有竞争力的报盘,这是达成交易的关键。最好是 24 小时内回复客户,但并不一定是马上回复,可根据时差分时间来处理。回复时要针对客户提出的问题，作出准确的回答，给人高效与专业的感觉。对这类客户报价要慎重，不宜太高，如果在报价等方面无法即时准确回答，也要说明原因。在回复中需要写明产品的价格、特点、图片、运费、交货时间等内容。图片放在附件里，其余内容最好放在正文。在回复时要体现出公司的实力与诚意，让客户感觉与这家公司合作可靠与踏实。

2. 准备入市型

这类是潜在客户，需要培育。耐心、专业的回答和恰当地跟踪，有利于不断培养他的信任，不断增强他的信心。为此，可以多对客户进行引导式提问与沟通，了解客户信息。在沟通过程中，要体现专业与耐心，作好打持久战的准备。可以对客户进行定期关怀，比如建立一个数据库，把那些没有成交的客户信息收集一下，每隔一段时间发一些促销邮件，告知现在的产品价格，是否有特价。一方面会给人留下深刻印象，另一方面用利益来驱动客户。在节假日时，发一些祝福贺卡与祝福的话，以情来打动客户。

3. 收集信息型

这类询盘人通常是十分专业的。对于这类客户还是可以抱一点希望，因为还不能完全清楚他们的意图，也许和他们交流一两次，他们就会汇来购样品款。

对于这类询盘可以建立一个回复的模板，发送时稍稍改动一下称呼，把公司网站及公司相关信息简单提供给对方，同时询问其对哪些款产品感兴趣。

4. 索要样品型

这类询盘人的目标通常是索要免费样品。可以向客户作一个简单的回复，声明寄送样品需要其付样品费和邮费。

5. 同行打探型

这类询盘人往往是竞争对手，其装扮成外国客户刺探价格、交易条款等信息，是为了制定出他们更有竞争力的策略。对此，可以不予回复或是作一些误导性回复。

6. 毫无关系型

可以直接过滤掉这些询盘。如果有时间，也可以联系看看。

（二）回复询盘的技巧

要想使回复对客户具备吸引力，需要运用一些技巧。

1. 及时、专业地回复询盘

回复询盘必须及时、有效。及时回复询盘，首先是礼节上的需要，迟到的回复总是一种失礼。重要的是，回复得越晚，给对方的印象就越不专业，客户会认为卖方对这个产品不熟悉，所以报不出价格来。再者，对方可能不只是向一家供货商询价，谁回复得快，谁就可能得到对方的好感，在选择供货商时对方就可能在心理上偏向你，机会就比别人更多些。一般客户对最早回复的信函会比较耐心地答复一些问题，甚至针对供应商的邮件会再提出一些问题。对于后面回复的供应商他们几乎只是敷衍了事，甚至不再回复。

收到客户的询盘，最好在24小时内回复。对于亚洲的客户，如港台地区、日本和韩国等，几乎没有时差，应马上回复；对于印度，需要在上午11点之前回复；对于中东国家，需要在下午1点前回复；对于欧洲客户，需要在下午3点前回复；对于美国、加拿大、墨西哥及美洲、拉美国家，需要在下午下班之前回复等。如果有的询盘比较复杂，需要时间去核算各种费用，可能无法很快报价，也应尽早给客户邮件告诉其可以什么时候回复他提出的问题，而不是置之不理；对于不能完整回复的，应把可以回复的问题先告诉客户，另外告诉一个确切的日期来回复剩余的问题。

回复询盘时也要凸显自己的专业性。回复询盘时，要显示出对产品的熟悉，不要说外行话。

2. 回复邮件的技巧

回复客户的第一封邮件是非常关键的，好比给人的第一印象。很多买家就是根据第一次回复邮件来筛选回复的对象。掌握一些回复邮件的技巧很重要，大致要注意这样四点。

（1）制造"亮点"，增加邮件的吸引力　力求标新立异，吸引客户的眼球。在回复邮件中没有什么突出的亮点，就难以在众多的邮件中给客户留下深刻印象。回复邮件一定要主题明确，如 the price list for exhaust header you are interested in，或者 Best price — exhaust header for 等。如果有些认证有含金量，出口公司有而别人很少有的，可以将认证简称写在标题后面。可以设置独特的签名档，把公司的地址、电话、MSN、网站、邮箱、公司标志做一个签名档，给客户留下与众不同的印象。在介绍公司时，可以把公司规模、参展情况、知名客户、研发能力、认证情况"亮"出来。可以根据不同国家、不同身份客户对价格敏感度的不同，在报价时具体情况具体对待，根据订单量、交货时间、季节不同、贸易术语给出个性化的报价，当然也要留有余地。介绍产品的方式要多样，比如作图说明、照片说明等。图片一定要清晰，而且多几个不同方位的，但要注意图片容量大小，方便客户浏览与接收。切忌每次直接回复，不改主题。

（2）了解自己的产品，回复时体现专业性和针对性　在回复询盘之前，一定要对自己产品的特点和优势十分了解，容易挑选出合适的客户群，并对他们的询盘进行有针对性的回复。新客户愿意接触新的供应商有以下四方面考虑，要么是因为产品是新开发的,客户需要增加这样的新产品,产品本身对客户很有吸引力;要么是客户对原来的供应商不满意,而你正好有同类产品可提供;要么是客户对产品的需求量增加,原来的供应商无法满足客户对量的需求,客户本身需要寻求新的供应商;要么是产品正好是客户在进口的,而你的质量相同或更好,价格上具有明显的竞争优势。

(3) 注意邮件的格式,有礼貌地与客户交流 邮件的格式要简单、规范,并具有较强的条理。要有简单的问候和自我介绍。版面整洁,将邮件的字体、字号(10～12磅比较好)都设置好,不要一会大字一会小字,也不要花花绿绿的,特别是不要全篇都是大写字母,会增加阅读的难度,让人反感。需要特别提醒客户注意的地方,可以用大写、加粗、特殊颜色等突出显示。邮件要主题明确,有条理,用1、2、3、4等标出会层次感分明,利于阅读。

邮件中语气不要太生硬,要学会用一些祈使句委婉表达。另外,在称呼上也要注意。对于满足不了的客户需求,不要一口气回绝,也不要避而不谈,而应该委婉表达,或给客户一个所以不能满足的解释。

(4) 合理报价 收到客户的报价要求后,不要马上按照要求发报价单或目录,立即回复一封反询问信函,表示已收到对方来信。有关产品、款式、材质、数量等需求都可以问,甚至问市场及公司的性质,告诉客户,这有助于向其推荐产品。

对有反馈的客户,可以设定梯度报价,例如,设定最低订货量,分别给出最低订货量、散货以及整个集装箱的价格,对单次合作和全年合作也给出不同的价格。

报价要以书面形式给出,内容务必完整、准确。报价单通常包括产品描述、主要规格、包装方式、最低订货量价格、价格条款、付款方式等。如果是常规产品,还应该附上参考图片。如果客户只是询问公司众多产品中的一款或两款等少数产品时,报价可以直接放在邮件正本,让客户一目了然。

报价要斟酌,不要留下太大的压价余地,否则会让买家产生怀疑。报价恰如其分,不能过低,也不能过高。因为客户往往会按照报价来判断供应商诚实性,并同时判断对产品的熟悉程度;如果一个非常简单普通的产品却报一个远离市场的价位,这说明诚实不够,或根本不懂这一行。报价单上最好注明产品的材料,以免产生不必要的矛盾。为了防止因汇率浮动或原材料上涨、劳动力工资涨幅等带来的成本增加,应在报价单上注明报价的有效期。

欧美、日本等大多数国家产品档次要求相对较高,只要产品的质量好,达到他们的满意,则很少会讨价还价。即便讨价还价,降价的幅度要小,否则客户也会怀疑质量问题。东南亚、中南美、中东以及非洲的大多数客户在产品档次上要求相对低些,并喜欢讨价还价。

报价发出后,原则上要求至少追踪两次。第一次在报价后第三天,以确认客户收到报价,以及是否有反馈信息。第二次应在发出报价后第 10 天,即第一次追踪后的一周,进一步查询客户是否有反馈。如果两次追踪客户都有回复,则应继续跟踪,直至客户有明确结果。如果两次追踪均无回复,则可终止追踪。

三、跟进询盘

对于目标性较强,真实有效性较高的询盘,需重点跟进。客户每天都会收到很多邀约,如果不恰当跟进,客户很有可能会忽略。有时候外贸业务员已经根据买家询盘内容做出了具体回复,并同时报了价格,但仍然要继续跟进,才能最终把询盘转化为实实在在的订单。跟进过程中,更重要的是细细了解各种可能的原因,积极采取相应措施,激发、把握买家购买意图,达成合作。

外贸业务心得 跟进客户函电写作范文

公司名称:Shijiazhuang XieDe Chemical Co., Ltd

公司地址:Eastmansion DongGangRoad, RanGu Street Shijiazhuang, China

三天后:

Hope you are fine, my friend. It is regret that I haven't received any information from you. May I have your idea about our offer? We will try to satisfy you upon receipt of your reply. As we don't want to lost a good customer like you! If there is anything we can do for you, we shall be pleased to do so. Hope we could build good cooperation relationship with you.

一周后:如果还没有回信,再问客户不回信的真实原因(一般情况,70%的客人会告诉原因)。

Glad to contact you again! Sorry that we still don't receive any information from you. I would appreciate for your any comment about our offer, including price, quality, and service. No matter if it is positive answer, it is great help for us to meet your requirement. Waiting for your favorable reply soon!

一个月后：之后可以尝试新产品的报价，刺激客户的神经常是这样写的。

Good day! My quotation of PE $1,300/MT frame you might have received and considerate. Could you kindly advise your comments at your earlier convenience? If the products cannot satisfy you, please advise me your details requirement, I will re-offer ASAP.

询问情况：对不同的客户，变换着写邮件，不要缠得太紧，约十来天发一封邮件。

Dear, wish you have a nice day! May I ask whether you have received my quotation? Now I am sending it again, if you have any other ideas. Please feel free to contact me. We will do much better if you can give any advices to us. I am waiting for your reply ASAP.

收到客户在对公司某个产品价格询盘后，及时给予报价，但是报价后就一直没有客户的反应。有以下三个解决方法。

回复A：直接去函敦促。

Dear Hugo Chu, Wish everything well with you and your esteemed company! We are in receipt of your letter dated Aug 10, and as requested was expressed you 3 catalogues for our refrigeration goods. We hope they will reach you in due course and will help you in making your selection. Wish we will promote business as well as friendship!

回复B：先写邮件问清情况。简单询问，如 Have you received my P/I, Is there any questions or problems with you? 再问何时开 L/C 或汇订金过来……如客户没回复，应该打电话问清情况。

Now I am writing for reminding you about our offer for item of ＊＊＊＊ dated ＊＊ ＊＊ ＊＊ according to your relative inquiry. Have you got (or checked) the prices or not? (You can add some words to introduce your advantage of your product or something else to attract the customer). I will appreciate your reply. Looking forward to your prompt response.

回复C：如果仍然没有回音的话，可以在一两个月后再写一封信。

Now I am writing for keeping in touch with you for further business. I will try my best to satisfy you well with competitive prices as per your request.

> By the way, how about your order (or business) with item ＊＊＊? If still pending I would like to offer our latest prices to promote an opportunity to cooperate with each other.
>
> 资料来源:《跟进客户函电写作范文——世贸人才网》世贸大学;http://class. wtojob. com 整理。

(一) 持续、有效的询盘跟进

如果已经根据询盘内容做出了具体回复,并报了价格,但买家没有再回邮件,可发以下邮件提醒。

Several days no news from you and sincerely may all go well. Now I am writing for reminding you about our offer for ×××(品名) dated on ××× as reply to your inquiry from Alibaba. com.

Looking forward to your prompt response.

最好把第一次发给客户的邮件内容和客户最初的询盘附在邮件下方以提醒买家,也可以直接转发第一封回复邮件。

如果过一段时间,买家还是没有回复邮件,建议再发类似邮件追踪:

Dear Sir/ Madam,

How are you? Hope everything is ok.

Now I am emailing you to keep in touch for further business. If any new inquiry, you're welcome to reach us here and I will try my best to satisfy you well with competitive prices as requested.

By the way, how about your order (or business) with item XXX? If still pending, I would like to offer our latest price to promote an opportunity to cooperate with each other.

如果连续三封邮件发出去之后买家仍然无动于衷,基本证明买家可能对产品、价格不感兴趣或者由于其他原因暂时不需要产品,可暂时搁置。

(二) 对几种常见的买家回复的跟进措施

针对不同的买家回复,采取不同的跟进措施。

(1) 客户收到跟进邮件后,如果暂时对提供的产品无需求,一般都会说以后联系。这说明以后还有机会,一定要耐心等待。邮件的一般格式如下。

Dear,

I'm doing fine, thanks for your information.

I'm still in the planning of building my new office, due to the work constrain I decided to delay it first.

Anyway I will contact you once I decided.

Thanks!

(2) 收邮件的人不是公司决策者,仍可与客户保持联系。邮件的一般格式如下。

Dear,

Thank you!

I received your email and I sent it to our outsourcing manager. He didn't tell me anything just now.

I will contact you soon once got any news.

(3) 说明不及时回复邮件的原因。对于这类客户,可以发新产品介绍或者新报价,保持联系。邮件的一般格式如下。

Dear,

I receive more than 10 offers every day and it will take me some times to look into each and every offers. I will contact you in the future if you are in our selection of companies.

Many thanks for your co-operation.

(4) 可能暂时不需产品,但会问其他产品或者详细咨询一些与产品相关的问题。邮件的一般格式如下。

Dear,

Sorry for delay in my reply.

I have been so busy searching through all the mails, concerning the item of XX(产品)。May I ask you, where you purchase XXX(可能是产品相关行业的其他产品或产品的材料部件)。Currently We're interested in this subject.

In the coming days, I will reply concerning some samples.

(5) 想借机刺探军情的。邮件的一般格式如下。

Dear,

Sorry for the late reply. I will get back with you later.

I am very busy at the moment. If you have US customer as reference, that would help a lot. I am not here to steal information. We use reference in US to generate trust, just like you have "connections" (friends) among Chinese.

如果公司在该地区有关系较好、规模较大的老客户,不妨介绍给客户,以显示卖方的实力。一般简单告知公司名称即可,谨慎透露对方联系方式。如果在该地区没有客户,可以多介绍一些其他国家的客户来显示公司实力,同时向买家暗示在该地区还没有合作伙伴,如果合作,将会帮助开发整个卖方市场。

(6) 讨价还价。对于这类客户,可以根据具体价格情况回复客户,或通过询问客户所在区域和订单大小来做可能范围内的让步。邮件的一般格式如下。

Dear,

Thanks for your reply, I have received your quote and I am currently looking through all of the quotations that I have received. Currently your prices aren't the best but your products are very good. If you could make your prices more competitive I am sure we would be placing an order to you soon.

(三) 外贸业务员经常面临的问题及处理技巧

这里将针对外贸业务员四种常见的共同问题来分析原因和处理技巧。

问题1:我回复了买家,为什么买家不理我?

出现这种情况有四种可能的原因。

(1) 客户并没有收到邮件 很多国内的厂家、商人用免费邮箱,甚至是数字邮箱(163.com、126.com 为后缀的邮箱)。这类邮箱地址很容易被国外邮件服务器辨别为垃圾邮箱,直接退回或者删除。最好是用公司名为后缀的邮箱和客户联络。通常是做了公司网页后,免费奉送的公司邮箱。yahoo.com 这类免费邮箱比较好,不容易被分析为垃圾邮件。

(2) 邮件有病毒 如果邮件中带有病毒客户会直接把邮件删除。定时彻底查毒,保证所发邮件不带任何病毒和木马程序。

(3) 邮件发送的时间不妥 因为和国外有时差,因而所发邮件置于客户邮箱的最底部。外贸人员一收到询盘就马上回复,没有注意到时差。这样,最早回复的邮件按照邮箱的排列顺序沉到了最底层。如果客户在上面的邮件中找到感兴趣的供应商,就不会看最底层的邮件。应了解客户当地的时差及上班时间,设定所发邮件为定时发送,按照客户的上班时间发送。

(4) 客户休假及发邮件的密度 除了及时联系外,还要了解客户所在地的法定节假日或者休息时间。有很多国家的客户很遵守作息时间,一旦休息或者放假就绝不工作。发送的邮件密度也非常重要,如果密度过高,可能被认为是骚扰或者垃圾邮箱而列入黑名单。

问题2：为什么有的买家联系几次就没有声音了？

造成这种情况的原因如下。

（1）客户不信任　应尽量提供第三方证明，比如银行资信、海关进出口经营权证书，让对方产生信任感。

（2）市场周期的原因　如果客户处于不便合作的周期，将来还是会有合作的可能的，需要尽量跟进。

（3）客户度假或出差　耐心地等待机会。

（4）客户已经在联系其他供应商，或者是邮件表达不清楚。

问题3：反馈很多，可没有我想要的大买家。

大客户都是在长期的业务往来中建立起来的。有时由于没有相对应的条件可以和大客户合作，或是由于产品没有应有的认证，被大客户拒绝。外贸业务员要明确自己的定位，不是所有的大买家都适合公司目标。另外，也要摆正心态，仅仅依赖大买家是不可取的。

问题4：和客户一直都有邮件联系，但是客户就是不下单。

如果对方是专业客户，出现这种情况很有可能是客户和其他的供应商正在合作。因此由于暂时只是客户的备用的供应商，所要想尽一切办法找到客户的直接联系方式，不能仅仅用邮件联系，要用MSN、ICQ、Skype、Yahoo通，甚至是电话。

本节单项业务操作练习

1. 根据在B2B网站上寻找到的潜在客户信息，给客户发一封函电，希望建立业务关系，并随寄产品目录。

2. 模拟给客户发一份报价函，并随附产品详细的报价单。

本 章 小 结

1. 参加贸易展会和利用互联网是寻找和获得外贸客户的重要渠道。本章对外贸客户的跟进主要介绍对参展后客户的跟进和对网上询价客户的跟进。

2. 贸易展会是最快捷有效的B2B营销方式，能够在同一时间、同一地点把某一行业中最重要的企业和买家集中到一起。利用这个贸易平台，买卖双方建立起面对面的联系。由于参展时间有限，客户通常都不会花太多时间与参展商详细洽谈，只是看看产品，然后留下参展商的联系方式，希望展会结束后根据自己感兴趣的产品与参展商联系,并让展商报价。参加完各种展会后,外贸人员应根据参展获得的相关资料,及时与客户沟通联系,以保证获得订单。要想顺利地从展会获取客户,必须在参展后对不同客户做一些针对性的跟进措施。对参展后客户的跟进措施大概可以分为展后对客户信息的收集和整理、区分不同类型的客户并进行分类跟进、有效地与客户沟通以及展后的业绩评估和总结。

3. 询盘往往只是一笔交易的起点,因此作为被询盘的一方应该对接到的询盘给予重视,及时和适当地予以处理,要对网上询价的客户进行持续、有效的跟进。对网上询价客户的跟进,首先要求外贸业务员能对询盘的类型进行分析和判断,看其是不是有跟进的价值;其次要求外贸业务员针对有潜力的询盘进行迅速、专业的回复;最后还要对询盘进行持续的跟进,以落实各项交易条件,直至拿到订单。

基 本 概 念

1. 正式客户(A)。正式客户(A)通常是老客户,也叫热门客户(Hot lead)。它们有购买预算,并且计划在未来3~6个月内有确定的购买产品意向。

2. 潜在客户(B)。潜在客户(B)是指对产品有明确的订购意向,只需进一步跟进,确定一些细节即可订货的客户。它们通常计划在未来的6~12个月内进行采购。

3. 中长期客户或无效客户(C)。中长期客户或无效客户(C)也叫无效客户,是指仅在展会留下名片,没有进行过深入交流的客户,他们参加展会只是为了将来的采购收集一些资料信息。

4. 询价(enquiry),又称询盘,是指买方为了购买或卖方为了销售货物而向对方提出有关交易条件的询问。其内容可以是只询问价格,也可以询问其他一项或几项交易条件,甚至要求对方向自己做出发盘。

本章综合操作训练

1. 客户通常可以分为几种类型?在分类跟进时各应采取什么样的措施?制作一份不同客户跟进措施表。

2. 外贸业务员在网上询价后的持续跟进中,通常会遇到哪些情况?应如何处理?

第六章

客户来访和业务跟进

- 学会客户来访的接待工作和商谈技巧
- 了解客户验厂的基本内容和常见的国际认证及其标准
- 掌握接到订单后供应商跟进的基本流程及技巧

如果外贸客户可以到出口商公司亲自谈生意,成交的机会通常会很大。在客户来访前国内出口商应做好周密的接待准备,并且注意验厂跟进的诸多细节,给国外客户留下良好印象。

第一节 客户来访准备和商谈

外贸工作者都非常重视外国客户的来访,必须了解客户来访的目的,并针对其目的做好接待工作。

一、客户来访的准备和接待

(一) 客户来访的目的

通常客户来访有以下五种目的。

(1) 人际沟通 客户往往是顺道而来,或许并没有预约。可能与周围其他的厂商有业务合作,对同在他们经营范围的产品有购买意向;也可能是已经和公司建立了很好的合作关系,来公司的目的只是加强沟通,顺带看看正在合作的订单运转情况。

(2) 考察工厂 这些客户往往是新客户,只是通过网站、展会、客户介绍等方式了解到公司并产生了强烈的合作意向,已经决定下单。但是,又对公司的生产、研发和管理能力不太了解,需要进行实地考察、访问加深了解,以确保下单后的产品质量和交货期。

(3) 项目洽谈　这种客户往往是和公司有过业务沟通,甚至是一些比较熟悉的老客户,往往带着订单、项目,目的就是讨论现有项目的合作,包括相关技术问题、价格问题、付款方式、交货期等内容的实质性讨论。这样的客户通常最受重视,接待时不仅有专业技术人员陪同,公司领导也会适时参加接待和谈判。

(4) 了解生产、验货　客户通常已经下了订单,往往会派业务员到工厂了解生产过程及产品品质,对公司的产品质量和品质做进一步确认。起初几次要特别重视,要多听他们的意见和建议。在生产后期,还需要和他们对销售后产生的问题详细交流或是商谈改进办法。如果情况良好,新项目生成的可能性极大,有时客户甚至会自带创新产品来寻求合作。

(5) 大客户看厂　一般大客户在对样品和价格确认后会提出到公司考察,并具体洽谈业务合作事项;如果是国际大买家,验厂程序更是双方长期合作必不可少的一个环节。

(二) 客户来访前的准备工作

客户来访前的准备工作主要包括三个方面。

1. 对客户作进一步的了解,就相关事务做恰当的安排

(1) 了解客户的资信状况、近期公司运作情况、分析客户公司的经营项目及产品销售情况、客户的市场情况、价格信息、客户预期谈判的内容、与我司的合作诚意、客户预期参观的地方等。

(2) 充分了解客户来访的行程安排。客户通常不会只是因为拜访一个公司而来中国。一般是同时考察几个供应商或者是展会结束来访,因此业务人员应该事先和客户沟通确认好。如果客户在考察后还要到其他中国供应商考察,应该帮助客户做好相关联系和对接工作。

(3) 确认航班、用车、住宿等信息。确认航班并且询问客户是否需要代为预定酒店,以便安排住宿。酒店住宿费用通常由客户支付,但业务人员应主动询问并协助客户预定酒店。确认迎接客户的具体地点和时间。业务人员必须根据来访客户数量提前两天向公司申请用车,以便及早安排车辆接送。

(4) 就餐准备。客户来访之前应根据客户考察的时间合理安排就餐,如果客户当日返回,中午应该宴请客户,并有部门经理参加。如果客户次日或隔日离开,午餐应从简,由业务员本人陪同客户外出或在公司餐厅就餐,晚餐则应有部门经理或公司其他领导参与宴请客户。宴请酒店地点应事先和部门经理沟通好以便

早做预定。确定菜式时一定要事先和客户确认,注意对方的饮食习惯和禁忌。

2. 了解客户的来访目的,业务员根据需要准备资料,做好谈判前的准备

(1)确定谈判参与人员　　参加谈判的人员一般包括公司的负责人或者是业务经理、业务员、技术代表等 3~5 人。客户来访前应根据客户级别相应知会部门负责人、总经理或副总经理,以确定参与谈判的人员。如果需要总裁参加,必须提前确认。在谈判前业务人员应对拟洽谈合作的产品情况进行充分了解,以便谈判现场能够迅速反应并随时回答客户的有关提问。

(2)准备谈判资料　　洽谈合作的产品情况、价格情况、技术改进情况、产品参数表、维修手册,业务人员与该客户往来的重要传真、E-mail、相关合同、报价及其他重要资料,会谈中用到的笔、会议本、相机等。重要的客户来访,业务员还通常需要制定详细的接待方案,呈送总经理、副总经理及销售部经理批准。

3. 准备好其他会谈必备用品

比如,需要准备的饮料、糖果等的需求数量,展厅或会议室的使用时间,是否需要国旗、姓名、欢迎牌、礼品及其他要求。

外贸业务心得　　接待国外客户来访

从国外来的客户,成交概率非常大,如果想在接待客户方面游刃有余,大大增加成交,必备条件如下。

(1)熟悉产品　　熟悉每一个产品的构造、特点及材料选择、卖点、价格、包装。了解营销中的市场份额、区域销量、消费人群或场所等。

(2)介绍　　熟悉公司的操作流程,从下单到出货所有的过程要能用英文介绍出来。关于自己样品、散货、整柜的付款方式、验货方式、服务方式也要能够向客户介绍。

(3)调查客户性质　　客户来之前就需要对客户进行一些评估,如是哪国人?是零售还是批发?网站是什么内容?针对哪些产品?区域市场在哪?

(4)营销　　协助客户营销,包括帮客户估卖价,共享一些针对性供求信息等。

(5)谈判　　谈判技能是练出来的,不是学习或者理论可以造就的。要多与人交流,包括多去一些市场进行买卖训练,甚至讨价还价的训练。谈判的基础是要互信互利,要保证在自己盈利基础上想办法为客户盈利。

(6) 准备　一般的准备包括色板、计算器、尺、笔记本、订书机、图册,还有针对性的报价单。记得要在客户来之前回顾一下以前的来往邮件,做好基本的准备。

(7) 心理学　包括套底线、换位思考、信任。这些也是在实践之中练习才能具备。

(8) 机遇　机遇和运气永远眷顾有准备的人,如果外贸业务员具备以上技能,机遇将随之而来。

资料来源:http://blog.163.com/melodydun@126/blog/static/8783297720086312493562/

(三) 客户来访的接待工作

1. 注意接待的基本礼仪

基本的着装礼仪,男士最好穿西装、戴领带,女士最好穿西服套裙或套裤,仪表整洁;见到客户要热情、友好、主动地上前问候,问候语要亲切、自然,举止要大方、得体;客户到达公司后,业务员引领客户到指定会议室就坐;客户接待员主动询问客户所需饮料,负责斟倒,并不定时添加饮料等。

2. 接待技巧

(1) 关心客户　应主动询问客户所需饮料,在会议室放小糖果或是在下午的时候准备小蛋糕等,让客户保持好心情。

(2) 一定要守时　有些外国客户的时间观念非常强,他们往往会认为一个会面不守时的公司和员工,交货时也很难守时。

(3) 吃饭时不要太铺张,要适可而止　外国客户一般对吃饭的要求都比较简单,只要干净卫生即可。他们甚至会认为太铺张的就餐是一种无法控制成本的表现。

(4) 翻译工作要到位　交流顺畅,理解无误是最基本的要求。一个好的英文翻译,体现的不只是英文好坏,更重要的是能让客户在语言交流上放心,对直接提升公司形象大有裨益。

二、商务谈判

完整的商务谈判一般要经过开局、磋商和缔结协议等三个阶段。谈判者应掌握每个阶段的不同内容和要求,灵活运用谈判技巧。

（一）谈判的开局阶段

谈判的开局阶段是双方谈判人员从见面入座、开始洽谈,到话题进入实质内容之前的阶段。这个阶段通过谈判,双方对于能否满足对方的需要,各自的利益、条件、目标有了一定程度的了解,做到心中有数。

谈判气氛的发展变化直接影响整个谈判的前途,良好、融洽的谈判气氛是谈判成功的保证。谈判气氛也包括通过谈判建立友好关系。这种关系的建立不是以靠某一方做出大的让步或牺牲换来的,而是建立在双方互谅互让、共同的商业机会以及潜在的共同利益的基础上,谈判的目标是"双赢"。因此,在谈判开局中应明确双方不是对手、敌手,而是朋友、合作伙伴,应该尽力营造一种友好、轻松的谈判气氛。

这一阶段的主要工作是建立洽谈气氛,交换意见,做开场陈述。谈判双方谈判的第一印象十分重要。谈判之初要以友好坦诚的态度出现在对方面前。首先应轻松地与对方握手致意,热情寒暄,表现真诚与自信,面带微笑,以示友好。自我介绍时要自然大方,不可露傲慢之意。被介绍到的人应起立或点头微笑示意,并礼貌回应。姿态动作也对把握谈判气氛起着很大作用,应两眼注视对方,目光停留于对方双眼至前额的三角区域。这样使对方感到被关注,觉得诚恳严肃。切忌双臂在胸前交叉,那样会显得傲慢无礼。询问对方要客气,多用"请"。接物时,如名片,要双手接递。介绍完毕,双方坐下之后,一般不要急于切入正题,应留下一些时间谈些非业务性的轻松话题来活跃气氛。所选话题应有一定的目的性,一般是对方感兴趣的话题,如体育比赛、文艺演出、对方的业余爱好,以及双方过去经历中的某些关系,如校友、同学、同乡等,稍作寒暄,以沟通感情,创造温和气氛。另外,谈判之初要摸清对方的底细,因此要认真听对方谈话,细心观察对方举止表情,并适当给予回应。这样既可了解对方意图,又表现出尊重与礼貌。

（二）谈判的磋商阶段

这是谈判的实质性阶段。一般情况下,当一方报价后,另一方不会无条件接受对方的报价,而会讨价还价。此时,谈判进入磋商阶段。磋商阶段是谈判双方面对面讨论、说理及论战的阶段,是实质性的协调或较量阶段。磋商阶段是谈判的关键阶段,也是谈判最困难和最紧张的阶段。

当一方听取了另一方的报价后,会对对方的报价做出适当的反应,可以向对方提出自己的交易条件,这就是还价。在还价前要准确、清晰地掌握对方的全部内容。还可以要求对方做出价格解释,以了解对方报价的真实意图,从而为报价方的还价提供条件。

当一方报价另一方还价后,由于双方在交易条件上存在分歧,需要就此进行讨论,谈判双方开始议价。议价时,双方必须对彼此存在的分歧做出判断。一般说来,谈判过程中产生的分歧大致分为三类:想象分歧、人为分歧和真正分歧。其中,想象分歧是由于一方没有很好地理解对方的要求或立场,或者是不相信对方的陈述准确地反映了对方的要求而造成的,经过有效沟通后即能解决;人为分歧是由于一方为了种种目的有意设置关卡而造成的,这需要多用一点时间磋商;真正分歧是由于双方利益要求存在差别等多种原因造成的,所以解决的办法也有多种选择。如果发现双方存在着很大的真正分歧,谈判者有三种选择:终止谈判、全面谈判、继续磋商。如果双方选择了继续磋商,以双方的互相让步达成协议,则谈判进入让步阶段。

谈判中双方所做的每一次让步,都是在探测对方可能成交的范围。有经验的谈判人员总是能掌握住让步的条件、时机、原则,以灵活的让步方法,微小的让步幅度,换取对方较大的让步;相反,有些谈判人员即使做出较大的让步,也不能令对方满意。因此,谈判中的让步是每个谈判人员必须面对的棘手的问题。

在谈判过程中难免会遇到双方激烈争论、相持不下的境况。要灵活处理,可以暂时转移话题,或中场休息,以使气氛松弛下来,或运用幽默的语言打破僵局,松缓气氛。

谈判双方事先要准备好有关问题,选择气氛和谐时提出,态度要开诚布公。对方回答时,应认真倾听,不能随便打断对方的话,提问得到回答后应向对方表示感谢,始终彬彬有礼。谈判的语言能充分反映和体现一个人的能力、修养和素质。因此,谈判用语既要准确明白,又要文雅中听,也要避免出现引起误解的语汇和体态语。在讨价还价时很容易因情急而失礼,所以此时更要注意保持风度,心平气和,发言措词应文明礼貌,论证要有力,条理要清晰,表达要严密、简洁。

在各自预期的设想得到满意时,达成协议,谈判也就结束了。这时应该换一些轻松的话题,或者说明接下来所安排的活动,甚至还可以对自己在谈判中的一些失误表达歉意。当然,如果生意不成,也还是朋友,彼此仍应该以礼相待。这样也是一种沟通,也是一个好的结果。

(三) 谈判的签约阶段

签约仪式前,应组织专业人员做好各种文本的准备工作。双方参加谈判的全体人员都应出席。如果缺席,应得到对方的同意。双方共同进入会场。相互握手致意,分立在各自方代表签约人外侧,其余人排列在各自代表身后。应设有助签人员,协助签约人。双方代表先在己方文本上签字,然后由助签人员交换,再在对方文本上签字。签字完毕后双方代表应同时起立,交换文本,并握手,祝贺合作成功。其他随行人员则应报以热烈的掌声,可以安排香槟酒添加喜悦和祝贺气氛。

签字仪式结束,应让双方最高领导及宾客先退场。

外贸业务心得 外贸谈判案例

任何谈判都要注意实效,要在有限的时间内解决各自的问题,有些谈判者口若悬河、妙语连珠,总能在谈判的过程中以绝对优势压倒对方,但谈判结束后却发现并没有得到多少,交易结果令人失望,与谈判中气势如虹的表现不相匹配。可见在谈判中多说无益。

如果你是卖方,相信经常会遇到难以应对的对手。他们对产品报价不置可否,而且还强调和目前的供应商的愉快合作,根本没有调换的可能。倘若你意志不坚定相信他们的鬼话,就会彻底丢掉这笔生意。

任何一个买家都不会轻易地丢掉一笔好交易,之所以拒绝你,是因为他们在试图了解你的底牌,所以无论出现何种情况,都应再坚持一下。就在你即将放弃的前一秒钟,通常他们会问:"你的最低价格是多少?"狐狸尾巴终于露出来了,在这之前复杂的铺垫就是为了这句话。

这时候你会怎么办?把低价报给他们?决不!当他们听到最低报价会不会善罢甘休?当然不会!他们继续会以不合作的态度逼你,即使双方未能达成交易,他们也是赢家,因为买家已经掌握了你的最低底线,无论是下一次与你谈判还是和其他公司交易,他们都优势在手,主动权在握。

你最好的回应就是请他们出一个合适的价格,刺探买家的底牌,当然他们不会如此直率。对这些谈判高手简直就是班门弄斧。买家对于自己的底牌会守口如瓶,有打死也不说的崇高信念,同时他们还会迫使你说出具体的数字。坚持到底,看看谁更有耐心,我会再重复一遍之前的话:"还是你们出个更合适的价吧?"然后,采取沉默的策略。百分之百的沉默,一个字也不说!

这是一个最艰难的时刻,尤其是对一位性格外向的人来说简直就是煎熬,如果谈判室里有钟表那就更加恐怖了,那种有节奏的嘀嗒声好像是生命的倒计时,又如同西部牛仔生死决斗前的丧钟,屋里一片沉寂,能听到的只有双方急促的呼吸声……时间在一分一秒地逝去,你第一次感觉时间是这般的难熬,看看对方的表情,他也是一样的紧张,虽然还是面带微笑地看着你,但他的笑容已经在慢慢地僵硬,他的眼神逐渐空洞无神,他在等待你的崩溃,你会吗?

一般情况下,先开口的一方就是让步的一方,甚至连说辞都极为相似:"好吧,我再让步5%,这是最后的让步,如果你不同意,那么现在就终止谈判。"就是这么简单,看似没有结果的交易突然峰回路转、柳暗花明。当然,希望先开口的人不是你,宁可咬破嘴唇了也不能开口。这不是与生俱来的超能力,沉默也需要训练。

沉默不仅能够迫使对方让步,还能最大限度掩饰自己的底牌。你没弄清对方的意图前不要轻易地表态。在正常的谈判中,对于同一个问题一般总会有两种解决方案,即你的方案和对方的方案,你的方案是已知的,如果你不清楚对方的方案,则在提出本方的报价后务必要设法了解到对方的方案再作出进一步的行动。

在任何谈判中都包含有四方面的信息。其中,有两种是你知道的——你的报价和底价,而对方的底价是很难了解的,所以只有找到第三种信息才能占据谈判优势,即对方的开价。事实上,对方会极力隐藏自己的开价,谁也不愿意束手就擒。

就像一本畅销的推理小说,线索环环相扣,情节扑朔迷离,阅读前五章时你会一头雾水,在千头万绪的环节前一筹莫展,在故事逐渐推进的同时,一个小环节使你突然茅塞顿开,随后就是顺藤摸瓜,找到故事的答案。所有的玄机都在这个小环节上,所有的推理小说都是由小问题引出大阴谋,而不是相反,谈判也是同样的道理。

资料来源:http://www.lawtime.cn/info/baoguanshangjian/baoguanyuanxuexi/20110 7225165.html

三、客户验厂

客户验厂又称为社会责任审核、社会责任稽核、社会责任工厂评估等,主要分为企业社会责任标准认证和客户方标准审核,内容包括童工、强迫劳动、歧视、自由结社、工时、工资福利、环境、健康、安全和管理评审。

(一) 客户验厂的内容

客户验厂的种类一般包括人权验厂、反恐验厂和品质验厂等三种情况。客户验厂的重点内容主要有以下八个方面。

（1）公司的合法性　客户通过对公司营业执照、税收登记证、消防走火图等文件数据的查看证实该公司合法及安全性。

（2）童工和未成年工　客户绝对禁止公司雇用未满16周岁的童工，能接受雇用16周岁以上18周岁以下的未成年工，但必须有政府部门的批文以及有实际行动确保未成年工的身心健康。

（3）歧视　客户不允许公司在录用及提升员工的时候存在有性别、种族、年龄、信仰等各方面的歧视。验厂人员一般会查看所有的在职人员人事档案及最近6个月离职的人事档案及劳动合同。

（4）工作时间　公司必须按当地的法律法规确保工人的休息时间，每周至少休息一天，每周工作不可以超过60个小时。

（5）劳动报酬　平时加班及法定假日加班要按当地法律规定的薪资率支付员工的工资，并且每个月的工资不可以低于当地的最低工资标准。客户一般会查看最近3个月或12个月的员工考勤及工资发放记录。

（6）惩戒性措施　客户不接受公司对员工进行任何的罚款、打骂等措施，更不接受公司有强迫劳动的行为。

（7）健康与安全　公司要提供健康安全的工作场所以及必须的环境保护措施及相关的许可证件。对特种职业的员工要有相应的操作证件。

（8）反恐　对人员来往以及货物的流通不仅要有相应的程序，还要有相应的运作记录。对公司的实体安全，侦控管理必需要按客户的要求保存记录。

外贸业务心得　Disney 验厂面谈问卷（EIQ）

1. 基本信息（包括厂名、工人姓名、工人工号、职位、工资工时等）：
（1）你什么时候入厂的？
（2）你是如何找到这份工作的？（广告、熟人介绍、中介或经纪人）
（3）每个月通常有几天休息？
（4）每个月有几个星期六、日工作？
（5）每天正常工作时间是多少？几点上下班？
（6）上班当中有时间休息吗？每次休息有多长时间？
（7）平时每天晚上加班多长时间（从几点到几点）？

(8) 旺季每晚加班多长时间?
(9) 旺季是从几月到几月?
(10) 平时是怎么打卡的(纸卡、IC卡或没有考勤记录)?
(11) 谁负责打卡?自己还是主管或保安?
(12) 如果是主管负责打卡,你有机会确定工作时间吗?
(13) 平时是不是要打两套卡?
(14) 有没有平时上班不用打卡?
(15) 你是计件、计时还是月薪制?
(16) 平时加班费是怎么算的?
(17) 周末加班费是怎么算的?
(18) 发工资时你可以核对金额是否正确吗?
(19) 多久发一次工资?最近一次发工资是什么时候?发哪个月的?多少钱?
(20) 工厂有没有向你解释工资里面的扣除项?
(21) 你明白扣除费用吗?
(22) 工厂有没有收取工具费用或扣除诸如伙食、水电等费用?这些扣款是否合理?
(23) 有没有在工厂以外工作?有没有工资?
(24) 知道什么是有薪年假吗?
(25) 知道产假多长时间吗?
(26) 为了得到这份工作,你是否欠人才中介的钱?

2. 童工
(27) 你的出生年月?
(28) 你在这里工作多久了?
(29) 你看到过有儿童在这里或在这里帮他们的父母工作吗?

3. 强迫劳工
(30) 晚上可以不加班?
(31) 如果不加班会有处罚吗?
(32) 下班时间可以离开工厂吗?
(33) 上洗手间有没有什么规定?
(34) 工厂有没有克扣你的工资?

(35) 工厂是否保留你的身份证或其他身份证明文件?
(36) 辞工必须提前多少天通知工厂?
(37) 你觉得你按照工厂规定的时间提出离职申请,他们会同意吗?

4. 胁迫与骚扰
(38) 你是否看到其他人或你自己备受管理层的性骚扰、辱骂和殴打?

5. 歧视
(39) 你是否因为种族、宗教、年龄、国籍、社会或民族团体、性癖、性别、政治观点或残疾为理由在工资、福利、提拔、惩戒、终止或退休等方面备受低于其他同事的待遇?

6. 健康安全
(40) 你有没有参加过消防演习? 多久一次?
(41) 你有没有受过伤? 如果发生意外事故受伤,工厂如何处理?
(42) 知道怎样使用灭火器吗?
(43) 有没有干净的水饮用?
(44) 有洗手间供使用吗?
(45) 车间的通风好吗?
(46) 你能看懂疏散标志吗?
(47) 在上班时间,紧急出口有没有上锁?
(48) 晚上宿舍的门上锁吗?
(49) 宿舍可以煮饭吗?
(50) 在工作中如果需要使用化学品,工厂有没有提供如何使用的培训?
(51) 在工作时工厂有没有提供个人防护用品(譬如耳塞、口罩、手套等)?

7. 监测与守法
(52) 你有没有看到过迪士尼公司的生产守则?

8. 其他法律
(53) 你有没有接受过怀孕测试? 如果有,什么时候进行? 是受聘之前或在工作之后? 所有的女性工人均要接受该测试? 如果结果是阳性,会有什么结果?
(54) 有没有接受过身体检查? 检查了什么?
(55) 工厂有没有要求你服用药物? 如果有,你知道是什么吗?
(56) 你加入工会吗? 如果是工会会员,会费由谁支付?

(57) 你知道有没有其他同事加入工会?

(58) 如果你加入工会,你觉得工厂还会继续聘用你吗?

9. 其他

(59) 你觉得这家工厂怎么样?

(60) 你对工厂有没有什么意见?

资料来源:http://www.sa8000cn.com/disney/2012/09/04/DisneyYanChangMianTanWenJuan/

验厂完毕后需要出具验厂报告。验厂报告是根据国外客户的要求填制的。它一般是由第三方公证行出具的关于企业社会责任(CSR)的报告,主要关注劳工权益、环保、健康、安全等问题。欧美国家的验厂报告比较复杂,主要包括公司基本情况、公司保障人权、遵守法律的状况、工作场所的安全防范与卫生健康、环境保护、生产计划与控制、设备与维护、品质管理计划与控制等7大部分120项细则的内容。如果没有特别要求,一般的验厂报告可以很简单,只要说明相关内容就行了。

(二) 常见的国际认证及其标准

认证主要分为质量体系认证和产品认证。这里介绍三种常见的国际性认证标准。

1. ISO9000

ISO9000是由质量管理体系技术委员会(即 TC176)制定的国际标准。ISO9000是ISO发布的12 000多个标准中最畅销、最普遍的产品。质量管理体系标准,不是指一个标准,而是一种标准的统称。

ISO(国际标准化组织)和IAF(国际认可论坛)于2008年8月20日发布联合公报,一致同意平稳转换全球应用最广的质量管理体系标准,实施ISO9001:2008认证。2008标准是根据世界上170个国家大约100万个通过ISO9001认证的组织的8年实践制定的,更清晰、明确地表达了ISO9001:2008的要求,并增强与ISO14001:2004的兼容性。

ISO9000:2008族标准的核心标准包括四个:

(1) ISO9000:2005(即《质量管理体系——基础和术语》) 该标准阐述了ISO9000族标准中质量管理体系的基础知识、质量管理八项原则,并确定了相关的术语。

(2) ISO9001:2008(《质量管理体系——要求》) 该标准规定了一个组织若要推行 ISO9000,取得 ISO9000 认证,所要满足的质量管理体系要求。组织通过有效实施和推行符合 ISO9001:2000 标准的文件化的质量管理体系,包括对过程的持续改进和预防不合格,使顾客满意。

(3) ISO9004(《质量管理体系——业绩改进指南》) 该标准以八项质量管理原则为基础,帮助组织有效识别能满足客户及其相关方的需求和期望,从而改进组织业绩,协助组织获得成功。

(4) ISO19011(《质量和环境管理体系审核指南》) 该标准提供质量和(或)环境审核的基本原则、审核方案的管理、质量和(或)环境管理体系审核的实施、对质量和(或)环境管理体系审核员的资格要求等要求。

目前,ISO9000 系列管理标准已经为提供产品和服务的各行各业所接纳和认可,拥有由世界各国及社会广泛承认的质量管理体系,具有巨大的市场优越性。对企业而言,推行 ISO9000 系列管理可以获得诸多好处,例如,可以强化企业内部管理,稳定经营运作,提高企业效益;可以增强客户信心,扩大市场份额,可以消除国际贸易壁垒,获得国际市场的通行证。

2. ISO14000

ISO14000 环境管理系列标准是国际标准化组织(ISO)继 ISO9000 标准之后推出的又一个管理标准。该标准由 ISO/TC207 的环境管理技术委员会制定,有 14001 到 14100 共 100 个号,统称为 ISO14000 系列标准。

该系列标准融合了世界上许多发达国家在环境管理方面的经验,是一种完整的、操作性很强的体系标准,包括为制定、实施、实现、评审和保持环境方针所需的组织结构、策划活动、职责、惯例、程序过程和资源。其中,ISO14001 是环境管理体系标准的主干标准,它是企业建立和实施环境管理体系并通过认证的依据。ISO14000 系列标准的用户是全球商业、工业、政府、非营利性组织和其他用户,其目的是规范企业和社会团体等组织的环境行为,节省资源,减少环境污染,改善环境质量,促进经济持续、健康发展。对消除非关税贸易壁垒中的绿色壁垒,促进世界贸易具有重大作用。

该标准有六个特点。

(1) 全员参与 ISO14000 系列标准的基本思路是引导建立起环境管理的自我约束机制,从最高领导到每个职工都以主动、自觉的精神处理好与改善环境绩效有关的活动,并进行持续改进。

(2) 广泛的适用性 它在许多方面借鉴了 ISO9000 族标准的成功经验,适用于任何类型与规模的组织,并适用于各种地理、文化和社会条件,既可用于内部审核或对外的认证、注册,也可用于自我管理。

(3) 灵活性　该标准除了要求组织对遵守环境法规、坚持污染预防和持续改进做出承诺外,再无硬性规定。

(4) 兼容性　该标准中针对兼容问题有许多说明和规定。

(5) 全过程预防　预防为主是贯穿 ISO14000 系列标准的主导思想。在环境管理体系框架要求中,最重要的环节便是制定环境方针,要求组织领导在方针中必须承诺污染预防,并且还要把该承诺在环境管理体系中加以具体化和落实,体系中的许多要素都有预防功能。

(6) 持续改进原则　持续改进是 ISO14000 系列标准的灵魂。一个组织建立了自己的环境管理体系,并不能表明其环境绩效如何,只是表明这个组织决心通过实施这套标准,建立起能够不断改进的机制,通过坚持不懈地改进,实现自己的环境方针和承诺,最终达到改善环境绩效的目的。

3. SA8000

SA8000 即社会责任标准,是 Social Accountability 8000 的英文简称。它是根据国际劳工组织公约,世界人权宣言和联合国儿童权益公约制定的全球首个道德规范国际标准,于 1997 年 10 月公布。其宗旨是确保供应商所供应的产品,皆符合社会责任标准的要求。SA8000 标准适用于世界各地,任何行业,不同规模的公司。其依据与 ISO9000 质量管理体系及 ISO14000 环境管理体系一样,皆为一套可被第三方认证机构审核之国际标准。

除了上面介绍的几种国际性标准之外,目前还存在许多其他的国际性标准和地区性标准,如 TL9000(通信行业)、AS9000(航天航空)、HACCP(食品行业)、WRAP(服装行业)、BS 认证标志(英国)、UL 安全试验所(美国)、RoHS(欧盟)、GS 认证(德国),等等。

本节单项业务操作练习

1. 在对客户来访的接待中,需要做哪些准备工作?

2. 在磋商阶段,当双方因某一问题争执不下时,如何利用语言的艺术破解僵局?

第二节　接到订单后的业务跟进

在接到订单、签订贸易合同后,外贸业务员还要继续业务跟进,依据相关合同或单证对货物生产加工、装运、保险、报检、报关、结汇等部分或全部环节进行跟踪或操作,以协助贸易合同的履行。这部分工作通常由跟单员来完成。

以出口为例,下单后的业务跟进是业务员对合同履行的跟进。它以货、证、船、款为中心,包括备货、催证、改证、租船订仓、报关、报验、装船、制单以及结汇等环节。业务员的主要跟进工作包括跟进生产、催审单证、出货跟踪和制单结汇等,重要的方面主要包括供应商的跟进、物流跟进和国际结算跟进。

案例 6.1　你是跟单员,你也是老板

讲述人:华孚色纺股份有限公司华南三中心 跟单经理

2008年4月,熊经理长期服务的一位老客户带来了好消息,将其公司之前与其他公司合作的一批产品,转交华孚来做。客户指定华孚的一个色号,称这个色号的色彩,与之前和其他公司合作的此批产品色彩相近,以华孚此款色号,确定了订单内容。

订单按流程下到工厂后,生产人员发现,客户的说法有出入,这个色号与客户之前合作公司做的色彩差异比预估大,于是及时反馈给熊××。熊××又迅速将这一信息反馈了客户。客户再次对比色号后表示确实差异较大,即提出修改意见,此批产品继续交由华孚生产,但以生产专纺色来完成这批产品。这让熊经理很为难,因为公司不提倡给客户做专访色,那等于变相给别的公司做了宣传。

可是,客户的要求又很坚定,但真的没有办法了吗?

她再次与客户方面的负责人沟通,建议对方改用华孚的颜色,虽然色彩差距比计划的略大,但还算比较接近。遭到拒绝后,她想:"一位负责人拒绝了,也未必代表客户公司所有相关项目的工作人员的意见。"她仔细查找了该客户公司的联系资料,随后联系了客户方面另一负责该项目的领导,直接建议,在客户听完其介绍和建议后,作出了改变,决定使用华孚的色号来生产此批产品。

> **案例分析**：跟单员不应该只是一颗没有思想的循环连接纽扣，在实际的工作中，很多时候，正如以上案例中所表现的那样，一个跟单员有没有"老板"一样的主人翁的意识去思考和解决问题，将直接导致两种截然不同工作结果。
>
> 案例来自华孚色纺股份有限公司，http://wenku.baidu.com/view/44111add6f1aff00bed51e0c.html

在接到订单之后，首先要备货。如果不是生产型的外贸公司，选择合适的国内供应商并对生产过程进行跟进，就是供应商跟进。外贸业务员接单后必须预先联系生产产品的供应商，制作样品，样品经客户确认后才能正式下单生产。同时，还要及时了解供应商的生产进度能否满足订单的交货期，产品是否按订单生产，以确保供应商能按订单的约定保质保量地即时交货。

一、选择合格的供应商

外贸业务员对于供应商的选择，常见的途径有三种：

（1）在相关网站（如阿里巴巴等）上寻找，锁定目标后进行电话咨询或网上交流。

（2）联系熟悉的供应商。接到了新订单后，可以查阅一下以前做过的旧单，看看是否有类似的情况。如果有的话，可以直接联系以前合作过的供应商，看看能否再次合作。

（3）旁人推荐。同事、朋友或者是老供应商的推荐。但是，无论是哪种途径，都需要跟单员进行适时实地访视，并观察这个供应商是否具备执行合约的能力，在财务上是否有困难，品质系统是否完备，公司的组织与管理是否良好，以及目前劳工的状况是否稳定，等等。

外贸公司通常会拥有一批固定的供应商，还会不断寻找新的生产供应商，并对这些生产厂商的生产技术水平、生产条件和生产规模等信息资料进行了解，建立工厂档案，以方便根据国外客户的具体要求来进行选择。

选择合格的供应商，可以从核实企业法人登记注册情况、了解供应商的财务状况、了解企业生产，以及了解经营能力与条件等方面。

二、生产过程的跟进

生产过程跟单主要是了解企业的生产进度能否满足订单的交货期，产品是否按订单生产,因此跟单人要深入企业的生产车间查验产品的质量与生产进度,发现问题及时处理。生产过程跟单的基本要求主要包括两个方面:

(1) 按时交货　要使生产进度与订单交货期相吻合,做到不提前也不推迟。

(2) 按质交货　生产出来的产品符合订单的质量要求。

案例 6.2　一个关于备货的案例

我国某公司 A 向孟加拉国公司 B 出口一批食物,合同价值约为 USD 20 000.00,货物为汽车配件,共有 10 个型号,其中有 4 个型号要求根据客户样品制造。付款方式为,客户先支付定金 1 000 美元,剩余部分 30% 和 70% 分别以 L/C 和 T/T 支付(在货物生产完毕后通知客户支付)。客户随即开来信用证,A 公司按照合同和 L/C 要求开始生产货物。但是,发现其中按客户样品要求定做的货物不能完成,由于客户订货的数量比较少,开发该产品十分不合算,因此打算从其他厂家购进该产品。遗憾的是,一直无法找到生产该产品的厂家,而此时已接近装船期了,其他货物也相继生产完毕。A 公司只好告诉 B 公司上述问题,B 公司要求取消所有货物并退还所有定金和样品。理由是:他要求定做的货物十分重要,不能缺少,因 A 公司没有按时完成货物,错过他的商业机会。A 公司也无可奈何,确实理亏,只好答应客户的要求,承担一切货物积压的损失。

案例分析:

A 公司应该反省一下,为什么会造成如此被动的局面。

(1) 对客户的样品没有仔细研究,就简单地认为自己可以生产或从其他厂家购买,以致确认客户的订单。

(2) 对于客户特别重要的货物,应该给予重视,因为客户将样品从国外交给 A 公司定做,A 公司确认可以生产,最后却没能生产出来,客户当然十分失望,要是换成其他产品不能完成,或许客户会勉强答应不至于取消合同。

(3) 根据《联合国国际货物销售合同公约》的规定,一方当事人重大违约时,另一方当事人可以取消合同并要求赔偿损失。本案例中的卖方已经构成重大违约,即交货数量不足,因此对方的要求是合理的。

资料来源:http://wenku.baidu.com/view/b62bad6427d3240c8447ef65.html

(一) 前期准备工作

在下达正式的生产通知单、追踪产品的生产进度和质量之前,业务员通常需要做一些先期的准备工作。以服装跟单为例说明如下。

1. 制样及制样跟踪

一般来讲,客户在接受报价后,通常会要求安排备样。

(1) 样品　样品是能够代表商品品质的少量实物。它或者是从整批商品中抽取出来作为对外展示模型和产品质量检测;或者在大批量生产前根据商品设计而先行由生产者制作、加工而成,并将生产出的样品标准作为买卖交易中商品的交付标准。

样品的种类很多,一般常用的有宣传推广样、参考样、测试样、修改样、确认样、成交样、产前样、生产样、出货样等。其中,产前样(preproduction sample)是指生产之前需寄客户确认的样品,一般是用于客户确认大货生产前的颜色、工艺等是否正确;出货样是产品已经做好准备出货之前的样品,有些客户就根据这个样品来决定这批货的品质。

此外,在不同的行业还有针对本行业的样品分类。例如,纺织服装中的款式样(pattern sample)、广告样(salesman sample)、齐色齐码样(size/color set sample)、水洗样(washed sample)、船样(production sample/shipping sample)、色样(lap dip)、绣(印)花样(embroidery/printed sample)、辅料样(accessory material sample)等。

(2) 选定供应商制样,审查工厂的物料,验收投产前样　根据客户提供的原样和资料,外贸业务员需要填写制样单给选定的供应商(生产企业或工厂),要求供应商在规定的时间内出样。

一般来说,款式样主要是看做工,可以用代替面料,但当有配色时,一定要搭配合适才行。尺寸和做工则需要完全遵照客户的指示及要求。色样需要留存备份,并要注明客户是在自然光还是在灯光下对色,以免在以后的生产过程中,核对大货的颜色时出现纠纷。如果手头上有客户布样,可以找一些颜色比较相近的布样待客户确认;如果纱样涉及麻灰或烟灰色,最好是让客户指定纱卡上的色号,便于采供部门购纱。在样品涉及印、绣花样时,首先是要求尽可能用正确颜色的布、线打样。特别是绣花,绣花线一定要用正确颜色。印、绣花资料必须保证准确,如颜色搭配、花型等。如果确有难度,可以与客户沟通,变通安排。

在填写制样单给供应商的同时,还要跟踪供应商的物料品质,填写关于布料、辅料和颜色等的检验和测试的申请,并负责递交测试申请及样品给测试公司以及跟进测试结果。

在产前样制作期间,外贸业务员要联系质量检验人员配合进行商品检验。当产前样完成后,外贸业务员需要根据客户提供的原样和资料进行核对验收,符合要求的寄交客户确认,不符合要求的要供应商重新制作。

2. 根据客户要求,出具验厂报告

(具体见本章第一节内容)

3. 样品意见反馈及样品的确认

外贸业务员将客户对样品的评价反馈给供应商,反馈的内容主要包括样品的尺寸、颜色、物料、包装等。供应商则根据反馈意见重新制样,直至客户最终确认样品为止。

在完成确认样品后,必须由技术检验部门评估,只有经技术检验部门评估合格的样品才可发送给客户。评估重点有以下方面:所选的材料是否与客户要求完全一致;样品各个部位的尺寸是否与客户的图纸完全一致;样品的颜色和包装是否与客户的要求完全一致;样品的数量是否与客户的要求完全一致;本企业是否有留样。

对于确认的样品,应提供 3 件,其中,1 件给客户,1 件给供应商,1 件外贸业务员交外贸公司留存。外贸公司的留样是日后生产大货订单的实物依据,可以用来检验工厂产品和出口交货验收产品。

(二) 生产过程跟单的流程

生产过程跟单的五个流程如下。

(1) 下达生产通知书　外贸业务员接到客户订单后,应将其转化为生产通知单。通知单要明确客户所订产品的名称、规格型号、数量、包装要求、交货期等。

(2) 分析生产能力　生产通知单下达后,要分析企业的生产能力,能否按期、按质地交货。

(3) 制定生产计划　生产计划的制定及实施关系着生产管理及交货的成败,要协助生产管理人员将订单及时转化为生产通知单。

(4) 跟踪生产进度　外贸业务员应跟进生产进度控制的流程、作业程序和控制重点,并规范制作跟踪生产进度的表单,如生产日报表、生产进度差异分析表、生产进度控制表、生产异常处理表、生产线进度跟踪表,等等。

(5) 生产期间的检验　在订单安排生产的期间,外贸业务员还需要定期到供应商处下厂检验产品,发现生产中存在的问题,及时要求供应商整改。特别是在生产初期,跟单员必须对每个车间、每道工序进行半成品检验,对发现的问题,要协助、监督供应商进行整改。生产完毕后,业务员可以根据资料进行查货,有质量问题须及时督促供应商返工处理,不可延误货期,一定要保证按时、按质交货。

表6-1是一份服装生产企业生产通知书样本。

表6-1 服装生产企业生产通知书样本

CARTERS STYLE NO(生产型号):	8292	BUYER(客户):	MARKS SPENCER(英国)
CUSTOMER STYLE NO(款号):	5052S	JOB NO:	A2655607
QUANTITY(数量):	7 500 套	测试办:3 M X 2 套	
DESCRIPTION(款式):	帽子+手套	船头办:3 M X 4 套 + 9-12 M X 1 套 = 5 套	
DELIVERY(交货期):	2006 年 11 月 6 日	影像办:NB X 1 套 + 9-12 M X 1 套 = 2 套	

一、COLOR & QTY BREAK DOWN(颜色及数量比例)

COLOR 颜色	SIZE & QTY 尺码及细码数						PO. NO.	TTL 总计	货期
	NB	1 M	3 M	3~6 M	6~9 M	9~12 M			
AJC2825	100 000	100 000	100 000	100 000	100 000	100 000	待复	600 000	

二、FABRIC DETAILS(布料说明)

COMPONENT 位置	COLOR 颜色	成分	布名	布重 (mg/m²)	布封	客用量 (yd/dz)	办房用量 (yd/dz)

三、EMB & PRINT DETAILS(车花说明)

印绣花 NO.	印绣花尺寸	印绣花位置	供应商	备注

四、WASHING DETAILS(洗水说明)

洗水部位	洗水方法	洗水效果	供应商	备注

五、ACCESSORIES DETAILS(辅料说明)

编号	辅料名称	辅料说明	使用部位	单件用量	大货用量	备注
3	PP50/2 线		外套			
4	尼龙线		外套			
3	PP50/2 线		T 恤			
4	尼龙线		T 恤			
3	PP50/2 线		裤			
4	尼龙线		裤			
5	急钮		外套前中	6PCS		
6	旗唛		裤左侧骨	1PC		
7	2CM 仗根		裤头	0.456 7 M		
9	衣架贴纸	HL/BA7000,分码标记同洗水唛	贴在衣架正中	1PC		
10	价钱牌	ST/BA7102 NB－9/12M＝£22.00	毛衫洗水唛	1PC		
11	警告贴纸			1PC		
8	Hanger 衣架	CF22 用于 NB/1 M；CF26 用于 3 M/9～12 M		1PC		
12	胶针	2～1/2″ 白色;钉价钱牌于毛衫洗水唛		1PC		
1	洗水唛	K8F/32C 分码标记：NB：7840456；1 M：7840463；3 M：7859847；3～6 M：7859854；6～9 M：7893773；9～12 M：7893780				
2		外套和 T 恤-洗水唛车于左侧骨脚边上 6 cm；裤-洗水唛车于后幅浪骨位腰头下 2 cm				

续表

编号	辅料名称	辅料说明	使用部位	单件用量	大货用量	备注
13	TRL02 贴纸	TRL02 分码标记同洗水唛				
13	TRL02 贴纸	贴胶袋位置:全部条形码一面贴在胶袋正中衣架颈落 7 cm,有尺码及条形码的一面				
13	TRL02 贴纸	贴在胶袋右边袋顶落 15 cm(衣服朝上,面对衣服计)贴箱位置:参考箱唛标记				
14	单件袋	用不含 BHT 环保料 0.03 mm 厚度光身斜挂袋,尺寸待复				
15	纸箱	B♯B 三坑纸箱,纸箱长度不超过 115 cm,宽度不超过 58 cm,高度不超过 35 cm,重量不超过 15 kg/箱				

制单: 部门经理签字:
PPIC: 总经理签字:

三、包装,准备出货

  商品包装是实现商品的附加价值和使用价值的必要手段之一。适当的商品包装,对保护、保存商品,美化、宣传商品以及方便商品的储存、运输、销售等有着重要的意义。

  对已经验收合格的产品,必须根据客户的要求进行包装。包装时,要注意包装的材料、包装的规格是否符合该出口商品的特性,客户对包装是否有特别的要求,包装是否符合进口国的相关规定。根据包装在流通过程中所起的作用的不同,商品包装可以分为运输包装和销售包装两大类。其中,在运输包装上除了要印刷有关的运输标志和指示性标志之外,对于危险品的出口,还应该刷制有关的警告性标志。

> **外贸业务心得　外贸中包装的说明注意事项**
>
> 　　一个小小的包装或许里面有着大学问,掌握好包装的重要内容对于外贸的销售和出口都是具有至关重要的作用。在销售包装上,一般都附有装潢画面和文字说明,有的还印有条形码的标志,在设计和制作销售包装时,应一并做好这三个方面的工作。
>
> 　　(1)文字说明　在销售包装上应有必要的文字说明,如商标、品牌、品名、产地、数量、规格、成分、用途和使用方法等,文字说明要同装潢画面紧密结合,互相衬托,彼此补充,以达到宣传和促销的目的,使用的文字必须简明扼要,并让目标市场的顾客能看懂,必要时也可以中外文同时并用。
>
> 　　(2)包装的装潢画面　销售包装的装潢画面要美观大方,富有艺术上的吸引力,并突出商品特点,图案和色彩应适应有关国家的民族习惯和爱好。在设计装潢画面时,应投其所好,以利扩大出口。
>
> 　　(3)条形码　商品包装上的条形码由一组带有数字的黑白及粗细间隔不等的平行条纹所组成,是利用光电扫描阅读设备为计算机输入数据的特殊的代码语言。
>
> 　　目前,许多国家的超级市场都使用条形码技术进行自动扫描结算,如商品包装上没有条形码,即使是名优商品,也不能进入超级市场而只能当作低档商品进入廉价商店。
>
> 资料来源:http://china.herostart.com/tradeschool/7501.html

　　对需经检验机构检验出证的货物,在货物备齐后应向商检机构申请检验,取得合格的检验证书。

　　处理完上述环节后,产品就可以运到仓库,等待装运出口了。

本节单项业务操作练习

1. 外贸业务员应该如何选择合适的生产供应商?
2. 描述生产过程跟单的基本流程。

本章小结

1. 本章主要介绍了外贸客户的来访接待、商务谈判、客户验厂以及接到定单后对供应商的跟进工作。

2. 一个外国的客户如果可以到公司里面来亲自谈生意,成交的机会通常都会很大。因此,外贸工作者都非常重视外国客户的来访。为此,需要了解客户来访的目的,并针对其目的做好来访前的准备和接待工作。随后进行的商务谈判,一般要经过开局、磋商和缔结协议等三个阶段。谈判者应掌握每个阶段的不同内容和要求,灵活有效地运用谈判技巧。

3. 客户验厂又称为社会责任审核、社会责任稽核、社会责任工厂评估等。它主要分为企业社会责任标准认证和客户方标准审核。客户验厂的种类一般包括人权验厂、反恐验厂和品质验厂等三种情况,主要内容包括童工、强迫劳动、歧视、自由结社、工时、工资福利、环境、健康、安全和管理评审。验厂完毕后需要出具验厂报告。验厂报告是根据国外客户的要求填制的。它一般是由第三方公证行出具的关于企业社会责任(CSR)的报告,主要关注劳工权益、环保、健康、安全等问题。

4. 在接到订单、签订贸易合同后,外贸业务员还要继续继续业务跟进。以出口为例,下单后的业务跟进是跟单员对履行合同的跟进。它以货、证、船、款为中心,包括备货、催证、改证、租船订仓、报关、报验、装船、制单以及结汇等环节,跟单员的主要跟进工作包括跟进生产、催审单证、出货跟踪和制单结汇等,重要的方面主要包括供应商的跟进、物流跟进和国际结算跟进。

5. 接到订单之后,首先要备货。如果不是生产型的外贸公司,选择合适的国内供应商并对生产过程进行跟进,就是供应商跟进。外贸业务员接单后必须预先选择和联系生产产品的供应商,制作样品,样品经客户确认后,才能正式下单生产。同时,还要及时了解供应商的生产进度能否满足订单的交货期,产品是否按订单生产,以确保供应商能按订单的约定保质保量地即时交货。最后,还要对产品进行合适的包装,准备出货。

基本概念

1. 谈判的开局阶段:双方谈判人员见面入座开始洽谈,到话题进入实质内容之前的阶段。这个阶段是通过谈判双方各自的陈述进行的。

2. 谈判的磋商阶段：谈判的实质性阶段。一般情况下，当一方报价后，另一方不会无条件地接受对方的报价，而会进行讨价还价，此时谈判进入磋商阶段。磋商阶段是谈判双方面对面进行讨论、说理及论战的阶段，是实质性的协调或较量阶段。

3. 客户验厂：又称为社会责任审核、社会责任稽核、社会责任工厂评估等。它主要分为企业社会责任标准认证和客户方标准审核，主要内容包括童工、强迫劳动、歧视、自由结社、工时、工资福利、环境、健康、安全和管理评审。

4. 下单后的业务跟进：跟单员对履行合同的跟进。它以货、证、船、款为中心，包括备货、催证、改证、租船订仓、报关、报验、装船、制单以及结汇等环节，跟单员的主要跟进工作包括跟进生产、催审单证、出货跟踪和制单结汇等，重要的方面主要包括供应商的跟进、物流跟进和国际结算跟进。

本章综合操作训练

1. 在网上联系很久的、已有明确合作意向一个客户，突然提出要来公司访问，此时外贸公司应该做好哪些准备工作？如果在商谈中对某些核心条款无法达成一致而导致冷场时，应该如何处理？

2. 在网上找一份外贸购货合同，根据该合同中的条款列一份外贸业务跟进流程表。

第七章

外贸业务跟进中的关键内容处理

 学习目标

- 学会业务跟进中的价格处理
- 学会业务跟进中的国际运输方式选择
- 学会国际结算主要方式
- 熟悉寄样前、中、后细节处理

外贸谈判的主要内容一般针对合同条款,如商品名称、品质规格、数量、包装、单价与总值、运货期限、运货地点、支付、保险、商品检验、仲裁、不可抗力等。外贸谈判中存在的争议问题往往集中在运输方式、国际结算方式、寄样、验厂等。

第一节 价格的处理

报价又称报盘,是在合同商定之前,出口商向进口商提供的出口商品价格。

一、外贸报价的方法

外贸业务人员应注意外贸报价方法的灵活。

1. 顺向报价方法

顺向报价方法是一种传统的报价方法,即卖方首先报出最高价格或买方报出最低价格。这种方法中,虚报成分较多,为买卖双方的进一步磋商留下了空间。卖方报出高价后,如果买方认为卖方价格过高,会立即拒绝或怀疑卖方的诚意并要求卖方降低价格。当买方认为卖方的价格较为合理时,买方依然会坚持要求卖方继续降低价格,一旦卖方降价,买方就会产生一定的满足心理,这时只要卖方把握时机,往往能够促使交易成功。如果卖方所报价格水分过多,超出对方可预见

的最小收益,谈判也就无法继续进行。

2. 逆向报价方法

逆向报价方法是一种反传统的报价方法,具体做法是,卖方首先报出低价或买方报出高价,以吸引客户,诱发客户谈判兴趣。然后,再从其他交易条件寻找突破口,逐步抬高或压低价格,最终在预期价位成交。运用此种方法,首先报价一方风险较大。在报价一方处于不利的谈判地位下,报出出乎对方意料的价格后,虽然有可能将其他竞争对手排斥在外,但也会承担难以使价位回到预期水平的风险,此方法对商务谈判人员要求较高,除非确有必要,在实际商务谈判中应尽量避免使用。

3. 先报价方法

先报价方法是指争取一方首先报价。这种报价方法使一方掌握主动,为双方提供了价格谈判范围。如当买方先报低价时,则双方的预期成交价格处于买方价位与卖方预期价格之间。相反,当卖方首先报出高价时,双方预计的成交价位则应在卖方所报价位与买方预期价格之间。

4. 尾数报价方法

尾数报价方法即利用具有某种特殊意义的尾数或人们的心理尾数定价,尽量避免整数报价。采用尾数报价方法一方面是针对人们对数字的心理,另一方面也是出于商业谈判技巧的需要。如前所述,某种商品的价格一般是按实际成本加上利润计算的,较少出现整数,因此,当一方采用整数报价方法时,往往难以使对方信服。又比如,利用一些民族或地方的风俗习惯在报价或还价中使用当地人们特别偏好的数字,投其所好。

二、有效报价的方法

出口商首先要在报价前进行充分的准备,在报价中选择适当的价格术语,利用合同里的付款方式、交货期、装运条款、保险条款等要件与买家讨价还价,也可以凭借自己的综合优势,在报价中掌握主动。

1. 报价前充分准备

首先,认真分析客户的购买意愿了解其真正需求,才能拟出有效的报价单。如有些客户将低价格作为最重要的因素,一开始就报接近出口商底线的价格,赢得定单的可能性就大。

其次,做好市场跟踪调研,清楚市场的最新动态。由于市场信息透明度高,市场价格变化更加迅速,因此出口商必须依据最新的行情报出价格,随行就市,买卖才有成交的可能。

2. 选择合适的价格术语

在报价中,价格术语是核心部分之一。因为采用哪一种价格术语实际上就决定了买卖双方的责权、利润的划分,所以出口商在拟报价前,除要尽量满足客户的要求外,也要充分了解各种价格术语的内涵并认真选择,然后根据已选择的价格术语报价。

选择以 FOB 价成交,在运费和保险费波动不稳的市场条件下对出口商有利。但是,也有许多被动的方面,比如,由于进口商延迟派船,或因各种情况导致装船期延迟,就会使出口商增加仓储等费用的支出,或因此而迟收货款造成利息损失。

在 CIF 价出口的条件下,船货衔接问题可以得到较好的解决,出口商有更多的灵活性。在一般情况下,只要出口商保证所交运的货物符合合同规定,只要所交的单据齐全、正确,进口商就必须付款。货物过船舷后,即使在进口商付款时货物遭受损坏或灭失,进口商也不得因货损而拒付货款。因此,以 CIF 价成交的出口合同是一种特定类型的单据买卖合同。出口商不但要把握所出售货物的品质、数量,而且要把握货物运抵目的地及货款收取过程中的每一个环节。对于货物的装载、运输风险要尽量取得控制权,这样贸易的盈利才有保障。一些大的跨国公司,可以在运输、保险方面得到优惠,因而要求中国出口商以 FOB 价成交,就是在保证自己的控制权。所以,到底是迎合买家的需要还是坚持自己的原则,出口商在报价时应多斟酌。

现在出口利润普遍不是很高,对贸易全过程的每个环节精打细算比以往任何时候更显重要。国内出口商的一般做法是,对外报价时先报 FOB 价,使客户对本企业的商品价格有个比较,再询 CIF 价,并坚持在国内市场安排运输和保险。这种做法,不但可以给买家更多选择,而且有时在运保费上还可以赚取差价。

3. 利用合同其他要件

合同其他要件主要包括付款方式、交货期、装运条款、保险条款等。在影响成交的因素中,价格只是其中之一,如果能结合其他要件和客户商谈,价格的灵活性就要大一些。例如,对印度、巴基斯坦等国家或地区的客户,30 天或 60 天远期付款的信用证更具有吸引力。

还可以根据出口的地域特点、买家实力和性格特点、商品特点调整报价。有的客户特别在意价格的高低,订单会下给报价最便宜的卖家,那么报价时就直接报给出口商所能提供的最低价格。有的客户习惯于讨价还价,出口商报出第一次价格时可以预留出幅度。

根据销售淡、旺季或者定单大小调整出口商的报价策略。如产品在一段时间里行情低迷，为了抢下订单，不妨直接报出出口商的最低价。对于服装等季节性很强的商品，在出口商的报价中应承诺快速而又准时的交货期。

4. 报价的有效期

很多产品，原材料占产品成本的比重很大。当原材料价格大幅波动时，产品的总成本也随之变动很大，甚至把合理利润"吃掉"。很多有经验的供应商的报价都注明"本报价的有效期10天（1个月）"等，因为从报价到下单到供应商买材料，期间要经过多环节，较长时间，万一期间原料价格大幅变动，会影响双方的合作。

外贸业务心得　外贸同行报价的难忘经历

诚实守信是国际贸易的基础，也是做进出口业务的原则。我最难忘的一次业务报价，经过一年多马拉松式的艰巨谈判，最终获得了这位网上结识的客户信任，得到第一笔4万多美元的订单。

投石问路。2001年4月底，在互联网上看到一客户的求购信息，发去了一封可供应该产品的电子邮件。他很快答复并要求寄样。收到我寄的样品后，他并没有就该产品继续洽谈或下单，而是问我是否愿意看看他的样品。于是，我发函请他寄样。7月31日收到寄来4只不同规格、不同材料、不同尺寸的样品。

报价准确。我们落实了一家本系统内生产同类材料的专业厂，然后报出一份列明各零部件在内的价格单。客户对我首次报价热烈回应。

竞价受挫。没几天，客户来电说这个价格高了，又说你们国家有几家供应商报的价格更有竞争力。

扭转颓势。我们分析认为，价格的关键是产品的材料，如果都用100%新料，价格的变数就不大，除非以次充好，或掺假掺杂。所以，我们去函提醒客户避免上当。

主动让价。由于所找的工厂不同意在价格上让步，我们不得不让另一家工厂看样品，测成本，重新报价，该厂同意我方新的报价方案，并愿意复制来样，寄客户检测质量，直到做出客户满意确认的样品。客户收到我方主动让价的新递盘后,用UPS寄出6种形状、4种规格、24个尺寸的全套样品。又汇出5千多美元作为开铸模具费用,让我方复制回样,再寄他们检测确认。

测样成功。客户收到样品后对质量非常满意,即将订货。

付款风波。我方在合同中列明100%预付款,在我方收款后45天交货出运。但是,客户不同意,要求付款条件必须改为D/P 60天。我方坚决不同意,列出三种付款方法供客户选择:1. 预付50%,出货后凭B/L传真件付30%,货到后付清余20%;2. 预付50%,出货后凭B/L传真件付20%,货到后付清其余30%;3. 不可撤销的即期信用证。最后客户选择了第三种付款条件。第三种条件正是我方首选而对客户也安全有利的付款条件。

资料来源:http://bbs.wtojob.com/tid-103846.html

三、报价的技巧

(1) 判断价格危机,灵活处理 如果客户口头要求降价,却讲不出理由,那么这只是想试探低价而已。如果客户以竞争对手的底价作比较,甚至拿出意向书向出口商展示,说明客户真实和坦诚,出口商至少要象征性地作出一些让步。

(2) 要求客户出价,找出差距,采取相应措施 客户出价后一般都会解释原因,这时需注意分析。如果客户因预算不够要求降价,出口商需考虑推荐其他价位合适的不同款式的产品;如果因为竞争对手报价低,出口商需要向客户解释清楚自己产品的优势。

(3) 报价议价的次数不宜超过三次 价格频繁地降落或大幅度下跌都会使客户愈议愈勇。

(4) 注意落价比率 越来越小的降价比率会使客户意识到已接近低价了。

(5) 降价可附带要求,以促进交易快捷圆满成交 不要因为客户要求降价而降价,这样并不会增加客户对出口商的好感。降价的同时可以提出立刻签约或预付货款等有利交易完成的要求,这种情况较易被客户认同接受。

(6) 对即将成交的交易,更要维持原价 不能因为客户得到某些小道信息急于成交而迅速降价,这不仅不利于成交,反而会让客户更加疑惑出口商的报价水分。

外贸业务实录　知己知彼方能提高成交率

我几年前刚刚开始做外贸,突然有个客户问价格,我的产品是按照质量、原材料不同而价格不同的,但是过于兴奋,就按照普通的价格报出去了。

客户很快回复,需要两个柜的订单,价格按照我们提的质量要求:××××。

一看傻眼了,他要的是优等品,价格要高,当然要的不是很多,也能做,只不过我们利润少一些。

于是,如实汇报给经理,经理说我太急了,既然知道质量有差异,要么问清楚客户要求的质量参数,然后再报价,要么分等级报价,这样才能避免类似的事情发生。经理又说,至于这个单子,发合同给他吧,客户是真有需求,本身是咱的错,再改价格就错上加错,这个客户很难回头!

于是,给客户合同,客户很痛快的打了 TT 款,这是我的第一个单子。

这个教训让我知道了要问清楚客户要什么再报价。其实各大供应商之间产品质量不会有多大差距,现在价格也相对透明。想留住客户就要知道客户到底要什么,投其所好!

资料来源:http://blog.wtojob.com/blog_11989_50624.html

本节单项业务操作练习

1. 根据网络搜索引擎或 B2B 网站上寻找到的潜在客户信息,按照客户的不同需求给客户发报价函。

2. 向客户报价后,继续跟进后续工作,进一步了解报价的方法和技巧。

第二节　运输方式的处理

国际贸易中,进出口商品的交付是通过各种运输方式完成的。国际贸易运输方式的种类很多,都有其特点和独特的经营方式。了解各种贸易运输方式的特点和经营方式,合理选择和正确利用各种运输方式,有着重要的意义。

一、运输方式

国际贸易中主要的运输方式有海洋运输、铁路运输、航空运输、公路内河与邮政运输、集装箱运输以及多式运输和大陆桥运输等。本节着重介绍海洋运输、邮政运输和航空运输。

(一) 国际海洋运输

按船舶的营运方式来分,国际海洋货物运输有班轮运输和租船运输两种。

1. 班轮运输

班轮运输也叫定期船运输,主要有以下三个特点。

(1) 四固定:船舶按照固定的船期表、沿着固定的航线和港口来往运输,并按相对固定的运费率收取运费。

(2) 一负责:承运人管装管卸,不过装卸费用包括在运费内会转嫁给运费的承担方。

(3) 承运人和托运人双方的权利义务和责任豁免以班轮公司签发的提单条款为依据。不计算装卸时间与滞期费和速遣费。

一般来说班轮船舶通常具有良好的技术质量,有合格的船长和航运需要的供给品,而且管理严格,运输质量有保证。班轮运输对于出口方来说有以下五个作用。

(1) 班轮运输适用于货物比较分散、数量不大的小额贸易,所以在出口货物数量不大的情况下,采用班轮运输是一个很好的选择。班轮只要有舱位,不论数量大小、挂港多少、直运或转运都可接受承运。

(2) 时间有保证,运价固定,在进出口方关系稳定的情况下,班轮可以保证贸易的稳定进行。

(3) 班轮运输长期在固定航线上航行,有固定设备和人员,能够提供专门的、优质的服务。

(4) 由于事先公布船期、运价费率,有利于双方合同的磋商。

(5) 手续简单,方便货主。由于承运人负责装卸和理舱,托运人只要把货物交给承运人即可,省心省力。

一般来说,班轮市场有以下四个特点。

(1) 长期以来班轮运输市场形成了几个寡头垄断态势,对进出口企业来说,负担运费的一方就要额外关注班轮市场的波动,以免影响利润。

（2）班轮公司需要很大的营运资金，如果载货率不足很容易造成亏损，所以班轮公司之间存在激烈竞争。在形成垄断之前，这对进出口厂商比较有利。

（3）班轮四固定的特点也会导致班轮灵活性不足、航线不容易变更等问题。

（4）集装箱运输极大地改变了班轮运输市场的格局，使得杂货运输更加简单，也使班轮公司之间竞争日趋激烈。

上述特点决定了班轮市场竞争激烈的特性，即班轮公司之间的竞争一般会导致运价的竞争，在运输淡季尤其突出。

2. 租船运输

租船运输，又称租船，是海洋运输的一种方式，是指租船人向船东租赁船舶用于货物运输的一种方式。租船运输适用于大宗货物，有关航线和港口、运输货物的种类以及航行的时间等，都按照承租人的要求，由船舶所有人确认。租船人与出租人之间的权利义务由双方签订的租船合同确定。一般租船人会通过租船经纪公司租船，其中会牵涉合同细节的确定。

在国际海运业务中，租船方式主要有定程租船和定期租船两种。

（1）定程租船　又称程租船，是以完成一定航程来租赁的，是租船市场最活跃、对运费最敏感的一种租船方式。定程租船虽然航次任务确定但是运输时间会因为情况不同有很大差别，所以承租人与船舶所有人在签订合同时一般会对延滞费和速遣费有详细的规定。在定程租船合同中，租船方要负责船舶的经营管理和货物运输。

（2）定期租船　又称期租船，是指船舶出租人向承租人提供约定的由出租人配备船员的船舶，由承租人在约定的期间内按照约定的用途使用，并支付租金。租船方只对船舶的维护与给养负责，不用负责运输与管理。这种合同比较自由，权利义务完全依据合同条款，长期以来形成了三种合同范本：纽约土产交易所期租合同、统一定期租船合同、中国定期租船合同标准格式。

租船运输有以下七个基本特点。

（1）租船运输是根据租船合同组织运输的，租船合同条款由船东和租方双方共同商定。

（2）一般由船东与租方通过各自或共同的租船经纪人洽谈成交租船业务。

（3）不定航线，不定船期。船舶的航线、航行时间和货载种类等按照租船人的要求来确定，船东提供相应的船舶，经租船人同意调度安排。

（4）租金率或运费率是根据租船市场行情来决定。

（5）装卸费用取决于不同的租船方式，由船东和租方分担，并在合同条款中订明。例如,装卸费用条款 F. I. O 表示租船人负责装卸费,若写明 Liner Term,则表示船东负责装卸费。

(6) 租船运输适宜大宗货物运输。

(7) 各种租船合同均有相应的标准合同格式。

(二) 国际邮政运输

国际邮政运输是一种具有国际多式联运性质的运输方式。一件国际邮件一般要经过两个或两个以上的国家邮政局和两种或两种以上不同运输方式的联合作业方可完成。国际邮政运输是国际贸易运输不可缺少的渠道,主要有以下三个特点。

(1) 国际邮政是在国与国之间进行的。多数情况下,国际邮件需要经过一个或几个国家经转。为确保邮政运输安全、迅速、准确的传送,在办理邮政运输时,必须熟悉并严格遵守本国和国际间的邮政各项规定和制度。现在国际上为了促进国际间邮政合作,已经成立了万国邮联组织,我国于 1973 年加入万国邮联。

(2) 国际邮政空间跨度广。所以很可能要多种运输方式交替使用才能到达目的地。但邮政托运人只要向邮政局照章办理一次托运,一次付清足额邮资,并取得一张包裹收据,全部手续即告完备。至于邮件运送、交接、保管、传递等一切事宜均由各国邮政局负责办理。邮件运抵目的地,收件人即可凭邮政局到件通知和收据向邮政局提取邮件,和国内个人和公司取快递的方式大同小异。

(3) 具有"门到门"运输性质,基本上各个国家和地区都有邮政局,所以收货人只需要到各地邮政局收取货物,为邮件托运人和收件人提供了极大的方便。当然,运输的货物不可能像海洋运输那样大批量,对邮件重量和体积均有限制。所以,邮政运输只适宜于重量轻、体积小的小商品,如精密仪器、机器零件、金银首饰、药品以及各种样品和零星物品等。

(三) 国际航空运输

一般来说,国际航空运输主要包括班机运输、包机运输、集中托运方式、航空急件传送方式。

(1) 班机运输 在固定的航线上定期航行的航班,这种飞机有固定始发站、到达站和途经站。

(2) 包机运输 整架飞机租给租机人,从一个或几个航空站装运货物至指定目的站的运输方式,适合于大宗货物。

(3) 集中托运方式 航空货运代理公司把若干批单独发运的货物组成一批向

航空公司办理托运，填写一份总运单将货物发运到同一目的站，由航空货运代理公司在目的站的代理人负责收货。与海运中的集装箱运输相似，均是化零为整的运输方式。

（4）航空快递运输方式　目前国际航空运输中最快捷的运输方式，不同于航空邮寄和航空货运，而是由一个专门经营此项业务的机构与航空公司密切合作，设专人用最快的速度在货主、机场、收件人之间传送急件。

航空快递运输作为新兴的运输方式已成为目前国内外贸公司运用得最多的货运方式之一，如海外代购为了保证到货时间经常使用航空快递，它和传统的航空业务、邮政业务有相似之处，但是作为一项专门的业务又有它独到之处，主要表现在以下五个方面。

1. 收件范围不同

航空快递的收件范围主要有文件和包裹两大类。文件主要是指商业文件和各种印刷品；包裹则一般要求毛重不超过 32 公斤（含 32 公斤）或外包装单边不超过 102 厘米，三边相加不超过 175 厘米。近年来，随着航空运输行业竞争日益激烈，快递公司为吸引更多的客户，对包裹大小的要求趋于放松。传统的航空货运业务以贸易货物为主，规定每件货物体积不得小于 5×10×20 厘米。邮政业务则以私人信函为主要业务对象，要求包裹每件重量不超过 20 公斤，长度不超过 1 米。

2. 经营者不同

经营国际航空快递的大多为跨国公司，这些公司以独资或合资的形式将业务深入世界各地，建立起全球网络，例如 UPS 和 FEDEX。航空快件的传送基本都是在跨国公司内部完成。国际邮政业务则通过万国邮政联盟的形式，世界上大多数国家的邮政机构合作，邮件通过两个以上国家邮政局的合作完成传送。所以，航空快递的效率会比国际邮政高出许多，费用也要高出一些。

3. 经营者内部的组织形式不同

传统操作邮政运输是接力式传送。航空快递公司则大多都采用中心分拨理论或称转盘分拨理论组织起全球的网络。简单来讲就是快递公司根据业务的实际情况，在中心地区设立分拨中心。各地收集起来的快件，按所到地区分拨完毕，装上飞机。各地飞机飞到分拨中心，各自交换快件后飞回。而后，快件再由各地分公司用汽车送达收件人。这种方式看上去似乎不太合理，但由于减少了中间环节，快件的流向简单清楚，减少了错误，提高了操作效率，缩短了运送时间，被事实证明是经济、有效的。

4. 使用的单据不同

航空货运使用的是航空运单,邮政使用的是包裹单,航空快递业也有自己的独特的运输单据——交付凭证。交付凭证一式四份:第一联留在始发地并用于出口报关;第二联贴附在货物表面,随货同行,收件人可以在此联签字表示收到货物,但通常快件的收件人在快递公司提供的送货纪录上签字,而将此联保留;第三联作为快递公司内部结算依据;第四联作为发件凭证留存发件人处,该联印有背面条款,一旦产生争议,可作为判定当事各方权益、解决争议的依据。

5. 航空快递的服务质量更高

(1) 速度更快　航空快递自诞生之日起就强调快速的服务,速度是整个行业生存之本。一般洲际快件运送在1~5天内完成;地区内部只要1~3天。这样的传送速度无论是传统的航空货运业还是邮政运输都是很难达到的。

(2) 更加安全、可靠　因为在航空快递形式下,快件运送自始至终是在同一公司内部完成,各分公司操作规程相同,服务标准也基本相同,而且同一公司内部信息交流更加方便,对客户的高价值易破损货物的保护也会更加妥帖,所以运输的安全性、可靠性也更好。与此相反,邮政运输和航空货物运输因为都牵扯不止一位经营者,各方服务水平参差不齐,所以较容易出现货损货差的现象。

(3) 更方便　航空快递不止涉及航空运输一种运输形式,它更像是陆空联运,服务由机场延伸至客户的仓库、办公桌,航空快递真正实现了门到门服务,方便了客户。此外,航空快递公司对一般包裹代为清关,针对不断发展的电子网络技术又率先采用了EDI(电子数据交换)报关系统,为客户提供了更为便捷的网上服务。快递公司特有的全球性电脑跟踪查询系统也为有特殊需求的客户带来了极大的便利。

当然,航空快递同样有自身的局限性。因为航空快递的运营公司都是跨国公司,其资源毕竟不如国家邮政系统,所以覆盖面不一定有邮政系统那么广泛,而且费用也要高出许多,若货物不是急件,大多数会选择邮政运输。

二、国际运输费用

(一) 海洋运费费用

国际海上货物运输与国际贸易息息相关,相互依存,相互促进。由于海运成本低,适货性强,是国际物流的主要方式。

依据海运船舶的不同方式,海运费用主要分为班轮运费、程租船运费和期租船运费。

1. 班轮运费

一般情况买卖双方在确定合同的时候均会确定有关班轮的费用。在散装货物的情况下,一般把运费分为基本运费和附加费。基本运费是针对任何一种货物都要计收的运费。综合基本港口的情况在基本港口间制定的运价为基本运价或基本费率,是计算基本运费的基础。基本运费的计算共有八种,常用的有以货物的毛重、货物的体积、货物重量体积从高选择三种方式。

附加费是为补偿承运人在实际运输过程中由于种种原因而遭受的损失追加收取的费用,比如,货物特性衍生的附加费,运输及港口原因衍生的附加费,临时性附加费。因为种类繁多,一般以基本运费百分比计收。

除此之外,班轮运费的确定经常使用一班轮运费术语,即班轮条件(liner terms),该术语一般和贸易术语一起运用。比如,FOB 班轮条件和 CIF 班轮条件,班轮条件指的并不是一定要用班轮运输,而是为了明确装卸费用的责任方,通常由付运费的一方负担目的港装卸费。

2. 程租船运费

程租船的运费一般考虑以下三个方面内容。

(1) 程租船基本运费　程租船基本运费是指货物从装运港至目的港的海上运费。程租船基本运费的计算方式与支付时间,须有租船人与船东在所签订的程租船合同中明确规定。其计算方式主要有两种:按运费率计算、整船包价。

(2) 程租船的装卸费　程租船运输情况下,货物的装卸费用由租船人和船东协商确定后在程租船合同中做出具体规定。主要有以下四种:船方负担装卸费、船方管装不管卸、船方管卸不管装、船方装卸均不管。

(3) 程租船的其他费用　包括由装卸时间引起的滞期费和速遣费。

在运用租船运输的方式下,应该注意以下四则事项。

(1) 严格履行租船合同的规定。

(2) 及时与各有关方沟通。

(3) 做好各种记录。

(4) 及时结清各种费用。

3. 期租船费用

期租船费用由租用期限决定。

(二) 国际航空运费用

货物的航空运费是指将一票货物自始发地机场运输到目的地机场所应收取的航空运输费用。一般地说,货物的航空运费主要由两个因素组成,即货物适用的运价与货物的计费重量。由于航空运输货物的种类繁多,货物运输的起讫地点所在航空区域不同,每种货物所适用的运价亦不同。换言之,运输的货物种类和运输起讫地点不同使航空货物运价乃至运费计算种类不同。由于飞机业务载运能力受飞机最大起飞全重和货舱本身体积的限制,因此货物的计费重量需要同时考虑其体积重量和实际重量两个因素。因为航空货物运价的"递远递减"的原则,产生了一系列重量等级运价,而重量等级运价的起码重量也影响着货物运费的计算。

1. 计费重量(Chargeable Weight)

计费重量是指用以计算货物航空运费的重量。货物的计费重量或者是货物的实际毛重,或者是货物的体积重量,或者是较高重量分界点的重量。

(1) 实际毛重(Actual Gross Weight) 包括货物包装在内的货物重量称为货物的实际毛重。

(2) 体积重量(Volume Weight) 按照国际航协规则,将货物的体积按一定的比例折合成的重量称为体积重量。换算标准为每6 000立方厘米折合1千克。

(3) 计费重量 一般地,采用货物的实际毛重与货物的体积重量两者比较取高者;但当货物按较高重量分界点的较低运价计算的航空运费较低时,则以较高重量分界点的货物起始重量作为货物的计费重量。

国际航协规定,国际货物的计费重量以0.5千克为最小单位,重量尾数不足0.5千克的,按0.5千克计算;0.5千克以上不足1千克的,按1千克计算。

当使用同一份运单,收运两件或两件以上可以采用同样种类运价计算运费时,其计费重量规定为:计费重量为货物总的实际毛重与总的体积重量两者较高者。综上所述,较高重量分界点重量也可能成为货物的计费重量。

2. 最低运费(Minimum Charge)

最低运费是指一票货物自始发地机场至目的地机场航空运费的最低限额。货物按其适用的航空运价与计费重量计算所得的航空运费,应与货物最低运费相比,取高者。

3. 国际货物运价的种类

(1) 按运价的组成形式划分,国际货物运价包括协议运价、公布直达运价和非公布直达运价。

(2) 按货物的性质划分,国际货物运价包括普通货物运价、指定商品运价、等级运价和集装货物运价。

4. 国际货物运价使用一般规定

（1）使用顺序。优先使用协议运价；如果没有协议运价，使用公布直达运价；如果没有协议运价和公布直达运价，使用等级运价；最后采用分段相加运价（最低组合）。

（2）货物运价应为填写货运单当日承运人公布的有效货物运价。

（3）货物运价的使用必须严格遵守货运运输路线的方向性，不可反方向使用运价。

（4）使用货物运价时，必须符合货物运价注释中要求和规定条件。

三、确定国际运输方式

（一）运输方式的选择

现代化的交通运输方式主要有铁路运输、公路运输、水路运输、航空运输和管道运输等。各种运输方式各有长短，都有适宜的使用范围。

（1）空运　贵重、急需、数量不大的货物。

（2）公路　少量货物的短途运输，容易死亡、变质的活物、鲜货的短途运输。

（3）铁路　大宗、笨重的中远程运输；容易死亡、变质的活物，鲜货的中远程运输。

（4）水运　大宗、笨重、远程、不急需的货物。

（5）管道　大宗流体货物运输。

各种运输方式和运输工具都有各自的特点，不同种类的货物对运输的要求也不尽相同，选择运输方式时必须根据货物的性质、数量、价格、运送距离和时效等方面进行综合考虑，要权衡运输系统所要求的运输服务和运输成本。在决定运输方式时需考虑以下七个因素。

（1）运费。

（2）运输时间。

（3）频度：可以运、配送的次数。

（4）运输能力：运量大小。

（5）货物的安全性：运输途中的破损及污染等。

（6）时间的准确性：到货时间准确性。

（7）适用性：是否适合大型货物运输。

一般认为，运费和运输时间是最重要的选择因素，具体选择时应从运输需要的不同角度综合权衡。从物流运输功能来看，速度快是货物运输的基本要求，但是速度快的运输方式,其运输费用往往较高。在考虑运输的经济性时,不能只从运输费用本身来判断,要考虑因运输速度加快,缩短了货物的备运时间,使货物的必要库存减少,从而减少了货物保管费的因素。同时,减少库存必然会使库存补充变得频繁,并导致运输次数的增加,虽然降低了库存成本,却增加了运输环节上的运输成本。因此,选择运输方式时必须注意运输服务与运输成本之间、运输成本与其他物流成本之间存在的效益背反关系。

外贸业务心得 去美国的海运运费好贵啊

外贸业务员1 有一批头盔要运到美国纽约,因为头盔是抛货,所以海运运费比较贵。之前16个立方是拼箱,运费大概是800美元,现在20个立方,货代要我们用小柜走,海运费用大概是2 900美元,说拼箱到目的港清关费用更高。客户的货总值也就4 800美元,这样贵的运费,难以承受啊!

外贸业务员2 头盔是抛货,如果走散货出的话,出口方付的费用肯定会低,但是目的港的费用比较高,就是说总体的物流费用分两部分,一部分是预付,一部分是到付,预付的低了,到付的就高了。所以,总的来说走整柜的话总体费用便宜一些,走散货拼箱的话出口方付的费用就低一些,进口方收货时(散货)会付一部分。因此是用整箱还是拼箱运输货物,一方面看双方签订的贸易条款,另一方面要看双方商量的结果。

资料来源:http://bbs.fobshanghai.com/viewthread.php?tid=4134940

(二) 国际运输的专业公司

在国际贸易中,由于运输方式与运输条款较复杂,外贸业务员一般将国际物流交付专业机构完成。专业机构即货运代理(Freight Forwarding)。货运代理是货主与承运人之间的中间人、经纪人和运输组织者。在中国,国际货运代理是一种新兴的产业,是处于国际贸易和国际货物运输之间的共生产业或边缘产业。其主要工作内容为:

(1) 选择运输路线、运输方式和适当的承运人;
(2) 向选定的承运人提供揽货、订舱;
(3) 提取货物并签发有关单证;
(4) 研究信用证条款和所有政府的规定;

(5) 包装；
(6) 储存；
(7) 称重和量尺码；
(8) 安排保险；
(9) 将货物运达港口后办理报关及单证手续,并将货物交给承运人；
(10) 做外汇交易；
(11) 支付运费及其他费用；
(12) 收取已签发的正本提单,并送达发货人；
(13) 安排货物转运；
(14) 通知收货人货物动态；
(15) 记录货物灭失情况；
(16) 协助收货人向有关责任方索赔。

通过将贸易的很大一部分中间环节交给货代操作,可以节省外贸业务员许多时间与精力。

外贸业务心得　**一个关于进口商指定货代的问题**

外贸业务员1　我之前看到很多国外进口商指定货代例子,请问指定货代对客人很有利吗？

外贸业务员2　若国外客人跟货代勾结,就有未付款就提货的风险。就我们公司而言,基本上走指定货代,跟货代合作的还算顺畅。

外贸业务员3　我有一个韩国的客户,是指定货代出货的。我问过他为什么不让我们来找货代。他说以前也这样做过,但是工厂找的货代服务态度不好,所以他们还是相信自己找的货代。

外贸业务员4　一般来说,客户指定货代对出口方不利。如果做 FOB 的话,指定货代因为并不向出口方收运费,所以往往不太合作,服务态度也较差。

　　至于进口客人为什么要指定货代,我认为除了进口商认为此方式比较方便之外,可能还有价格上的优势,比如,与货代签了一年100个柜子,这样的情况下货代一般都会给客人低价格。

资料来源：http://bbs.fobshanghai.com/thread-1423062-1-1.html

本节单项业务操作练习

1. 选择一个国外主要海运港口，查阅实时运费，计算选定产品的 40 英尺集装箱运费。
2. 选择一个国外主要航空港口，查阅实时运费，计算选定产品的航空运费。

第三节　国际结算方式及其注意事项

国际贸易中，货物和货款的相对给付是不可能由买卖双方当面完成的。卖方发货交单，买方凭单付款，以银行为中介，以票据为工具结算，是现代国际结算的基本特征。结算过程中买卖双方所承受的手续费、风险和资金负担则是双方选择结算方式所考虑的主要因素。对外贸人员来说，掌握国际贸易结算方式是其必要的操作技能。

一、票据

从广义上讲，票据可以指所有商业上作为权利凭证的单据和资金票据。从狭义上讲，票据是指资金票据，即依据票据法签发和流通，以无条件支付一定金额为目的有价证券，包括本票、支票和汇票。票据是国际主要结算工具。

（一）本票

本票是一人向另一人签发的，承诺即期或在可以确定的时间无条件支付确定金额给收款人或者持票人的票据，可以分为银行本票和商业本票。

银行本票就是申请人将款项交给银行，由银行签发的承诺在见票时无条件支付确定金额给收款人或者持票人的票据。多用于单位和个人的各种款项结算，但是要在同一票据辖区内使用。一般来说，同一城市就是同一辖区。

商业本票多用于交易和融资，所以分为交易性商业本票和融资性商业本票，前者为交易行为产生的交易票据，后者为筹资行为发生的票据。因为融资性商业本票通常有银行保证，已成为了货币市场交易的主流票据。

本票有以下三个用途。

（1）商品交易中的远期付款，可先由买主签发一张以约定付款日为到期日的本票，交给卖方。卖方可凭本票如期收到货款，如急需资金，可将本票贴现或转售他人。

（2）用作资金的借贷凭证，由借款人签发本票交给贷款人收执。

（3）企业向外筹集资金时，可以发行商业本票，由金融机构予以保证，销售于证券市场获取资金，并于本票到期日还本付息。

（二）支票

支票是一人向另一人签发的，委托办理支票存款业务的银行或者其他金融机构在见票时无条件支付确定金额给收款人或者持票人的票据。支票类型各种各样，也各有其用途，这里只介绍其中三种。

（1）普通支票是可以用来支取现金和转账的支票；转账支票只能用于转账，现金支票只能用于支取现金。

（2）划线支票是在支票正面划两道平行线的支票。划线支票与一般支票不同，只能委托银行代收票款入账。使用划线支票的目的是为了在支票遗失或被人冒领时，还有可能通过银行代收的线索追回票款。

（3）保付支票是指为了避免出票人开出空头支票，保证支票提示时付款，支票的收款人或持票人可要求银行对支票保付。保付是由付款银行在支票上加盖保付戳记，表明在支票提示时一定付款。支票一经保付，付款责任即由银行承担。出票人、背书人都可免于追索。付款银行对支票保付后，即将票款从出票人的账户转入一个专户，以备付款，所以保付支票提示时，不会退票。

支票的两个特点如下。

（1）支票的付款人为办理支票存款业务的银行或者其他金融机构。

（2）支票限于见票即付。

（三）汇票

汇票是随着国际贸易发展而产生的。因国家之间的贸易距离遥远，货币各异，从出口方发货到进口方收到货物之间有一个较长的过程，所以一般需要其中一方提供信用。有了银行之后，一般由银行提供担保进行货币的支付。汇票其实就是一种信用工具。

1. 汇票的种类

根据不同的分类，汇票可以分为很多种，常用的有银行汇票、银行承兑汇票、跟单汇票等。

（1）银行汇票　　银行见票即付，但是要求出票人必须在银行存有相应的金额，相当于用存在银行的钱去付款，只不过银行提供了信用保证。

（2）银行承兑汇票　　有一付款期限，如银行答应承兑，那么银行就会在到期日付款。相对于银行汇票,开立银行承兑汇票不用交足全部金额,只需要交一部分保证金即可。

(3) 跟单汇票　和托收方式联系紧密,这种汇票把单据当做交付货款的证明,可以理解为一种信物,方便中间人为进出口方提供服务。

2. 汇票的特点

(1) 汇票是票据的一种,具有票据的法律特征。

(2) 汇票是委托支付票据。

(3) 汇票不以见票即付为限。

(4) 汇票关系中有三个基本当事人:出票人、付款人、收款人。

3. 汇票的使用

(1) 出票　出票是指出票人签发票据并将汇票交给收款人的票据行为。出票意味着担保该汇票得到承兑,该汇票将得到付款。

(2) 背书　持票人在汇票背面签名和记载有关事项,并把汇票交付背书人的行为。

(3) 提示　持票人将汇票提交付款人要求承兑或要求付款的行为。

(4) 承兑　远期汇票的付款人明确表示同意按出票人的指示,于票据到期日付款给持票人的行为。

(5) 参加承兑　汇票遭到拒绝承兑而退票时,非汇票债务人在持票人同意下,加入已遭拒绝承兑的汇票的承兑中去的一种附属票据行为。

(6) 保证　非票据债务人对出票、背书、承兑、付款等所发生的债务予以偿付担保的票据行为。

(7) 退票　承兑提示时遭到拒绝承兑,或付款提示时遭到拒绝付款,都称退票或拒付。

(8) 追索权　汇票遭到拒付,持票人对其前手背书人或出票人有请求其偿还汇票金额及费用的权利。

(四) 本票、支票与汇票三者的区别

(1) 当事人　汇票和支票均有三个基本当事人,即出票人、付款人和收款人;本票的基本当事人只有两个,即出票人和收款人。本票的付款人即出票人自己。

(2) 证券的性质　汇票与支票均是委托他人付款的证券,属委托支付证券;本票是由出票人自己付款的票据,属自付证券或承诺证券。

(3) 到期日　支票均为见票即付;汇票和本票除见票即付外,还可作出不同到期日的记载。

（4）承兑　远期汇票需要付款人履行承兑手续费。本票由于出票时出票人就负有担保付款的责任，无需提示承兑，但见票后定期付款的必须经出票人见票才能确定到期日，因此又有提示见票即签见的必要。支票均为即期，无需承兑。

（5）出票人与付款人的关系　汇票的出票人对付款人没有法律上的约束，付款人是否愿意承兑或付款，是付款人的独立行为，但一经承兑，承兑人就应该承担到期付款的绝对责任，本票的付款人即出票人自己，一经出票，出票人即应承担付款责任；支票的付款人只有在出票人在付款人处有足以支付支票金额存款的条件下才负有付款义务。

二、国际主要结算方式

国际主要结算方式有三种。

（一）汇付

汇付又称汇款，是最简单的国际贸易货款结算方式，其实就是一手交钱一手交货，只不过国际贸易中支付货款必须经过银行。采用汇付方式结算货款时，买方将货物运给对方后，有关货运单据由卖方自行寄送买方，而买方则通过银行将货款交给卖方。

1. 汇付方式的当事人

（1）汇款人即付款人。在国际贸易结算中，通常是进口人，买卖合同的买方或其他经贸往来中的债务人。

（2）汇出行是接受汇款人的委托或申请汇出款项的银行，通常是进出口人或其他经贸往来中的债务人所在地银行。

（3）汇入行又称解付行，即接受汇出行的委托解付汇款的银行。汇入行通常是汇出行的代理行，通常是收款人所在地的银行。

（4）在国际贸易中，收款人通常是出口人，或买卖合同的卖方或其他经贸往来中的债权人。

2. 汇付的种类

（1）电汇　由汇款人委托汇出行用电报、电传、环球银行间金融电讯网络等电讯手段发出付款委托通知书给收款人所在地的汇入行，委托它将款项解付给指定的收款人。该方式由于方便快捷，使用较多。

（2）信汇　与电汇类似，只是汇出行不是使用电讯手段，而是以信汇委托书或支付通知书作为结算工具，用邮政航空信件方式寄给汇入行。这种方式由于速度比较慢，现在已经很少使用。

(3) 票汇　以票据作为结算工具的一种汇付方式。一般是指汇出行应汇款人的申请,开立以其代理行或其他往来银行为付款人的银行即期汇票,列明收款人名称、金额等,交由汇款人自行寄交给收款人,凭票向付款行取款的一种汇付方式。由于存在丢失和损毁风险,实际业务中,运用较少。

3. 汇付风险表现形式

(1) 赊销　出口商将货物发送给进口商,在没有得到付款或付款承诺的情况下,将货物运输单据交给进口商,让进口商提取货物的一种结算方式。这种先货后款的方式给予进口商较大信用、较长融资时间。出口商能否得到货款,完全依赖于进口商的信誉。一旦进口商违约,就会出现钱货两空的局面。进口商则在没有支付任何货款的情况下得到了货物,并且可以按照自己的意愿处理货物。

(2) 货到付款　出口商先行将货物出运,在进口商收到货物后再将货款汇付给出口商。货到付款具体又可以分为寄售和售定两种,在付款时间点上两者有细微的差别,但是都是出口商向进口商提供的单方融资渠道,并且出口商还要承担进口商拒付的风险。在国际贸易实务中,多用售定方式,即买卖双方签订合同,在进口商收到货物后立即将全部货款以电汇的形式付给出口商。

(3) 预付货款　进口商先将货款汇交出口商,出口商在收到货款后再发货给进口商的方式,多为预付定金。

外贸业务心得　**巴西客户的付款方式**

外贸业务员1　最近通过谷歌搜索找到一个巴西客户。在客户的回复中,仅第一次提及所需的产品,接下来,他一直跟我重点谈付款方式。他坚持提单后120天付款,理由是货物从中国到他能提货大概要四个月的时间,为了缓解资金压力,需要120天付款。经过再三磋商他最后同意90天。但是,我方坚持的付款方式是,30%定金,70%发货前付清。目前还在磋商,我疑问以下两点:(1)巴西客户对付款方式的要求有什么特别的吗?(2)这个客户到底是潜在客户还是骗子?

外贸业务员2　巴西海关很严,该国外客户的尾款要求提单后120天付这个要求完全是为了减少他的风险。很多货到巴西港口后清关也要花两个星期至两个月的时间,而且若清关资料不符合巴西海关的要求,海关将征收罚款及费用,最高可以达到出厂价的300%。因此,如果巴西客户没有付尾款的话,目的港清关要是真出什么差错他就有理由要卖方一起承担。

对于这样的客户,需要说明我方能接受的付款方式,并给出合理的理由。客户要是接受就可以合作,不接受的话也没有办法。

外贸业务员3　现在paypal全球通用,问下客户,PayPal可以吗?

资料来源:http://bbs.fobshanghai.com/viewthread.php?tid=4039689

(二) 托收

在国际结算当中,因为距离遥远,货币不同,当事人双方很少能够面对面的交易,所以需要有中间人提供帮助,帮忙收货或者收款,一般这个中间人由双方国家的银行承担。

托收是出口人在货物装运后,开具以进口方为付款人的汇票(随附或不随付货运单据),委托出口地银行通过其在进口地的分行或代理行代出口人收取货款的一种结算方式。属于商业信用,采用的是逆汇法。

1. 托收方式的当事人

(1) 委托人　开出汇票委托银行向国外付款人收款的出票人,通常就是卖方。

(2) 托收行　委托人的代理人,是接受委托人的委托转托国外银行向国外付款人代为收款的银行,通常为出口地银行。

(3) 代收行　托收行的代理人,是接受托收行的委托代向付款人收款的银行,通常为进口地银行。

(4) 付款人　通常就是买卖合同的买方,是汇票的受票人。

2. 托收的种类

(1) 光票托收　金融单据不附带商业单据的托收,即仅把金融单据委托银行代为收款。光票托收可以用于货物尾款、小额货款、贸易从属费用和索赔款的收取。

(2) 跟单托收　金融单据附带商业单据或不用金融的商业单据的托收。跟单托收有如下两种。

① 付款交单:出口人的交单须以进口人的付款为条件,即出口人将汇票连同货运单据交给银行托收时,指示银行只有在进口人付清货款时才能交出货运单据,可理解为先交钱后拿货。付款交单又分为即期付款交单与远期付款交单。

② 承兑交单:出口人的交单以进口人的承兑为条件。进口人承兑汇票后,即

可向银行取得货运单据,待汇票到期日才付款,可理解为先拿货后付款。承兑交单只适用于远期汇票的托收。

托收属于商业信用,银行办理托收业务时,既没有检查货运单据正确与否或是否完整的义务,也没有承担付款人必须付款的责任。托收虽然是通过银行办理,但银行只是作为出口人的受托人行事,并没有承担付款的责任,进口人不付款与银行无关。出口人向进口人收取货款靠的仍是进口人的商业信用。

如果遭到进口人拒绝付款,除非另有规定,银行没有代管货物的义务,出口人仍然应该关心货物的安全,直到对方付清货款为止。

由于以上特点,托收对出口人的风险较大,D/A 比 D/P 的风险更大。防范托收中存在风险的方法如下。

(1) 加强对进口商和进口商银行的信用审查　详细调查客户的信用状况及代收银行的可靠程度。

(2) 投保出口信用险以转嫁出口收汇风险　出口信用保险是一国政府为鼓励和扩大出口而以财政资金作后盾,由专门保险机构向出口商提供的保证其收汇安全的一种政策性风险保障制度,是一种政策性保险业务,它所保障的风险是一般商业保险公司不愿或不能承保的境外商业信用风险或政治风险等。

(3) 多种结算方式结合,预收部分货款以降低收汇风险　根据委托代理理论的观点,为使代理人有足够的激励去自动选择有利于委托人的行动,就必须在合同的设计中让代理人也承担一部分不确定的风险,并从这种风险承担中获得相应的补偿。所以,为了确保托收方式下的收汇安全,出口商可以预收一定的预付金,余额用即期托收的方式收汇。预付金的比例一般为合同总值的 25%～30% 为宜。

案例 7.1

2008 年 3 月,我国 A 公司与英国 B 公司签订出口合同,支付方式为 D/P 100 Days After Sight。中国 C 银行将单据寄出后,直到 2008 年 8 月尚未收到款项,遂应 A 公司要求指示英国 D 代收退单。但是,到 D 代收行回电才得知其已凭单据承兑放单,虽经过多方努力,进口商 B 公司仍以种种理由不付款,进出口商之间交涉无果。后中国 C 银行一再强调是英国 D 代收银行错误放单造成出口商钱货损失,要求 D 代收行付款,D 代收行对中国 C 银行的崔收拒不答复。10 月 25 日,D 代收行告知中国 C 银行进口商已宣告破产,并随附法院破产通知书,致使出口商钱货两空。

分析:D/P 100 Days After Sight 这种交单方式,表面上看是付款交单,但是在实际业务操作过程中,有很多国家和地区的银行都按照本国或"地区"的"惯例",在进口商承兑汇票后即放单给进口商,因此出口商面临很大的风险。故不鼓励出口商采用这种付款结算方式。

(三) 信用证

信用证是出证人以自身名义开立的一种信用文件,就广义而言,指由银行或其他人应客户请求做出的一项书面保证。按此保证,出证人承诺在符合信用证规定的条件下,兑付汇票或偿付其他付款要求。多用于贸易双方不熟悉的情况,在国际贸易当中也经常使用。

1. 信用证的当事人

(1) 开证申请人　向银行提出申请开立信用证的人,一般为进口人,就是买卖合同的买方。

(2) 开证行　按开证申请人的请求或为其自身行事开立信用证的银行,一般是进口地的银行。

(3) 受益人　信用证人指明有权使用该信用证的人,一般为出口人,也就是买卖合同的卖方。

(4) 通知行　按开证行的请求通知信用证的银行。

(5) 议付行　根据开证行的授权买入或贴现受益人开立和提交的符合信用证规定的汇票及或单据的银行。

(6) 付款行　开证行授权进行信用证项下付款或承兑并支付受益人出具的汇票的银行。

其他当事人还包括偿付行、保兑行、转让行等。

2. 信用证风险表现

(1) 开证行信用风险　信用证虽然是银行信用,但不是绝对安全的。在一些国家,银行的成立不像中国这样严格且需要有注册资本的限制,国外银行的所有权也大多是私有性质的。在这种情况下,银行的资信非常重要。进口商伙同小银行或者根本不存在的银行进行诈骗是完全可能的。

(2) 信用证硬条款风险　在信用证的规定格式中,有许多的硬性条款构成信用证的基本要素,如受益人、有效期、装运期、交单期、议付行等,任何一个条款的细微变化都可能给出口商带来麻烦。

(3) 信用证软条款风险　在信用证业务中,进口商或开证行有可能利用信用证只关注单据这一特点设置陷阱条款,或称为信用证软条款。

(4) 单据风险　信用证是一种单据买卖,实行凭单付款的原则。首先,银行审单只要单单一致,单证一致,就会把货款付给出口方而不管实际货物是否符合进口方的要求。单据不符包括两种情况,UCP600 也有明确的规定：一是无关紧要的不符；二是名副其实的不符。无关紧要的不符是指虽然单据表面与信用证不符,却可以视为相符的不符点,这种不符点单据仍可为银行所接受。名副其实的不符,即构成可以拒收拒付的单证不符,包括单据不符合信用证条款的规定、单据不符合 UCP600 的规定、单据之间相互矛盾三种情况。该类型不符点单据的后果是开证行解除单证相符条件下的付款责任,将银行信用证转为商业信用证,也就给进口商提供了拒付的理由。

案例7.2

我国某外贸公司 A 与美国 B 订立某商品 500 吨买卖合同,规定 1 月至 4 月由中国港口装上海轮运往美国纽约港,允许卖方交货数量可增减 5%。B 公司按时开来信用证的装运条款为 1 月 100 吨、2 月 150 吨、3 月 150 吨、4 月 100 吨,每月内不得分批装运。A 公司审查信用证后认为可以接受,遂于 1 月、2 月分别按信用证规定如期如数将货物装船并顺利收到货款。后由于货源不足,与船公司协商,其同意,于 3 月 10 日先在青岛将货 70 公吨装上 C 轮,等该轮船续航烟台时,于 3 月 18 日在烟台再装上 75 公吨。A 公司向议付行办理议付时,提交了分别于青岛和烟台装运的共计 145 公吨的两套提单。当议付行将单据寄到开证行索偿时,遭到了开证行的拒付。理由是：信用证规定 3 月应装 150 公吨,不准分批,而现在仅装 145 公吨,而且分别是在青岛和烟台两地装运的,与信用证规定不符。开证行拒付的理由是否合理？

分析：开证行拒付理由不成立,不能提出拒付。原因有两点：(1) 案例中 A 的运输方式不属于分批装运,虽分别是在青岛和烟台两个地方装运,但是货物却是在同一航次、同一地点到达目的地。(2) 运输的货物为 145 公吨,确实不足 150 公吨,但是信用证中规定允许卖方交货数量可增减 5%,A 的交货数量在此范围内,并未违反信用证规定。

三、新兴的国际结算方法

随着科技的发展更方便快捷的国际贸易付款方式层出不穷。

1. 支付宝

支付宝是淘宝网为解决网络交易安全所设的一个功能,该功能使用第三方担保交易模式,由买家将货款打到支付宝账户,由支付宝通知卖家发货,买家收到商品后指令支付宝将货款放于卖家,至此完成一笔网络交易。支付宝于 2004 年 12 月独立为浙江支付宝网络技术有限公司,是阿里巴巴集团的关联公司。支付宝公司于 2019 年 1 月宣布,支付宝全球用户数已经超过 10 亿。

2. PayPal

PayPal(在中国大陆的品牌为贝宝)于 1998 年 12 月由 Peter Thiel 和 Max Levchin 建立,是一个总部在美国加利福尼亚州圣荷西市的因特网服务商,允许在使用电子邮件标志身份的用户之间转移资金,避免了传统的邮寄支票或者汇款。PayPal 也和一些电子商务网站合作,成为它们的货款支付方式之一。但是,用这种支付方式转账时,PayPal 收取一定数额的手续费。

可以看出这两个新兴的支付方式都是依托其关联的集团公司生存发展的,但是慢慢地它们也发展出了自己的生存模式。现在不少外贸公司都可以运用不同的电商服务取得货源与支付货款,这种方式加大了贸易的流通,免去了传统贸易当中的一些繁琐环节,已经成为很多外贸公司发展业务的不二选择。

案例7.3

外贸商户 A 因为客人要求使用 PayPal 付款,而注册了 PayPal 账户,完成了激活和认证,随后网上显示顺利收到了客人的付款。但是,真正划转自己账户后发现被扣掉了一部分,然后又发现提现也是需要一些费用。

分析: 首先 PayPal 有两个费用:一个是交易费 3.9%+USD0.3;另外是提现费用。USD35(提现到中国大陆的费用)不管提多少金额,费用相同。这两个费用可以加到产品的价格中,也可以和客人协商;提现费用可以多收几次款后再提现,这样平均到每次的费用就很少了。

本节单项业务操作练习

1. 模拟制作信用证开证申请单。
2. 登录支付宝、PayPal 网站了解电子支付的特点和模式。

第四节 外贸寄样

寄样是生产企业或者外贸公司应客户要求寄送公司样品的过程。寄样一般有两种情况。

（1）寄送公司现有样品。从公司正常生产的产品中抽取样品寄送给客户。企业成本相对较低，但单品价值较高的企业仍需谨慎对待。

（2）打样寄送。根据客户要求专门生产样品寄送给客户。企业成本相对较高，有时即使单品价值不高，但由于规模化生产过程中每次开机的费用较高，无形中拉高了打样、寄样成本。

无论是哪种形式，企业都存在一定的风险，当下有很多骗局就是针对寄样展开的，特别是产品有一定单品价值时；另外部分企业产品拥有一定的特色设计但却没有产权，这样寄样还有可能造成设计外泄等损失，这在工艺品生产企业中是很普遍的现象；即使是正常业务往来，寄样后杳无音信的情况也比比皆是。

寄样问题的实质，就是如何甄选潜在客户并发展业务关系。以下我们将从寄样前、寄样中、寄样后三个阶段分别展开分析。

一、寄样前要点：判断、打样确认

在寄样前外贸业务员应当判断寄样与否以及如何有效控制样品快递费用。

（一）明确寄样原则

一般来说，明确寄样原则有以下四个方面的内容。

1. 清楚自身实力及海外拓展策略

大多数外贸企业实力有限，海外拓展初期希望有力控制销售成本；部分外贸企业实力雄厚，希望加大海外拓展力度，愿意多投入。若是前者，可以量入为出；若是后者，样品方面（样品、运费）可多做预算。根据客户等级建立样品寄送标准，对一定销售期间的样品数量及金额做预算。

2. 对潜在客户做深入的分析判断

一般来讲，对于合作已久、知其底细的老客户，可考虑样品费、运费全免。对于有诚意的新客户，虽然样品可免费提供，但从发展双方业务考虑，请对方付运费。如果客户要求寄样品，就要详细了解对方相关资料，验明真身，要求对方传真对方公司资料如公司营业执照。特别要注意传真件中对方公司的信签。若客户希望能一次性提供多个样品，且不愿支付任何费用，经进一步详细分析对方公司背景、样品用途后，酌情处理。

3. 了解客户索样的用途，为今后订单铺底

客户常见的索样用途有纯粹收集样品做分析比较，参数测试，最终用户的使用体验，潜在的、可见的订单。

4. 正确心态

因为不是只有带来订单的样品投入才有价值。只有让更多的人知道，才有可能有好的效果。即便暂时没有订单，也可以通过客户反馈，了解目标市场的最新行情、产品需改进的要素及产品线的研发方向。有些产品如纺织品，需作成分检查；如手机，需经过相关入网测试（一般 2~3 个月），要耐心等待。

（二）寄样判断

按照前期双方接触所处不同阶段，判断寄样与否。

第一个阶段，客户对出口商的报价等条款还没有确认，此时寄样为时过早。

第二个阶段，国外客户对出口产品要求很详细并提出过许多问题，对出口商给予的答复较满意。出口商可以先发产品的图片给客户，如果双方均认可产品，再根据情况打样。

第三个阶段，在样品不是很昂贵的情况下，为了考验客户的诚意，可要求对方承担寄样品的运费。一般是告知出口方客户在快递公司注册的账户。

外贸业务心得　与菲律宾客户的样品运费拉锯战

外贸业务员 1　有一菲律宾客户要求打样，于是回件要对方付运费，并告知其到付账号。客户回邮件，说中国及其他国家的供应商与他们做生意都是由供应商付运费，所以如果想要订单的话，那么就寄样品来。我们随回邮件告知的确有供应商承担运费的，但需由客户付样品费。过去我们一直承担着客户样品的运费，而现在越来越多的客户要样品。然而寄出的样品有时没进一步

的消息,甚至有的客户拿着我们的样品下单给其他人,这给我们造成了一定损失,因此我们现在才由客户付样品的运费,很多客户对我们的做法表示理解与支持。

接下来的一个多星期里,我又询问了两次,重发了一次邮件,结果都没收到回复。

外贸业务员2 应该有自己的原则。不过现在我都这样处理国外客户要求的样品:样品免费,运费客户先汇过来,然后在第一单返回。

外贸业务员3 这种客人,没点诚意!如不付运费,坚决不给样品,这是考验能否与你做成生意的第一步!

资料来源:http://bbs.fobshanghai.com/viewthread.php?tid=512698

二、寄样中要点:检疫报关、寄送方式

确定寄送样品后,在寄样中出口商应选择最佳寄样方式并及时办理进出口商品检验。

(一) 寄样准备

首先,样品确认很关键。确认客户需要的样品型号及规格、包装、说明书、每单数量要求、形式发票的格式等细节不容忽视。必要时可结合邮件、光盘、照片。

其次,要注意取样原则。样品要有代表性,是从批量生产的产品中抽样而得;保证待寄样品的质量是严格符合客户要求的;要制作样品标签;要留样品及其生产批次等相关资料以备日后核查。

再次,要与客户确认寄样地址。贸易中介等往往存在公司地址与寄样地址不一致的情况,一旦错寄会严重影响商机。

最后,还要掌握一些寄样小技巧。在样品里放些轻巧而实惠的小礼物,给客户提供些希望了解的信息。

(二) 一般的样品寄送方法和运费支付

在国际贸易中,样品寄送一般通过快递公司。从事国际快递业务的公司主要有 EMS、FEDEX、DHL、TNT、UPS 等。这些国际快递公司邮寄费用一般采用寄件方预付、收货方支付(到付)和第三方支付的方法。

(1) 预付(Freight Prepaid):寄件方缴付所需邮寄费用。此支付方式多用于寄送费用低、客户信誉好或老客户、成交希望大的情况。

(2) 到付(Freight Collect):收件人交付所需邮寄费用。此支付方式多用于寄送费用高、客户信誉差或新客户、成交希望无法确定的情况。但需注意,有时收件人会在当地拒付,最后快递公司仍需寄件方支付费用。因此,一般要求收件人必须提供某一快递公司的到付账号,如 DHL 的全球到付账号是以 96 开头的,即 96 ×××××××。

(3) 第三方支付:邮寄费用实际上由寄件方或收件人以外的第三方支付。

(三) 办理进出口样品检验

办理进出口商品检验,是国际贸易中的一个重要环节。样品的检验程序如下。

(1) 商检机构受理报验。首先由报验人填写《出口检验申请书》,并提供有关的单证和资料,如外贸合同、信用证、厂检结果单正本等。商检机构在审查上述单证符合要求后,受理该批商品的报验。如发现有不合要求者,可要求申请人补充或修改有关条款。

(2) 检验。检验部门可以使用从感官到化学分析、仪器分析等各种技术手段,对出口商品进行检验,检验的形式有商检自验、共同检验、驻厂检验和产地检验。

(3) 签发证书。商检机构对检验合格的商品签发检验证书,或在《出口货物报关单》上加盖放行章。出口商在取得检验证书或放行通知单后,在规定的有效期内报运出口。

三、寄样后要点:跟踪、下单、改进

样品寄送后,需注意以下工作以促进交易尽快达成。

1. 及时通知

(1) 出口商用邮件或快递底单通知客户发样信息,包括样品快递跟踪号码,快递何时发送,大约何时到达等信息。

(2) 备妥形式发票。形式发票除了是客户清关的必需单据外,也是出口商样品管理的重要记录。

(3) 请客户收到样品后确认。

2. 妥善管理样品

(1) 可设计样品管理表,包括送样国别、客户、样品名、样品的版本及生产批次、样品数量、金额等内容。

(2) 妥善保存好形式发票用以留档。

(3) 客户对样品的评估内容也应添加到样品管理表中。

3. 即时跟踪样品情况

(1) 询问样品顺利到达与否，表达对客户的重视，体现外贸的专业精神，避免被客户忘记。

(2) 以质量检测报告跟进客户端的样品进展情况（准入测试、终端用户使用体验、参展等）。

(3) 听取客户对样品的评估，满意不满意都想办法让客户给出具体说明。

4. 建立稳定的合作关系

(1) 不管短期内有无订单，尽量与拿样客户建立起稳定的联系，不间断通知出口商的产品线新情况。

(2) 沟通的频率很重要。因为电子商务使得客户始终面临无数诱惑。

5. 关注最终结果

(1) 客户收到样品后，对样品质量、规格等均比较满意后顺利下单。下单后关键的跟进工作是保证货样一致；

(2) 客户收到样品后，没有回复，有以下三种可能：①出口商的样品质量不能满足客户的需求；②客户在等他的客户做选择；③客户只是收集样品而已，买来做展示或者自己使用。面对这三种可能，出口商需及时和客户沟通，有效解决遇到的问题。

寄样后不下单的情况比较常见，因此不要太急于求成，一方面坚持与客户联系和沟通，另一方面将精力集中在继续寻找新的目标客户上。

案例7.4

某美国外贸公司帮助客户在中国寻找OEM厂商，找到A。客户一开始就了解A是外贸公司人员，相当于中间商，但是鉴于A能提供及时有效的服务，还是同意与A合作。由于该产品必须通过寄样确认质量，所以在A报价得到客户的确认后，客户要求寄出样品后再来中国考查工厂并与A签订代理协议。但是，A委托的工厂不配合打样、寄样，导致该项目无法继续洽谈。

分析： 寄样无法成功的主要原因是因为中间环节太多，加大了不确定因素。在寄样时，一定要确认中间环节有多少，最好是终端对终端，即工厂对直接用户，或是中间有一家外贸公司。若中间环节再多，寄样成功的可能性就会变小。A与工厂为了获取订单，须积极合作，如工厂应该在A提供了客户大致信息后，主动地给 A 提出相应的建议，甚至在 A 提出支付样品费时，主动表示愿意寄样。这种合作可以减少供货商方面的不确定因素，而提高成功率。总之，外贸公司和工厂不应该互相猜疑，应该在有了解的情况下成为一种暂时或长期的结合体，合力促进贸易的进行。这样才能使双方都从中获益。

本节单项业务操作练习

1. 选择一个国外主要航空港，了解和计算从上海到此港口一个标准 20 尺集装箱海运费用。

2. 模拟填制一张国际快递面单。了解和计算从上海到美国纽约国际四大快递公司主要空运费用。

本 章 小 结

1. 在报价前出口商应充分的准备，在报价中选择适当的价格术语，利用合同里的付款方式、交货期、装运条款、保险条款等要件与买家讨价还价，也可以凭借自己的综合优势，在报价中掌握主动。

2. 在一份报价中，价格术语是核心部分之一。因为采用哪一种价格术语实际上就决定了买卖双方的责权、利润的划分，所以出口商在拟就一份报价前，除要尽量满足客户的要求外，自己也要充分了解各种价格术语的真正内涵并认真选择，然后根据已选择的价格术语进行报价。

3. 合同其他要件主要包括付款方式、交货期、装运条款、保险条款等。在影响成交的因素中，价格只是其中之一，如果能结合其他要件和客户商谈，价格的灵活性就要大一些。

4. 国际贸易中主要的运输方式有海洋运输、铁路运输、航空运输、公路内河与邮政运输、集装箱运输以及多式运输和大陆桥运输。

5. 运费和运输时间是最为重要的选择因素，应从运输需要的不同角度综合加以权衡。速度快是货物运输的基本要求，但是速度快的运输方式，其运输费用往往较高。在考虑运输的经济性时，不能只从运输费用本身来判断，要考虑因运输速度加快,缩短了货物的备运时间,货物的必要库存减少,从而减少了货物保管费的因素。同时,减少库存必然会使库存补充变得频繁,并导致运输次数的增加,虽然降低了库存成本,却增加了运输环节上的运输成本。

6. 卖方发货交单,买方凭单付款,以银行为中介,以票据为工具进行结算,是现代国际结算的基本特征。结算过程中买卖双方所承受的手续费用、风险和资金负担则是双方选择结算方式所考虑的主要因素。

7. 汇票和支票均有三个基本当事人,即出票人、付款人、和收款人;本票的基本当事人只有两个,即出票人和收款人。本票的付款人即出票人自己。

8. 汇票的出票人对付款人没有法律上的约束,付款人是否愿意承兑或付款是付款人的独立行为,但一经承兑,承兑人就应该承担到期付款的绝对责任。本票的付款人即出票人自己,一经出票,出票人即应承担付款责任;支票的付款人只有在出票人在付款人处有足以支付支票金额存款的条件下才负有付款义务。

9. 在国际结算中,因为距离遥远,货币不同,双方当事人很少能够面对面的交易,需要中间人提供帮助,帮忙收货或者收款,一般这个中间人由双方国家的银行来承担。

10. 托收属于商业信用,银行办理托收业务时,既没有检查货运单据正确与否或是否完整的义务,也没有承担付款人必须付款的责任。

11. 信用证虽然是银行信用,但也不是绝对安全的。国外银行的所有权也大多是私有性质的,银行的资信非常重要。进口商伙同一小银行或者根本不存在的银行联合诈骗是完全可能的。

基 本 概 念

1. 报价:又称为报盘,是在合同商定之前,出口商向进口商提供的出口商品价格。

2. 顺向报价方法:卖方首先报出最高价格或买方报出低价。这种报价方法,价格中的虚报成分一般较多,为买卖双方的进一步磋商留下了空间。卖方报出高价后,如果买方认为卖方价格过高,会立即拒绝或怀疑卖方的诚意,并要求卖方降低价格。当买方认为卖方的价格较为合理时,买方依然会坚持要求卖方继续降低价格,一旦卖方降价,买方就会产生一定的满足心理,这时只要卖方能够把握时机,往往能够促使交易成功。

3. 逆向报价方法:这是一种反传统的报价方法,具体做法是,卖方首先报出低价或买方报出高价,以吸引客户,诱发客户谈判兴趣。然后,再从其他交易条件寻找突破口,逐步抬高或压低价格,最终在预期价位成交。

4. 班轮运输也叫定期船运输。班轮运输主要有三个特点:①四固定即船舶按照固定的船期表、沿着固定的航线和港口来往运输,并按相对固定的运费率收取运费。②一负责,承运人管装管卸,不过装卸费用包括在运费内会转嫁给运费的承担方。③承运人和托运人双方的权利义务和责任豁免以班轮公司签发的提单条款为依据,不计算装卸时间与滞期费和速遣费;风险转移界限为船舷至船舷,吊钩到吊钩。

5. 租船运输,又称租船,是海洋运输的一种方式,是指租船人向船东租赁船舶用于货物运输的一种方式。租船运输适用于大宗货物运输,有关航线和港口、运输货物的种类以及航行的时间等,都按照承租人的要求,由船舶所有人确认。

6. 国际邮政运输是一种具有国际多式联运性质的运输方式。一件国际邮件一般要经过两个或两个以上的国家邮政局和两种或两种以上不同运输方式的联合作业方可完成。

7. 航空快递运输方式:航空快递运输是目前国际航空运输中最快捷的运输方式。它不同于航空邮寄和航空货运,而是由一个专门经营此项业务的机构与航空公司密切合作,设专人用最快的速度在货主、机场、收件人之间传送急件。

8. 票据:从广义上讲票据可以指所有商业上作为权利凭证的单据和资金票据。从狭义上讲票据是指资金票据,即依据票据法签发和流通,以无条件支付一定金额为目的有价证券,包括本票、支票和汇票。票据是国际主要结算工具。

9. 本票:一人向另一人签发的,承诺即期或将来无条件支付确定金额给收款人或者持票人的票据,可以分为银行本票和商业本票。

10. 支票:一人向另一人签发的,委托办理支票存款业务的银行或者其他金融机构在见票时无条件支付确定金额给收款人或者持票人的票据。

11. 汇票:随着国际贸易发展而产生的,因国家之间的贸易距离遥远,货币各异,从出口方发货到进口方收到货物中间的过程较长。所以,一般需要其中一方提供信用。有了银行之后,一般由银行提供担保进行货币的支付。汇票其实就是一种信用工具。

12. 汇付:又称汇款,是最简单的国际贸易货款结算方式,其实就是一手交钱一手交货,只不过国际贸易当中支付货款必须经过银行。采用汇付方式结算货款时，买方将货物运给对方后，有关货运单据由卖方自行寄送买方，而买方则径自通过银行将货款交给卖方。

13. 托收：出口人在货物装运后，开具以进口方为付款人的汇票（随附或不随付货运单据），委托出口地银行通过它在进口地的分行或代理行代出口人收取货款一种结算方式。属于商业信用，采用的是逆汇法。

14. 信用证：出证人以自身名义开立的一种信用文件，就广义而言，他是指由银行或其他人应客户请求做出的一项书面保证，按此保证，出证人承诺在符合信用证所规定的条件下，兑付汇票或偿付其他付款要求。

本章综合操作训练

1. 2013年7月份我方报价国外客户后，客户要求寄样。我方及时邮寄样品。客户收到样品确认质量后，要求的价格与我方价格相差很远，因此没有成交订单。2014年7月再次收到该客户对另一款产品询价，我方再次报价，客户再次要求样品。我方如何处理？如何予以书面答复？

2. 国外老客户最近确定下单两个40英尺柜的货。但双方对付款方式存在分歧。我方提供了三种付款方式：全预付；50％预付，50％D/P；即期信用证。但是，客户均不接受。客户要求预付较少部分货款，余款在发货以后付款。我方如何处理该问题？

第八章

客户关系管理和维护

 学习目标

- 了解客户关系管理软件
- 学会运用客户关系管理软件对外贸客户进行分类管理和维护
- 了解外贸客户流失的原因,掌握外贸客户的维护技巧
- 学会正确对待和处理客户的抱怨和索赔,掌握相关技巧
- 了解流失客户的挽回技巧

客户是企业最重要的资源之一,开发了新客户之后,如何留住老客户,尤其是如何留住有价值的客户,是外贸公司核心工作的一个重要部分。

第一节 客户关系管理

客户关系管理(Customer Relationship Management,CRM)是一个不断加强与客户交流,不断了解客户需求,并不断对产品及服务进行改进和提高以满足客户的需求的连续的过程。

最早发展客户关系管理的是美国。对客户关系管理应用的重视来源于企业对客户长期管理的观念,这种观念认为客户是企业最重要的资产,企业的信息支持系统给客户以信息自主权。CRM就是工业发达国家对以客户为中心的营销的整体解决方案,由于近些年来IT技术(特别是互联网技术)的飞速发展而得到了很广泛的应用。

客户关系管理注重的是与客户的交流。企业的经营是以客户为中心,而不是传统的以产品或以市场为中心。为方便与客户的沟通,客户关系管理可以为客户提供多种交流的渠道。CRM的实施目标就是通过全面提升企业业务流程的管理来降低企业成本,提供更快速和周到的优质服务来吸引和保持更多的客户。

传统的客户关系管理中常见的弊端：由于公司营销人员的不断变动决定了他们会不断寻找新客户,而遗忘了老客户;客户信息散乱,对客户信息的管理也十分凌乱;传统管理软件灵活性差,开发升级难,不利于客户资源的优化管理;等等。作为一种新型管理机制,CRM 极大地改善了企业与客户之间的关系。通过 CRM 系统,销售管理人员不仅可以根据实时数据进行市场预测分析,指定可行性计划和目标,还可帮助他们更加有效地跟踪客户。通过 CRM 系统,还可以将企业资源进行科学而全面的分类,包含客户、竞争对手、合作伙伴等具体分类,信息记录更加全面。

美国客户关系管理专家 Arthur M. Hughes 认为,成功的客户关系管理有五个衡量指标:(1)公司的营销流程很完善;(2)公司能够很容易掌握到客户的姓名、地址和购买行为;(3)公司能掌握客户在销售地点的重复性购买资料;(4)公司具有建立和利用客户资料库的技能;(5)公司能本着双赢的原则为客户提供相应的奖励计划。目前,这些指标体系在很多企业的客户关系管理中被认可。

一、客户关系管理软件

客户关系管理的工具一般简称为 CRM 软件,既是一种崭新的、国际领先的、以客户为中心的企业管理理论、商业理念和商业运作模式,也是一种以信息技术为手段有效提高企业收益、客户满意度、雇员生产力的具体软件和实现方法。作为解决方案（Solution）的客户关系管理,集合了当今最新的信息技术,包括 Internet 和电子商务、多媒体技术、数据仓库和数据挖掘、专家系统和人工智能、呼叫中心等。CRM 是一种基于 Internet 的应用系统,通过对企业业务流程的重组来整合用户信息资源,以更有效的方法管理客户关系,在企业内部实现信息和资源的共享,从而降低企业运营成本,为客户提供更经济、快捷、周到的产品和服务,保持和吸引更多的客户,以求最终达到企业利润最大化的目的。

（一）CRM 软件的分类

目前,市场上有很多的客户关系管理软件,根据不同的标准,可以进行不同的分类。

(1) 根据软件关注的重点来分,CRM 软件分为操作型和分析型两大类,当然也有两者并重的。

操作型 CRM 软件支持 CRM 的日常作业流程的每个环节,更关注业务流程、信息记录,提供便捷的操作和人性化的界面;分析型 CRM 软件往往基于大量的企业日常数据,对数据进行挖掘分析,找出客户、产品、服务的特征,从而修正企业的产品策略、市场策略。

（2）从软件的技术层面来看，CRM 软件分为预置型和托管型两类。预置型 CRM 是一种传统型的软件，它是将软件装到公司电脑中，然后由公司的 IT 人员执行操作。以前用的都是这一种。托管型 CRM 是指将软件作为一个服务器（通常是通过互联网，但并不是指市面上的那些软件服务（SaaS）厂商所提供的产品，如 Saelsforce.com、NetSuite 和 RightNow 等），用户可以在远离用户的电脑上操作应用。托管型 CRM 并不保证一定是多用户模式。这两种模式各有自己的优势，近年来选择托管型 CRM 工具的企业，尤其是中小型企业，正在逐步增加。

如何解决数据安全方面的担忧，是托管型 CRM 面临的最大难题，如何说服企业将核心数据放置在企业可控制范围之外，是托管型 CRM 能走多远的关键。今天，云计算的全球化使得传统 CRM 软件已逐渐被 Web CRM（又称为在线 CRM、托管型 CRM 和按需 CRM）超越。美国知名在线 CRM 厂商 Salesforce 和国内云计算的倡导者 CloudCC CRM、用友、金蝶都是现在 CRM 的杰出代表。现在，越来越多的客户倾向于采用 Web 来管理 CRM 等业务应用程序。

（3）根据客户的类型不同，CRM 可以分为 B2B CRM 及 B2C CRM。B2B CRM 管理的是企业客户，而 B2C CRM 管理的则是个人客户。提供企业产品销售和服务的企业需要的 B2B CRM，也就是市面上大部分 CRM 的内容。提供个人及家庭消费的企业需要的是 B2C CRM。根据 CRM 管理侧重点不同又分为操作性和分析型 CRM。大部分 CRM 为操作型 CRM，而分析型 CRM 则偏重于数据分析。

外贸业务心得　客户关系管理走上云端　可从联络中心开始

云计算的发展如火如荼，基于云计算的应用也不断走向实用化。作为客户关系管理的前沿阵地，联络中心也正在加速走入云端。Aspect 为此已经提供了成熟的解决方案，云计算联络中心量身打造的托管型产品 Aspect on Demand 以及支持云计算环境的劳动力优化解决方案 Workforce Management，让云计算技术通过联络中心快速发挥实际效益。

据 Gartner 数据显示，托管呼叫中心服务在北美已经发展比较成熟。目前在亚太及中国市场，托管呼叫中心服务虽然刚刚起步，但是发展势头非常迅猛。研究显示，预计未来，亚太区基于云计算和托管的呼叫中心市场将以每年超过 15% 的速度增长，云呼叫中心的市场前景非常广阔。

区别于传统呼叫中心,云客户联络中心的最大特点是租赁方式,用户像用水用电一样随需取用。

在传统的呼叫中心解决方案中,系统规模通常需要按最大业务量来考虑。这样,在业务高峰过去之后,就会有大量的资源闲置,导致资源利用效率大打折扣。同时,企业还要花人力来维护这些设备,每个月的系统运维成本也是企业的一大负担。云计算对企业来说最大的好处是把人员和设备从固定的办公室和机房解放出来,因而为重新制定全新的业务流程奠定基础。企业甚至不需要配备和维护自己的IT系统,直接租用云计算资源即可,从而极大地提高灵活性和自动化程度,并且大幅度较低成本。

由于有专业的云计算平台提供商和Aspect公司强大的联络中心平台做后盾,Aspect on Demand能够得到安全性、功能更强的云呼叫中心服务,同时拥有更加专业的维护服务。用户不必配备自己的IT系统就已经可以享用Aspect Unified IP 7这个经典联络中心平台中的大部分功能,而且新功能还在不断开发推出。同时,配套的联络中心质量管理(Quality Management)和劳动力管理(Workforce Management)功能一应俱全。Aspect on Demand还让企业机构能根据当前业务需要灵活选择特定功能和座席功能。这项服务提供交互渠道和劳动力优化功能,包括呼入、呼出以及混合语音、网络聊天、高级列表管理、劳动力管理、录音以及基于IVR的自助服务。

资料来源:Aspect大中华区总经理丁海,http://www.d1net.com/cc/news/100572.html

(二) CRM 软件的功能

CRM软件的功能可以归纳为三个方面:市场营销中的客户关系管理、销售过程中的客户关系管理、客户服务过程中的客户关系管理。

1. 市场营销中的客户关系管理

CRM软件在市场营销中,可以有效帮助市场人员分析现有的目标客户群体,如主要客户群体集中在哪个行业、哪个职业、哪个年龄层次、哪个地域等,从而帮助市场人员进行精确的市场投放;有效分析每一次市场活动的投入产出比,根据与市场活动相关联的回款记录及举行市场活动的报销单据做计算,就可以统计出所有市场活动的效果报表。

2. 销售过程中的客户关系管理

销售过程中的客户关系管理是CRM软件系统中的主要组成部分,主要包括潜在客户、客户、联系人、业务机会、订单、回款单、报表统计图等模块。业务员记录沟通内容、建立日程安排、查询预约提醒、快速浏览客户数据,有效缩短了工作时间,而大额业务提醒、销售漏斗分析、业绩指标统计、业务阶段划分等功能又可以帮助管理人员提高整个公司的成单率、缩短销售周期,从而实现最大效益的业务增长。

3. 客户服务中的客户关系管理

客户服务中的客户关系管理主要用于快速及时地获得问题客户的信息及客户历史问题记录等,可以有针对性并且高效地为客户解决问题,提高客户满意度,提升企业形象,主要功能包括客户反馈、解决方案、满意度调查等功能。应用客户反馈中的自动升级功能,管理者可得到超期未解决的客户请求;解决方案功能使所有员工都可以立刻提交给客户答案,而满意度调查功能又可以使最高层的管理者随时获知本公司客户服务的真实水平。有些客户关系管理软件还会集成呼叫中心系统,可以缩短客户服务人员的响应时间。

二、外贸客户的分类

区分外贸客户是与客户建立稳定关系的前提。根据帕雷托定律(即八二开原理),20%的主要原因能够引起80%的结果,而另外80%的次要原因只能引起20%的结果。该定律在企业经营中的表现就是:20%的主要客户能够给企业带来80%的利润,而80%的次要客户只能给企业带来20%的利润。客户关系管理的一个主要目标就是要培养能够给企业带来价值的好客户,这就需要对外贸客户进行分类管理。

(一) 客户资料整理

收集客户详细信息,建立客户信息档案,是区分客户的有效途径。客户资料的记录不仅可以帮助企业选择有效的营销策略,而且还可以帮助企业强化客户的忠诚度。

客户信息的收集方法包括统计资料法、观察法、会议现场收集法、阅读法、视听法、多向沟通法、聘请法、购买法、加工法、网络收集法、数据库收集法,等等。具体来讲,收集客户资料可以从以下三个方面来进行。

1. 增加对外国客户情况的了解

客户情况主要包括资本状况和资本变化情况、历史发展状况、经营能力和经营范围、信用记录、组织情况、负责人情况,等等。

2. 了解外国客户与外贸公司开展经贸的历史和现状

主要内容包括客户与外贸公司建立业务联系的情况（联系时间、交易次数、商品种类、具体要求、合作态度等），客户与外贸公司的成交记录（产品的品种、成交数量和金额、是否产生过争议），客户历年履约的情况（信用证、货物、支付、保险等），客户在履约过程中处理争议、索赔、理赔情况，等等。

3. 国外客户与其他客户交往的情况

主要内容包括：客户在国外的分支机构、子公司及代理等情况、客户与其他厂商的往来关系，等等。

客户资料有很多来源，包括业务往来函电，与客户进行谈判的材料，通过我国驻外经济机构进行了解，通过国外咨询公司或是银行进行调查，请国外商会及老客户提供情况，从国内外公开出版物及互联网中查找，等等。

收集到客户资料后，还需要对这些资料进行鉴别，可以从这四个方面进行。

(1) 看所获资料是否具有代表性，是否能够真正反映客户的情况；

(2) 看所获资料是否具有可靠性，是否准确、可信；

(3) 看所获资料与过去的或者从其他来源获得的资料是否有矛盾；

(4) 看所获资料是否具有时效性。

对这些客户资料进行整理、加工和分类后，就能够对外贸客户进行细分了。

(二) 客户的分类

外国客户来自不同的国家地区，他们的产品偏好和购买心理不尽相同，应该区别对待。做好客户分类的工作，可以让我们分清主次，以能更合理地分配和利用时间。

外贸客户分类的四项原则：

(1) 客户的可衡量性。

(2) 客户的需求足量性。

(3) 客户的可开发性。

(4) 客户的反应差异性。

对客户的分类可以根据不同的标准进行。

1. 按客户的地理位置分类

可以将客户分为北美客户、南美客户、欧洲客户、中东客户和亚洲客户等。

北美客户（如美国、加拿大等）是以犹太人为主的贸易市场，一般均是采购量比较大的批发业务，但利润较低；采购者中百货超市较多，如沃尔玛等；非常注重验厂、注重人权；忠诚度不高，十分现实，只要找到价格更低的，就会和另外的供应商合作;通常使用信用证(L/C)方式付款。

南美客户(如巴西、阿根廷等)的要求一般是量大价低,不要求质量,价格优势对他们的吸引力很大;通常都没有配额要求,但有高额的关税。

欧洲客户往往会采购多种款式,但每种款式的采购量普遍较少;很注重产品风格、款式、设计、质量和材质,要求环保;采购的产品较为分散,大多为个人品牌;对工厂的研发能力很注重,一般要求公司有自己的设计师;有品牌经验要求;忠诚度高;付款方式比较灵活;不着重验厂,但注重认证(环保认证、质量技术认证等),大部分会要求供应商做 OEM/ODM。

中东客户(如沙特等)在采购时两极分化严重:如果采购好产品,往往要求是最好的产品,价格高一点也无所谓,但采购量较小;如果采购低价产品,则要求是非常廉价的下等货。交易时,最好是要求买家付现金。

亚洲客户(如日本、韩国等)对产品的品质要求全面。如果是高品质的产品,在细节要求上非常高;他们经常采购价格较高的产品,采购量也还可以;验货标准十分严谨,但忠诚度很高,一般合作过之后,通常都很少会再换供应商。

2. 根据客户的忠诚度分类

把客户分为忠诚客户、游离客户和潜在客户。

忠诚客户与外贸公司及其产品有比较稳固的联系,他们是公司效益的保证;游离客户是处于游离状态的客户,一旦碰到其他有吸引力的供应商,就会转走订单,他们是外贸公司要竭力留住的客户;潜在客户暂时并不购买公司产品,但将来有可能变成外贸公司的客户。

3. 根据客户的身份分类

把客户分为专业品牌买家、专业的贸易商或代理商、一般零售商以及个人贸易公司(SOHO)。

专业品牌买家拥有自主品牌、完善的零售渠道和终端管理系统,如 NIKE、ADDIDAS、KAPA 等。他们对质量要求较高,订单较稳,一般量都比较大,会非常关心供应商的研发能力、工厂规模、质量标准、产品认证、售后服务等。

专业的贸易商或代理商常常经营或者代理品牌,以批发贸易为核心业务,如:香港利丰(L&F),经营代理如 TOMMY、锐步、迪斯尼,大卖场如沃尔玛(WALMART)、玛莎(MARKS&SEPNCERS)、家乐福(CARREFOUR)等。他们对价格较敏感,很多在中国的城市有采购办事处,对中国市场相当熟悉,因此会找很多供应商,从中挑选有竞争力的卖家,一旦下了订单,往往采购量很大,周期也较长。他们一般不会在网上下单。

一般零售商主要是国外的中小企业、贸易公司,采购产品种类繁多,区域变动大。他们的订单一般量都较小,但下单频率快,要货很急,在质量达标的情况下,主要关注价格和交货期。目前在网上大多数是这类客户。

个人贸易公司一般都是小规模采购。

4. 按客户的来源分类

把客户分为展会客户、B2B结识客户、朋友介绍客户,等等。

5. 按客户成交金额分类

把客户分为大客户、一般客户和小客户。

本节单项业务操作练习

1. 通常衡量成功的客户关系管理的指标有哪些?
2. 收集客户资料的途径有哪些?如何据此进行客户分类?

第二节 外贸客户的维护

实践中,往往在不断开发新客户的同时,大量老客户流失。从长期看,老客户能够带来更多的利润。据统计,留住老客户比赢得新客户所付出的代价要低得多,获得一个新客户的成本通常是保持一个满意的老客户成本的3~5倍。

一、客户流失的原因

如果没有有效的客户关系管理,不能保持并扩大忠诚客户的拥有量,就会出现比较严重的订单或客户流失。客户流失会加大新客户开发的压力和难度,使客户的满意度和忠诚度受到不良影响,公司声誉下降。

在外贸业务开展过程中,客户的需求得不到有效的满足,是客户大量流失的最关键因素。主要表现在以下七个方面。

1. 外贸公司人员流动导致客户流失

这是现今客户流失的重要原因之一,特别是外贸公司的高级营销管理人员的离职,很容易造成相应客户群的流失。因为外贸行业的特殊性,客户与外贸公司之间的关系往往会变成外贸业务员和客户之间的互信关系。

2. 企业产品质量不稳定导致客户利益受损

如果客户的基本利益受到损害，突发性小事件一般经过客户的投诉可以挽回，但是如果经常发生类似的问题或者出现大的质量问题，则会最终导致客户的流失。

3. 外贸公司的诚信出现问题

有些业务经理喜欢向客户随意承诺条件，结果又不能兑现，如返利、奖励等不能及时兑现给客户。一旦有诚信问题，客户往往流失。

4. 企业缺乏创新，客户"移情别恋"

任何产品都有生命周期，随着市场的成熟及产品价格透明度的提高，产品带给客户的利益空间往往越来越小。若企业不能及时创新，客户自然就会另寻他路，毕竟利益才是维系厂商关系的最佳杠杆。

5. 竞争对手夺走客户

任何一个行业，客户是有限的。特别是优秀的客户弥足珍稀，所以往往优秀的客户自然会成为各大外贸公司争夺的对象。

6. 自然流失

有些客户的流失属于自然流失，因为公司管理上的不规范，长期与客户缺乏沟通，或者客户转行转业等。公司如果不能够很好地去维护客户，那么流失客户资源就十分正常了。

外贸业务心得   客户订单流失的教训

我是做游泳产品的，有一个葡萄牙的客户，去年做了45万元。客户关系维护的也很好。2008年底时，走了一单，之后客户没有不良反应。

今年过完春节，我回来工作后，曾发送过邮件给客户，向她问好。邮件只有回执，没有回复。当时以为客户忙，没有时间回复。况且根据客户往年的销售记录，2月份到3月份不是出货季节，就没有太在意。

4月初的时候，是该客户下单了，之前每年都有一张30万元的单在5月份出货。再发送邮件，有回执没回复；传真，没反应。又过了两周，我急了，就打电话了，前台接的，说跟我公司联系的客户请假回家，生小孩去了！我当时就懵了，赶快问是谁接替她的工作。前台回复说客户五月份就回来上班了。

第八章　客户关系管理和维护

我着急5月份的单啊,就再追问这几个月谁帮她做的工作。前台说是经理。我就请她帮忙接了经理的电话。经理接到后,我询问了客户今年上半年的销售情况,然后就直截了当地谈到了5月份的订单。经理说货已经到仓库了,等待铺货。还反问不是从我公司采购的吗?我差点吐血!我说没有啊,一直联系不上她。经理突然明白过来了,说是让另一个人负责的这件事情……

销售计划就这样泡汤了……

教训:
1. 要主动询问客户的休假计划,特别是长假。
2. 要跟客户随时保持联系,一旦联系不畅通,要提高警惕。
3. 要有客户尽可能多的联系方式,甚至是她同事的联系方式。
4. 要有敏锐的洞察力!这一点对外贸人太重要了。

资料来源:http://bbs.fobshanghai.com/thread-2140241-1-1.html

二、客户维护技巧

要防止客户流失,就必须加强外贸公司自身业务管理,提高客户对公司的满意度和忠诚度。客户维护可从如下四个方面着手。

1. 建立客户资源数据库或管理中心,全面了解和追踪客户

利用客户关系管理系统(CRM)建立客户资源数据库或管理中心等,不仅能有效地控制因业务人员流动导致客户流失,而且能搜集、追踪和分析每一个客户的信息,鉴别、吸引和留住有价值的客户。

业务管理软件中最重要的模块是客户管理中心,属于客户关系管理系统(CRM)。外贸公司使用该系统的最初目的是防止外销业务人员的频繁流动而导致公司客户流失。这个模块的数据库需要录入客户的详细联系资料,客户的基本信息如公司规模、成立时间、资信情况、经营范围和发展战略等,该客户与公司的联系记录,该客户与公司交易的情况如历史记录和现状(包括合同号码、成交金额、合同执行的主要过程、货款的支付情况、累计交易额、主管人员的变动情况等),新客户的资料如潜在客户的地区和产品分布、对其了解的状况,等等。

2. 严把产品质量关，为客户提供高质量服务

产品质量是企业的关键武器。没有好的质量依托，企业长足发展就难以为继。在保证产品质量的同时，公司还要给客户提供高质量的服务。为客户提供服务最基本的就是要考虑到客户的感受和期望，把他们对服务和产品的评价转换到服务的质量上。

3. 经常进行客户满意度的调查

一些研究表明，客户每四次购买中会有一次不满意，而只有5%的不满意客户会抱怨，大多数客户会少买或转向其他公司。所以，外贸公司不能以抱怨水平来衡量客户满意度，应定期调查，直接测定客户满意状况。可以在现有的客户中随机抽取样本，向其发送问卷或电话咨询，以了解客户对公司各方面的印象。也可以通过电话向最近的买主询问他们的满意度。在收集有关客户满意的信息时，应询问一些其他问题以了解客户再购买的意图。一般而言，客户越满意，再购买的可能性就越高。好的口碑意味着企业赢得客户满意，防止老客户的流失。

4. 优化客户关系

感情是维系客户关系的纽带，日常的拜访，节日的真诚问候，婚庆喜事、生日时的一句真诚祝福，一束鲜花，都会使客户深为感动。交易的结束并不意味着客户关系的结束，售后还须与客户保持联系，以确保他们满意。

三、客户的挽回

即使注重了客户的维护，在外贸人的日常工作中，客户流失也是非常常见的。客户突然失联，比如电话打不通，发出去的邮件再无回音等，外贸业务员要针对具体的原因，尽量想办法挽救破裂的客户关系。

(一) 经常关注老客户的动态，做好预防工作

每位客户都会有采购频率，也就是客户大概多久可能会来外贸公司下订单。比如，通常情况下，H客户每两个月都会有订单。这样，如果是1月给H客户份发了最后一单货，到了当年4月份，还没有收到H公司的订单，那么，基本上就是这个客户已经被挖走了。

因此，外贸公司应该经常关注老客户的动态，把握好与老客户合作的时间节点，一旦客户好久没有与公司联系了，且到了大致下订单的时间节点依然没有信息，就需要注意，客户失联的可能性就开始变大，要采取挽救措施了。

外贸业务心得　　外贸大揭秘！如何挽回失联的老客户

在做外贸的过程中，我们可能遇到过这样一种怪现象：与我们合作过多次的老客户突然间失联了，明明到了老客户下单的时候，却很久没有联系，而且到了惯例下单的日期之后，也并没有与我们联系相关下单事宜。

今天跟大家分享一个我亲身经历过的案例，希望可以给大家提供参考、借鉴。我所在的外贸公司与美国的一位老客户在数据线的生产领域有着固定合作，每年的3月份、9月份都是客户下单的高峰期，也是我们公司生产线最忙的时候。但是，都已经到了9月份了，这个老客户并没有如约联系我们公司。我负责这个产线的管理，所以对于这个老客户的反常表现，我抱着一种再等等看的态度。

但是又过去了一个月，马上这个数据线的生产就要错过与手机成品配件的适配时期了，这有些不正常。其实，在客户没有如约下订单的时候，就已经采取了一定措施，就是每隔一星期或者十几天，给客户发一些礼貌问候的电子邮件，或者展示我们公司新产品的介绍性电子邮件，就是为了预防客户突然间找不到我们外贸公司的联系方式。

但是，在我发邮件的这段期间，邮件追踪结果显示客户正常查收了邮件，其中有几封已经正常阅读。那么，这个结果也坚定了我心中的猜测，那就是这个老客户可能要"变心"了。

在确定了这一猜测之后，我开始更加积极主动地联系这位客户。在客户上班后约半小时后，给客户发邮件。因为，此时客户可能已经处理完手头的事物，有时间阅读邮件。这时候发邮寄，可以提高邮件有效阅读率。在合适的时间多发邮件，"刷刷"我们外贸公司的存在感。

一切准备工作做好之后，接着就给客户抛出一个价格优惠的"橄榄枝"。果然，这封产品价格优惠的电子邮件发出去没多久，客户那边就回复信息了。直接切入正题，询问我们价格优惠力度。这在很大程度上坚定了我的另一个猜想，那就是客户可能因为价格因素而极有可能与另外一家外贸公司合作了。

我首先给客户认真讲解了本次价格优惠活动具体实施流程；其次，给客户强调了一下这个是针对老客户发起的价格优惠活动，"刷一波"心理好感度；

最后,我试探了客户的价格口风,客户应该是想压价,我拿出了商品质量的杀手锏。果然,最后这位失联的老顾客禁不住诱惑,终于成功向我们下单。虽然中间过程一波三折,但是总归结果是美好的。

总结经验:

1. 把握"失联"的时间节点,做足准备

首先,在维护外贸老客户的过程中,一定要把握好与老客户合作的时间节点,知道这位客户大概多久会下订单。一旦客户好久不联系,且到了大致下订单的时间,依然没有动静,就需要特别留意。客户失联不能超过一个月,须在一个月内理性分析,采取措施,逐步验证老客户失联的可能性。对症下药维护客户。

2. 提升存在感、好感

必须不断提高存在感、好感,给客户留下深刻印象,让客户在以后合作中下意识地想到我们、选择我们。好感就是让客户感觉到我们对客户的优待,感觉到自己与其他客户的不一同。

3. 价格优惠给甜头

最后,就是实施价格战。现在外贸竞争太激烈。很多外贸公司撬走别家的老客户,都是采取的低价战略。所以,必要的时候,为了能让老客户回头,试探性的低价甜头也是必不可少的。值得注意的是要明确,价格优惠操作只是特定时期的优惠,且是针对老客户实施的,防止其他人不满,也防止老客户借此机会不断压价。

资料来源:https://zhuanlan.zhihu.com/p/136347037。

(二) 直面问题,找出原因

客户流失的原因是多方面的,包括外贸公司的人员流动、产品质量不稳定、外贸公司诚信出现问题、缺乏创新、出现竞争对手等。一旦有客户流失,首先就要找出原因,直面问题,尽可能地挽回客户,并避免其他客户的继续流失。

外贸公司应该在第一时间积极地与流失客户联系,了解问题到底出在哪里,并且认真听取客户的意见和要求,拿出适当的解决方案,以诚恳、认真和务实的态度打动对方。

外贸业务心得　　**外贸人该怎样挽回客户？**

　　我的一个顾客,合作非常久了,是老客户。那时候,和他的合作关系刚稳定,合作过两次,他也想做我们的代理。可偏偏不巧的是,就在这个时候,我的一批货出问题了。寄到客户那边的货物出现损坏,沙盘模型有一个小房子裂了,有些小配件掉了下来(可以再黏上去)。虽然问题不是特别大,但再加上对一些小细节不满意,客户觉得是大问题,所有不满就全部来了。他发了很多不满的话来,反正都是特别难听的那种话,直接就说,要终止和我们所有的合作,还撤销了一个已经确定的项目。我当时还特别淡定,也不慌,针对他的所有问题,一个个的核对,都记在笔记本上。弄明白了所有问题之后,我就开始找所有项目负责人开会,把问题讲出来,让他们讲讲原因。总结起来,主要是物流这块。相信大家都有这种苦恼,有些可能真的不是我们的责任,物流航空公司是没办法控制的。但对顾客来讲,就是我们的责任。当然,在某种意义上讲,的确可以把责任归结在我们身上。我没有把责任推卸在物流方面,我觉得我必须道歉,把所有责任揽在自己身上。因为如果我把责任推给物流,顾客会更反感,觉得我们没有认识到自己的问题,是在推卸责任。于是,我找老板商量,如何才能尽我们最大的努力挽回这个顾客,最后我们商量决定,可以飞到顾客的国家,带上我们的工作人员去维修。

　　下午,顾客上线了,我就一直道歉,顾客说什么难听的话,只是道歉。针对物流,就跟他说,我以后要在包装箱上再努力,最大限度地保护好产品,把危险降到最低。针对毁坏的部分,我们马上重新做,以最快的速度发给顾客,同时,我们准备飞到他们国家去维修。顾客也觉得我们是真心实意在检讨自己,把出现的问题都找出了合理的解决方案,也拿出了解决问题的态度。我还承诺,以后他的所有项目我都会多寄很多配件给他们使用(其实这些配件花不了多少钱,只是让顾客觉得我们真的把他当作 VIP,能享受到福利)。接下来的三天,我除了道歉还是道歉,哪怕他以后不跟我们合作,我们也要把问题处理完。他的情绪慢慢缓和下来,说可以在给一个项目试试看。我的那个项目才刚开始启动,发了一些进展照片给他看。他很满意,觉得我真的是因为上次的事情,做了努力。

　　他开始给我另外的两个项目,我有种因祸得福的感觉,也是因为这样,他和我成为了很好的朋友。他还说,你们老板雇了你是财富。现在这个顾客是我最大的顾客了。

　　下面是我的老师讲的一个例子。我老师的一个朋友是做服装生意的,接了一个大单,给欧洲的顾客加工羽绒服,而且还是那种很高端的羽绒服。什么原因我已经记得不清楚,反正那批货出了问题。对方在最畅销的时间没有货可以卖,强烈要求他们赔偿损失。他们自己做了很多羽绒服,垫了很多资金,现在不但没有钱,还要赔偿几百万。想想,羽绒服都很贵,一般的人会选择逃跑吧!逃跑最多就是损失一点制作费用,不用付赔偿费。但是这个老板做出了一个惊人的决定,辞了一部分人,答应赔偿对方损失,但是不会给对方现金。他提出了一个方案,就是以后客户继续给单子,从每个单子里面扣除一些货款。客户也只好接受这个办法了,还得给他很多单子,否则没办法拿回赔偿。那个老板觉得,采取这样的方案,一是让对方再看看公司的实力,其次,也可以拉到一些单子,而且客户会很快、很积极地给他单子。不到8个月的时间,他把需要赔的几百万还清了。现在,那个客户一家的单子,他一年都做不完。客户从那次事件中看到了这个老板的责任心,出了问题敢于承担责任。

　　希望大家能让国外的客户看到我们的人格魅力,而不是把关注点停留在价格上。

　　我觉得,遇到货出现问题时,甚至是客户严重质疑我们要停止合作时,我们最先做的是道歉,其次是尽自己最大努力解决问题。即使客户以后都不跟我们合作,也要让他们看到我们国人勇于担当。

　　资料来源:https://waimaoquan.alibaba.com/ask/q1001431618

(三) 积极沟通,重获信任

　　客户的信任来之不易。但是,很多外贸人可能会由于各种原因丢掉了客户的信任,比如报错价、交货一再延迟、产品出了质量问题,等等。重获信任是追回客户的基础。重新获得已经失去的信任是困难的,如何才能重新获取客户的信任?

　　例如,某外贸员和客户面谈后签了一个1吨货的试订单(待收到货检测没问题后付款),并保证大货跟样品一样。客户收货后检测,发现大货跟样品不一样,但是也同意付款,因为可以用在别的产品上。但是客户还是觉得受到了欺骗,态度冷淡了下来。

　　针对这种情况,有四个步骤可以尝试一下:

（1）不要急于辩解，要理解客户的感受，表示出跟客户一样的震惊和不满，然后再直面问题，表示会帮助客户追查到底。

（2）恳请客户把问题产品寄过来。向客户要地址，并自付邮费，联系 DHL 上门取件，让客户提供 10~15 件有问题的产品（不能太少，防止被客户忽悠）。

（3）给出解决问题的可行方案，跟客户说，如果产品真的有问题，可以重发或者直接打折，然后整顿工厂。

（4）向客户表示歉意，并且询问客户是否有补救方案，向客户展示希望建立长久合作的意向。

本节单项业务操作练习

外贸客户流失的原因主要有哪些？可以采取哪些手段防止客户流失？

第三节　正确处理客户的抱怨和索赔

如果实际的交易达不到客户的期望，就会引起客户的投诉和抱怨，严重的还会引起索赔。客户的抱怨和索赔，是外贸公司和外贸业务员经常要面对的问题。

每一个客户都会希望自己的抱怨和索赔能够得到及时的回应和处理。如果外贸公司没有及时处理客户的投诉，会使客户觉得自己没有得到足够的重视，不满程度将会进一步加深。外贸公司和外贸业务员必须正确地处理客户的抱怨和索赔。

一、正确对待抱怨和索赔

抱怨是客户对产品不满的一种申诉，客户或要求返工、更换，或要求退货，经过外贸公司处理后不需给予客户赔偿。索赔是指买卖合同的一方当事人因另一方当事人违约致使其遭受损失而向另一方当事人提出要求损害赔偿的行为。

客户对产品或服务不满而抱怨，甚至要求索赔时，通常都会先投诉。客户投诉是因为他们的需求或者是期待没有得到满足。要充分了解客户的投诉和可能表现出来的失望、愤怒、沮丧、痛苦甚至一些过激情绪。既然出现抱怨和索赔，就说明双方的合作或多或少出现了问题，无论原因在哪里，总是要加以注意的。遇到客户的投诉，一定要及时处理，要第一时间就作出反应，否则，不仅损害公司的信誉,还有可能造成客户流失。

投诉其实也是信息反馈,有一定的普遍性,是具有一定的价值的。如果客户的投诉渠道畅通,客户会在每一个重要的环节为外贸公司提供解决问题的机会,外贸公司也会重新赢得客户的信任。客户投诉反馈信息的成本要比公司通过调查机构得到反馈信息低得多。可以说,接受客户的投诉,这本身就是外贸业务工作的一个部分。如果处理得当,还很有可能给外贸公司带来更多的业绩。

外贸业务心得　如何处理抱怨和索赔?

外贸业务员1

做外贸,客户不讲理,提出索赔,怎么磨合?

外贸业务员2

如果是碰到了实在磨合不了的奸诈客户,就要有抛弃的心理准备,做生意有风险,每一次都要经过衡量。如果无法避免,就一定要把自己的心态调整好,去迎接下一次挑战。

外贸业务员3

提出索赔时,应对方式如下。

1. 认真听取顾客的抱怨

当客户产生抱怨时,千万不要一味地向顾客解释或辩白,这样只会浪费时间,令顾客更加反感。一般地说,任何人在情绪发泄后,常常会变得有理性。

应不断地表示你是在认真听,不要流露出不耐烦的情绪,也不能打断客户的倾诉,要冷静,不要为自己辩白,不要急于下结论,无法解决客户抱怨时,可以请上一级的主管出面。

2. 在技巧上要坚持"三换"原则

(1) 换当事人。当客户对产品质量或者其他不满时,最好不要让本业务员解决客户的问题,因为客户会有先入为主的心态,不但不利问题的解决,有时还会加剧客户的不满。因此找一个有经验、有能力、好人缘、职位高一点的主管处理客户抱怨,会让客户有受尊重的感觉,有利问题的圆满解决。

（2）换场地。从经营者的角度考虑，变换场地更有利于问题的解决。比如，客户在你的超市买了一个拖把，回家发现不能用，坐了一个小时的车才找到你的超市。这时他一定怒气冲天，一定会在超市的柜台发泄不满。这样会影响超市的形象。服务人员要把客户请到办公室或接待室，会有利问题的解决。

（3）换时间。如果问题还没有办法解决，客户依然抱怨不停，说明客户的积怨很深，就要另约定时间，找一个比原来更高一级的主管来处理问题。态度要更为诚恳，一定说到做到。

3. 以恰当的措辞应对客人的不满

处理抱怨可以是道歉，也可以是说明，甚至也可以是说服。

4. 善于利用情况讨顾客欢心

讨客人欢心是一门学问，包括夸奖、幽默以及一些具有煽动性的话语。任何一个人都喜欢被人赞美，但不能显得太刻意，要考虑是不是能将场面变得很愉快。靠阿谀奉承虽然会将顾客的优越意识带出来，但是在对话里自然地表现幽默与智慧才是对话的高招。

处理客户的抱怨投诉索赔如果能够态度好一点、微笑甜一点、耐心多一点、动作快一点、补偿多一点，你的生意就会好一点、客户就会多一点、利润就会多一点，外贸公司的品牌美誉度就会高一点！

资料来源：http://wenwen.soso.com/z/q178002986.html

二、处理抱怨的技巧

（一）应对客户抱怨的心理准备

（1）避免感情用事。不能要求每一个客户在抱怨时仍彬彬有礼，他在说话或态度上难免会出现过激行为，在这种情况下销售员必须克制自己，应尽可能冷静、缓慢地交谈，这样可以缓冲客户的激动情绪，也为自己争取思考的时间。

（2）外贸业务员要有代表公司的心理准备。自觉性是对客户服务人员必须具备的思想素质。若不具备这种代表公司的权威，怀有抱怨的客户将会立即要求公司负责人出面，甚至与业务员发生争执，造成不良影响。

（3）要有随时化解压力的心理准备。可以采取第三者的立场观察自己忍受客户愤怒的姿态,也可向身边的人诉说整个事件以及所遭受的痛苦,来安定自己的精神。

(4) 要有把客户抱怨当磨练的心理。平静的、超然物外的心理对处理抱怨是十分有利的。

(5) 要有把客户抱怨当成贵重情报的心理。抱怨是一种不满,是一种期待,是一种愤怒,但也是一种信息,客户抱怨能把他的需求动向反映给外贸公司。有时也应将得失置之度外,一流的企业、公司、专卖店为了恢复顾客对他们的信赖,常将得失置之度外来处理客户的抱怨。

(6) 不要害怕顾客的抱怨。推销产品不可能不出现问题,售后服务再好的公司也会有顾客抱怨,顾客的抱怨是因为双方的想法有差距。这既提供协助顾客的良机,也提供了服务增值的良机。

(7) 不要有"顾客的攻击是在针对我"的心理。

(二) 处理客户抱怨的原则

(1) 以诚相待,认真听取客户的抱怨。

处理客户抱怨的目的是为了获得客户的理解和信任,如果客户感觉处理抱怨时是没有诚意的敷衍,他们不仅下次不会再来,而且还可能在外大肆宣传服务不周,从而成为外贸公司生意的致命障碍。

(2) 迅速处理。时间拖得越久越会激发抱怨客户的愤怒,同时也会使他们的想法变得顽固而不易解决。如果说商家犯错可以原谅的话,那么及时处理是原谅错误基础。

(3) 对客户的抱怨表示欢迎。在销售中客户总是有理的,但不是说客户总是正确的。认为客户总是有理的,可以使顾客感到销售人员与自己站在一边,从而消除内心情感上的对立和隔阂,促使客户在洽谈中采取合作的态度,共同探讨解决面临的问题。

在接待抱怨的客户时,要注意给对方以良好的观感,要注意自己的行为和表情,切忌摆出一副傲慢的姿态。

(4) 站在客户的立场上想问题。客户抱怨一旦产生,心理上自然会强烈认为自己是对的,与之交涉时一定要避免争吵,站在客户的立场上角色转换后,想法和看法就会有很大的转变。

案例 8.1　　设想客户就是我

年初,我们如期给客户完成了一批订单,客户在看完交出的产品后提出"质量上有问题"!这时,客户要求返工修复,并给予经济补偿。经生产部门的工作人员慎重检查后,证实了问题的确存在,外贸业务员将客户要求报告了公司上级。经上级研究后批复——同意客户补偿要求。

业务员没有将这一决定直接回复给客户,而是陷入了一番激烈的"自我问答"中——该不该赔偿?该赔偿,确实是我们的质量问题。那么,赔偿的价格合理吗?

经过一连串的考量和追问后,业务员认为不应草率地答复客户,决定具体深入了解质量问题。通过品质部门将这个想法反馈给生产部门人员,请他们做该批产品质量修复试验,一番仔细的探究与沟通之后发现:这次的质量问题,处理起来并不困难。在得到专业评论和检验结果后,业务员正式向客户答复。首先诚恳道歉,承认这批产品的确有质量问题。随后又建设性地提出此批产品质量问题的最佳解决办法。说完这些以后,才提出"我们赔偿您的损失没有问题,但可否在赔偿价格上降低一些"。客户虽答应的并不爽快,但经过又一番的沟通,最终还是接受和认同了,赔偿的价格从每磅 0.5 元降到了 0.3 元。

年末有笔订单误期,客户对公司极为不满。作为客户与公司桥梁的业务员,自然成了客户投诉的主要对象。

在那两个月,业务员只要一接起该客户的电话,便是喋喋不休的责骂,有时可以骂两小时,有时骂得非常难听。不是光倾听那么简单,还要时不时地在挨骂过程中给予回应。因为客户会突然在电话中责问"喂,怎么不说话,你有没有在听啊"。接到客户责骂的电话对于外贸业务员是平常事,但这种长达两个月仿佛无休止的反复责骂,对于老业务员也是一种考验。

每当觉得心里快承受不起的时候,业务员就把自己想象成客户,慢慢就平衡下来了。"如果我是客户,出现较大误期,尤其短期内没能得到解决,这种误期直接关系到我的利益,我也很有可能会发脾气。但只是耐心的去面对责骂是不够的。我们既要直面问题,更要解决问题,客户最想听到的,是专业的回复——问题解决方案。

> 那两个月,业务员在与客户电话沟通的时候,耐心面对客户的责骂,告诉客户将如何解决误期问题。
>
> 两个月后,误期的问题解决,抱怨了两个月的客户对公司有了更多的认同,他们还说从一个外贸业务员的专业可以看到公司的专业。
>
> 资料来源:http://wenku.baidu.com/view/44111add6f1aff00bed51e0c.html

三、正确处理客户索赔

国际货物买卖中的争议,是指交易的一方认为另一方未能全部或部分履行合同约定的义务或承担相应责任而引起的业务纠纷。国际贸易中常见的纠纷有货款纠纷、质量问题、买家没收到货或收货较迟、买家拒付等。索赔是国际贸易争议的一种解决方式。面临客户的索赔,外贸公司要首先弄清楚国际贸易争议产生的原因,再根据索赔的依据有效处理。如果外贸公司是违约方,对客户提出的索赔进行处理,即为理赔。

(一)国际贸易争议产生的原因

在国际货物买卖过程中,产生争议、纠纷的原因很多,主要包括如下四个方面。

(1)当事人不履行或者不完全履行其承担的基本义务。国际贸易中的基本当事人分别是买方和买方。当事人不履行或者不完全履行合同基本义务的情况又分为买方违反基本义务和卖方违反基本义务两种情况。

① 卖方违反基本义务。按照《联合国国际货物买卖公约》(以下简称公约)的规定,卖方的基本义务是向买方交付货物和移交单据。卖方不履行或者不完全履行其承担的基本义务是指不交货,或虽然交货但所交货物的品质、数量、包装等不符合合同的规定,或者移交的单证、单单之间有不符点等。

② 买方违反基本义务。按照《联合国国际货物销售合同公约》的规定,买方的基本义务是向卖方支付价款和收取货物。买方不履行或者不完全履行其承担的基本义务,是指不开或迟开信用证,不付款或不按时付款赎单,无理由拒收货物,不根据合同规定按时接船接货、指定承运人等。

(2)合同条款规定得不够明确。比如,"立即装运"、"约5 000公吨"等。这些条款在国际贸易实践中没有统一的解释,如果双方对条款的解释不同或从自身利益出发各执一词,很容易出现争议。

（3）对不可抗力的理解不一致而导致的争议。在合同的履行过程中，有时候会遇到买卖双方不能预见或者无法控制和预防的紧急或突发事件，如果双方对此有不一致的解释，也会引起国际贸易争议。

（4）合同是否成立，双方国家法律和国际贸易惯例解释不一致。

（二）索赔的依据和期限

国外客户对外贸公司的索赔是以贸易合同为基础的。当一方当事人违反买卖合同规定时，受损方可依据买卖合同规定和违约事实提出索赔。如果属于卖方违约，如交货的时间、品质、数量、包装等不符合合同的规定，此时买方可以索赔；如果属于买方违约，如不按时接货、付款、办理租船订舱等，卖方也可以索赔。

在对外索赔和理赔的工作中，索赔依据和索赔期限是两个最基本的条件。

1. 索赔依据

索赔依据包括法律依据和事实依据。法律依据是指买卖合同和适用的法律规定；事实依据是违约的事实、情节及其书面证明文件（指有资格的机构出具的书面证明、当事人的陈述以及其他旁证）。

索赔的证据视索赔的类型和具体情况而定。如果向交易对方索赔，销售合同为主要依据；若向承运人索赔，运输合同为主要证据；若向保险公司索赔，保险单据为主要凭证，而检验证书则是任何索赔均须出具的。如果索赔时证据不全、证据不足或者出具证书的机构不符合要求等，都可能遭到对方的拒赔。关于检验证书的出具机构，买卖双方也须事先在合同中约定。买卖合同中的索赔条款通常都对索赔时必须具备的证据及其出具机构有事先的规定。

2. 索赔期限

索赔期限是指受损方在损害发生后，向违约方提出索赔的有效期限。按照法律规定和国际惯例，受损方只能在一定的索赔期限内提出索赔，否则即会丧失索赔权。

索赔期限有的是买卖双方在合同中约定的，即约定的索赔期限。如果买卖合同没有明确规定索赔期限，那么受损方可以在有关法律规定的索赔期限内要求违约方赔偿损失，即为法定的索赔期限。可见，法定的索赔期限只有在买卖合同中没有约定索赔期限时才发挥作用。约定的索赔期限的长短应该根据不同商品的特性及对其进行检验所需的时间长短等因素来确定。对于农副产品及易变质的商品，索赔的期限应规定得短一些，一般情况下为货物到达目的地后的 30~45 天；对于质量比较稳定的商品，如家电产品，其索赔期限可以规定得较长一些，通常规定为货物到达目的地后的 60~90 天，一般不超过 180 天；如果是成套设备，其规定的索赔期还可以更长一些,可以按照全套设备安装、调试所需时间而定。

索赔期限的起算方法如下。

(1) 货物到达目的港后××天起算。

(2) 货物到达目的港卸离海轮后××天起算。

(3) 货物到达营业处所或用户所在地后××天起算。

(4) 货物经检验后××天起算。

(三) 对客户索赔的预防

客户的索赔处理过程非常麻烦,通常会给外贸公司带来一定的损失。因而,外贸公司或是业务员在拿到订单、签署贸易合同时,一定要注意对违约风险的防范。

1. 控制合同风险

在出口合同谈判与签订阶段,主要防范方法如下。

(1) 谈判前参照完善的格式样本谈判,避免遗漏有关条款。

(2) 尽量提供自己的合同文本,掌握主动权。

(3) 对方提供的合同,要考虑后再签,不要匆忙签字,防止出现"影子条款"和风险条款。

(4) 在磋商过程中,采用 Email、传真或口头等方式的,要约定以签订正式的书面合同确认书为准,使合同具有确定性、公开性、告诫性,避免电子证据(电子邮件、电子数据、传真)的缺陷。

(5) 结合合同的具体情况,包括货物和客户的情况,在业务条款的方面慎重选择,包括货物的品质条款、数量条款、价格条款、运输条款、货款收付条款、争议处理条款等。

2. 选择合适的贸易术语条款

我国目前最常采用的贸易术语主要是 FOB、CIF 和 CFR 等三种形式。为了防范贸易术语在运用中带来的风险,可以采取以下措施。

(1) 在出口业务中尽量采用 CIF 或 CFR 的贸易术语。总体而言,在出口业务中采用 CIF 或 CFR 方式成交要比 FOB 方式更有利。在 CIF 条件下,国际货物买卖中涉及的三个合同,即国际货物买卖合同、运输合同和保险合同,都是由卖方作为当事人,尤其是后两个合同,都是由卖方办理的,这样,卖方就可以根据情况统筹安排备货、装运和投保等事项,保证出口业务中各个环节的顺利衔接。在 FOB 条件下,运输和保险都是由买方负责的,一旦货运出港,卖方就失去了对货物的控制,有时候会出现收汇困难甚至钱货两亏的情况。

(2) 如果一定要选择 FOB 方式,则要谨慎对待。如果出于经济上的考虑或是租船困难等情况,不得已而采用 FOB 条件成交时,一定要谨慎从事。卖方应力求掌握安排运输的主动权,要尽量避免买方指定船公司、境外货代或无船承运人安排运输。

① 买方派船接货的时间应在合同中作出明确规定,以免卖方货已备好,但船迟迟不到,甚至贻误了装船期。

② 在 FOB 条件下,对于买方指定境外货运代理公司或无船承运人的情况应该慎重考虑。近年来,买方与货运代理公司或无船承运人相互勾结,要求船方无单放货,造成卖方钱货两空的事件屡屡发生。另外,还有的货运代理公司只是在装运口岸设一个小小的办事处,并没有实际办理装运的能力。因而,卖方对买方指定的境外货代或无船承运人的信誉要进行严格的审查,了解是否有我国合法代理人向交通部办理无船承运人资格的手续,同时要求我国的货代或无船承运人出具保函,承诺被指定境外货代或无船承运人安排运输的货物,到达目的港后必须凭信用证项下银行流转的正本提单放货,否则要承担无单放货的赔偿责任。

③ 境外货代提单必须委托经我国有关部门批准的货代企业签发,货主可要求代理签发提单的货代企业出具在目的港凭正本提单放货保函。对于未经我国有关部门批准在华经营货代业务的货代企业或境外货代企业,以及资信情况不明的公司,其签发的提单和安排运输最好不要接受。

④ 在 FOB 价格条款下,卖方应力拒信用证条款中《客户检验证书》等软条款,该条款系信用证交易的特别条款,是银行承兑或垫付货款的前提条款;如外商坚持使用《客户检验证书》,卖方可以接受,但在发货前需将《客户检验证书》的印鉴与外商在银行预留印鉴相比对,印鉴比对不一致必须拒绝发货。

⑤ 对于买方资信不明的,即使先前双方有贸易来往,在 FOB 贸易条款下,卖方也应该尽可能结汇成功后继续分批出口,要尽量避免结汇未成而多次集中出口。

3. 防范交货违约的风险

卖方在履行交货义务时,有时候会因为交货的数量、质量、包装、时间等方面与买卖合同不符而带来损失。要防范这种风险:首先,要认真研究产品,根据产品的基本要求寻找合适的供应商,尤其是根据卖方来样成交的,确保所交货物符合合同要求;其次,要做好对供应商的跟单工作,确保供应商能够保质保量按时交货;最后,还需要对买卖合同中涉及合同标的和交货条件等方面的条款审慎签订和执行,以免因为违约而给卖方造成损失。

在国际贸易中,卖方交货品质必须与买卖合同的规定严格相符。但是,有些商品由于自然损耗、工艺特点等原因,难以保证交货质量与合同规定完全一致。订立合同的质量条款时,一方面要规定有明确的技术标准,另一方面又不宜把条款规定得过死,可以规定一些灵活条款,如质量的机动幅度条款和品质公差条款等。

为了避免买卖双方日后的争议,合同中的数量条款应当完整准确,对计量单位的含义双方要理解一致。采用对方习惯使用的计量单位时,要注意换算的准确性,保证交货数量与合同要求一致。在实际业务中,有些货物的数量由于自身特性、生产、运输及包装条件等的限制而无法准确计量的,可以在合同中规定数量的机动幅度条款,如溢短装条款。对于"约"数(Approximately or About)条款,除非买卖双方事先在合同中明确允许增加或减少的百分比,或在"一般交易条件"协议中加以规定,否则不宜采用。

在包装方面,买卖双方必须认真洽商,取得一致意见,并在合同中作出具体规定。卖方必须按照合同规定的方式装箱或包装。对于买方要求做定牌包装的,一定要在包装条款中注明"如发生知识产权方面的争议,一概由买方负责"的字样。

(四) 处理客户索赔时应该注意的问题

客户提出抗议并要求索赔,而责任又确实在贸易公司的,公司内部必须仔细应对,避免事件扩大,损害公司形象。索赔事件如果处理得当,不仅可以消除公司危机,甚至能够得到客户的谅解和长期的支持。在进行客户索赔处理时,需要注意以下四个方面的问题。

1. 保持亲切友善,诚恳致歉

与客户应对时,一定要保持亲切、友善的态度,给客户一种认真负责处理事件的感觉,向客户表明自己的诚意。如果公司表现出诚恳并愿意承担责任的态度,国外客户,尤其是欧美客户,会认为这个公司很配合。如果明显是自己公司的责任,应迅速向客户道歉,并尽快处理;如果暂时不能确定原因,则要尽快追查原因,但不可在调查的阶段轻易向客户妥协。另外,可以向客户要求索赔依据和证据。

2. 要及时合理赔偿并随时跟踪

如果确实是由于自己公司的原因而给客户带来了损失,应该以积极负责的态度理赔。在确定赔偿方式或金额后,应即刻采取有效措施,如发送同样产品、给予合同金额一定比例折扣等,如果已经没有同样的产品,可以给予金钱上的补偿。如果赔偿调查拖的时间比较长,应主动与客户协商并取得对方谅解。在处理过程中要注意随时跟踪理赔情况。

3. 分清责任轻重

如果给客户造成损失的原因不在自己公司，比如是因为货运公司或生产厂家的责任，或者是在保险公司承保范围内的客户损失，应由承办人召集有关人员查明责任归属，并确定赔偿责任、赔偿方式和赔偿金额。

4. 快速反应联络

当赔偿事件发生时，应迅速将有关情报向有关部门反映，并以最快的行动处理，以防类似事件再度发生。

外贸业务心得　不打不相识的老客户，老朋友

我们于2018年12月份按照一荷兰客户图纸设计加工出了一套高难度的，当时此套产品赶得要命但还是如期完成了。

产品2019年1月份到达客户工厂，之后收到一连串的投诉，抱怨模具没有擦干净，有顶块不能被弹簧弹出，心中线没对齐，导柱有摩擦伤痕等。反正当时客户没有抱怨大问题，只是一些小细节而已。我们也回复客户，说尽我们所能配合客户修整好，愿意提供一些免费的配件给他们。他们并没有提到任何补偿。

之后的半年时间内均无订单，去邮件问他说他们那边的模具生意暂停。直到5月中旬，客户来访时，带给我们几根断了的（损坏了）的顶针和螺丝，反正按中国的市场价格总共不超RMB50元的配件。然后，告诉我们他们一共花了140小时来把模具打开，重新一个个配件装上去，然后他们当地的人工价是 EUR50/小时，这样算下来我们得赔 $140 \times 50 = 7\,000$ 欧元，约USD8 500。反正问题应该是出了一些，只是可能不像他说的那么夸张罢了。我们当时就答应赔30%，也就是USD2 100，也解释了我们的利润不多，发生这些事我们也不情愿，而且当时货期真的很急，且产品真的很有挑战性……最后还是不行，他说我们各赔50%，也就是USD4 250……而且得退这样一笔现金到他们账号上。我们没当时答应，说我们内部商量一下再回他，叫他别担心，反正有问题我们一起解决就行了。另外，他说其他的一个项目快要下单给我们了，他当时说了这个快要下单给我们做的项目的大约目标价（按他的目标价算，我们的利润还是不错的，以前没这样的好价钱），另外还提到以前报的一款价值不菲的项目（约 RMB100W），说已基本完成 90％了，听那意思是要下给我们做。

之后我们这边进行了一系列协商，考虑到是老客户也是老朋友，我们同意承担 50％（USD4 250），货款在后面的订单里扣，而且我们可以再做另外一项目时给他的价格低于他的目标价几百美元，以此表示我们的歉意。这样方便各自的财务操作，但客户死活不同意，非要我们先把这钱退回到他们账号才可能下另外的订单给我们，下单时再把应该打给我们的钱打给我们。我们表态只接受扣款不接受退现汇。

自从我们表态只接受扣款不接受退现汇之后，客户那边基本没什么动静。经过再三还价，终于在 2019 年 12 月份下给我们一单，是一整套的产品，有好几套模具。客户可能是考虑到我们欠他们的钱，最终还是决定下单给我们做，但除了我们欠他的 USD4 250 之外，我们还得亏几百个 USD 进去。当时因为我考虑到反正理亏之前承诺在货款里扣赔偿款，就应当说话算话，所以我并没有多考虑就一口答应下来了。因为这套产品以后客人是要留在我这里批货的，反正模具我亏几个钱没关系，后面做大货再赚回来。再说了只为死马当成活马医，换回一个基本已死去的客户比什么都好吧，自己也多少有点赎罪感。

因为是 12 月底下的单子，这几套模具搞了 1 个多月，终于出来样品了，可帮我们做货的那个深圳工厂擅自更改了我们设计档上的强脱倒扣，导致产品装配不紧。由于客户指定的是 PE 料，产品要求超声波焊接，而且要焊接的地方距离很远（超声要传的距离很远）。刚开始我也不知道 PE 料是焊接性最差的物料。工厂那边要求改成 ABS 料，但 ABS 比 PE 料要贵差不多 1/2，所以客户不同意换（实际上我的客户对这个问题也不专业）。于是，我和那个工厂的业务（实际上都是外行）想了很多办法，都以失败告终。

2020 年 2 月，客户又从欧洲来了。我又拉着客户到了我们供应商的超声波供应商厂里，我们开会讨论了很久，超声波厂也不看好我们这个项目这样焊接，也要求换料，但客户也很执着，没能说动他。但是，客户他自己画了一个超声波模具的草图给我们看，当时客户的思维真的说服了我们三方。

就这样，既然客人给了我们方案，我们照着做模具出来试就行了。当时因快过年了，客户要求我们在过年前要生产几千套给他们。于是，我把深圳那工厂催得很紧。可刚送走客户,深圳那工厂那边又换掉之前我们去讨论的这家超声波供应商了。

过了大约4～5天,模具做好了,他们说晚上就试,我很激动很高兴。于是,放下手上的所有事情飞奔到了那家超声波工厂,发现原来跟第一次做的那一套模具是一个原理,只是做得细致一些罢了。

我决定跟客户实话实说,写了长长的一大篇邮件,把这件事的前前后后都描述清楚了,也很真诚地表达了我深深的歉意,明确表示我们放假前不可能再交货了,连方案都出不了了。为此我还试着沟通让客人放弃在中国做超声波焊接的要求,建议他运回国去焊接,因为已经换了两家都以失败告终,都感觉很累了。

我把邮件发出去后就准备着等客户大骂我一通,晚上觉也没睡好。可是,第二天上班一看,客户却没有生气,也没有骂我,反而感谢我这么努力地去满足他们的要求,而且他也坦言他们的设计上也存在问题,所以不能全部怪我们。他叫我们把手上没超过的样品寄200套给他,他会请教他们本国的一些超声波专业人士分析一下方法,如果有新方法,他们负责提供方案给我们加工。我看完邮件深吸一口气,感觉这就是客户在处理大问题时的风度,我也感到十分的宽慰。

年后客户很肯定的回复说他们经过再三论证,原来的设计方案是不利于超声波的。所以,他们决定修改设计,发了最新的设计档给我评估。为此,新一轮的问题又开始了。我把最新设计交给深圳那家工厂评估,一个原价RMB33 000的模具他们竟然报出来RMB28 000的改模费。我又交给我一个模具朋友评估一下,RMB4 000左右,可以在一般的模房搞定。如果大一点的工厂,报价RMB5 000～6 000也会很正常,但是帮我们做模的这个工厂竟然报出了达RMB28 000的高价。经过再三协商,他们也只愿意退步到RMB22 000。

我转身回来再找接手的工厂。一边找新的供应商,一边将深圳那工厂的报价报给了客户(客户去过那工厂)。客户给我回了几个字:CRAZY PRICE!客户叫我考虑把模具拉回来,不要给深圳那家工厂搞了。于是,我在阿里国际站上发布了一条消息,很快找到跟我们同一个镇区的很近的一家工厂。我检验了新工厂,基本条件都符合。最后我付清余款40%将模具从老工厂运送到新工厂。这家新工厂也很争气,改模和试模很顺利。由于最终客人同意用

ABS料,再加上设计上的修正,使得超声波的进展也很顺利。很快客户就确认了样品。

客户确认样品之后很快下了29 000套给我。然后,他再次来到中国,我带他看了新找的那家工厂,讨论了一些超声波的潜在注意事项。就这样客户带着样品高高兴兴地回去了,回去之后也就是在6月底,他又中途加了11 000套订单给我。我也很是大方,加了量我就直接把后面的单价给他降了5%,让他心里舒服点,有成就感,呵呵!

7月中旬,总共4万套的产品刚好装了一个20尺的柜子,这也是做外贸这些年来第一次出个整货柜,赚钱多少是小事,但心里感到无比的高兴,很有成就感。

上次我跟他联系他说货已收到了,很满意,品质也没问题。他说近期将与他的客户开会,讨论新的项目,有新项目进展会尽快联系我。

一个基本死掉的客户就这样被激活了,而且带来了如此的收益关键是重新塑造了在客户心目中的形象,也可以说我们双方都重新塑造了在对方头脑中的印象。我们的合作还会继续,而且可以很坦诚的交流问题。真是不打不相识的老客户,老朋友!庆幸自己当初死不退现金的决定!

资料来源:天阔之羽, http://blog.sina.com.cn/s/blog_861352b80100tyte.html。(经过整理)

当然,有很多时候,索赔和理赔的问题很是棘手,双方各执一词,难以明确地确定赔偿责任。在这种情况下,既不能轻易妥协,也不能冲动冒进。业务员要有耐心,真心实意地与客户沟通,以求达成共识。

本节单项业务操作练习

1. 对待客户的抱怨和索赔,应该持有什么样的态度?
2. 如果交货后,客户提出产品的数量短缺,要求补货或退款,请你就此情况给客户发一份处理意见。

本 章 小 结

1. 客户关系管理是不断加强与客户交流,不断了解客户需求,并不断对产品及服务进行改进和提高以满足客户的需求的连续的过程。CRM 的实施目标就是通过全面提升企业业务流程的管理降低企业成本,提供更快速和周到的服务吸引和保持更多的客户。客户关系管理的工具一般简称为 CRM 软件。CRM 是一种基于 Internet 的应用系统,通过对企业业务流程的重组来整合用户信息资源,以更有效的方法管理客户关系,在企业内部实现信息和资源的共享,从而降低企业运营成本,为客户提供更经济、快捷、周到的产品和服务,保持和吸引更多的客户。

2. 根据软件关注的重点,CRM 软件分为操作型和分析型两大类,当然也有两者并重的;从软件的技术层面来看,CRM 软件分为预置型和托管型两类;根据客户的类型不同,CRM 可以分为 B2B CRM 和 B2C CRM。一般而言,CRM 软件的功能可以归纳为三个方面:市场营销中的客户关系管理、销售过程中的客户关系管理、客户服务过程中的客户关系管理。

3. 客户的需求得不到有效的满足,是客户大量流失的最关键因素。主要表现在公司人员流动导致客户流失、企业产品质量不稳定导致客户利益受损、厂家的诚信出现问题、大企业轻视小客户、企业缺乏创新、竞争对手夺走客户以及自然流失等。要防止客户流失,就必须加强公司自身内容管理,提高客户对公司的满意度和忠诚度。

4. 客户的抱怨和索赔,是外贸公司和外贸业务员经常要面对的问题。每一个客户,都会希望自己的抱怨和索赔能够得到及时的回应和处理。如果公司没有及时地处理客户的投诉,会使客户觉得自己没有得到足够的重视,不满程度将会进一步加深。外贸公司和外贸业务员必须正确地处理客户的抱怨和索赔。

基 本 概 念

1. 客户关系管理:不断加强与客户交流,不断了解客户需求,并不断对产品及服务进行改进和提高以满足客户的需求的连续的过程。

2. 抱怨:客户对产品不满的申诉,客户或要求返工、更换,或要求退货,经过公司处理后不需给予客户赔偿。

3. 索赔:买卖合同的一方当事人因另一方当事人违约致使其遭受损失而向另一方当事人提出要求损害赔偿的行为。

4. 索赔依据:包括法律依据和事实依据。其中,法律依据是指买卖合同和适用的法律规定;事实依据是违约的事实、情节及其书面证明文件,指有资格的机构出具的书面证明、当事人的陈述以及其他旁证。

5. 索赔期限是指受损方在损害发生后，向违约方提出索赔的有效期限。按照法律规定和国际惯例，受损方只能在一定的索赔期限内提出索赔，否则即会丧失索赔权。

本章综合操作训练

1. 假设你从广交会回来，手上有了一大批客户名片，你如何将客户分类？如何追踪处理？

2. 假如你是做模具出口的，客户收到货后，进行了投诉，抱怨模具没有擦干净，有顶块不能被弹簧弹出，心中线没对齐，导柱有摩擦伤痕等，他们为此花钱雇人重新装配了模具，因此要求赔偿。你将如何处理此种情况？

国内外著名展会中心介绍

一、国外知名会展中心

1. 迪拜世界贸易中心

迪拜世界贸易中心由迪拜世界贸易中心主楼、迪拜国际会议中心和迪拜国际展览中心三大主题建筑组成。迪拜国际展览中心是中东最先进的展馆,拥有世界最新技术水平的设施和优良的服务。由于迪拜是世界游览胜地,每年都吸引着世界各地成千上万的商贸人士来此参加各种展览和会议,政府也投入大量资金保证迪拜拥有最好的基础设施和设备,使展会组织者和参展者能在舒适的环境中取得良好的经济效益。展览中心共 9 个展馆,净面积 37 000 平方米,每年有超过 60 个国际性展览在此举行。

迪拜世界贸易中心既是展览场地的提供者,也是展会组织者,每年在这里举行的 60 多个国际展览中有 11 个是迪拜世界贸易中心自己组织举办的,这些展览覆盖了各个商贸领域。

2. 法兰克福展览中心

法兰克福是德国也是世界上最重要的展览城市之一,举办展览会已有近千年的历史,早在中世纪就发展成为德国的百货商场,并带动了当地一系列相关产业的同步发展。

法兰克福展览馆占地 46.5 万平方米,室内展览面积 29 万平方米,室外展览面积 17.5 万平方米。

展览馆每年要举办展览会超过 50 个,其中 13 个为世界最大的消费品、纺织品、服务等行业的贸易博览会,参展商全年达 5 万家,其中 80% 是世界知名厂商,外国参展商占 60%,参观人士达 200 多万。

法兰克福博览会场馆由 MESSE FRANKFURT GMBH 有限责任公司负责经营管理,共有员工 550 人,全球拥有 64 家代理公司,负责全球 103 个国家的业务联系工作。场馆内有15家配套服务公司,涉及交通运输、旅店餐饮、银行保险、广告装修等,服务十分完善。

3. 柏林展览中心

位于柏林夏洛滕堡区的柏林展览中心以其特有的风格闻名于世。从1822年起,这里即开办商业及汽车展览会。1914年埋下了今日展览中心的第一块基石。至今,这片建筑得到了不断扩大和更新。在1926年建成的广播塔周围目前有26个展厅,展览面积16万平方米,每年举办近60个展览,其中包括著名的国际无线电展、国际旅游交易会和绿色周等。在20世纪70年代建起的现代化的国际会议中心是如今欧洲最大的多功能会议场所。

4. 汉诺威展览中心

汉诺威展览中心是世界上最大的展览设施。这座世界最大的展览场拥有完美的基础设施和艺术级的技术手段。每年有26 000余位展商参展,230万观众参观展会。整个场地占地100万平方米,共27个展馆,室内展览面积达到49.8万平方米。最新落成的27号展馆位于展场西南角,展览面积为31 930平方米,造价6 140万欧元。8/9号馆、13号馆和26号馆建筑风格独特。展场内值得一提的建筑还有:面积达到16 000平方米木结构EXPO Canopy,建于1958年并于2000世博会期间装修一新的标志性建筑Hermes Tower,以及Exponale(欧洲最大的人行桥连通城市高速路和8号馆)。除了室内展览空间,展场还提供58 000平方米的室外展览空间。

5. 杜塞尔多夫展览中心

杜塞尔多夫展览中心位于德国的杜塞尔多夫,展厅17个,使用面积234 000平方米。重载车辆和设备可轻而易举地驶入或搬入展厅。环形的设计出入便捷。展厅之间的通道均盖有顶棚。三个入口可避免排队等候,保证每个展厅都能迅速到达。直接的专用入口、可承受重压的展厅地面、高挑的天花板和宽阔的展厅大门,这一切都使得大型机械设备的组装和拆卸变得非常方便。

和13家直接参股的企业和子公司,形成了覆盖102个国家和地区的国际服务网络。杜塞尔多夫展览机构具有40年的国际性展览会办展经验,拥有在全球各地成功举办4 000多场展览会的骄人纪录。

6. 阿纳海姆会议中心

阿纳海姆会议中心是美国西海岸最大的会议中心,也是世界最大的会议中心之一。展馆共有5个,813 607平方英尺,可同时接待103 150人,展馆总共可安排2 890个展位。舞台共28 140平方英尺,可容纳9 100人,有145个展位。二级会议场馆共有 65 583 平方英尺；三级会议场馆共有 53 898 平方英尺。

二、国内十大会展中心

1. 国家会展中心（上海）

国家会展中心（上海），英文名：National Exhibition and Convention Center（shanghai），由国家商务部和上海市政府合作共建，总建筑面积 147 万平方米，地上建筑面积 127 万平方米，中心位于上海市虹桥商务区核心区西部。

2. 广州国际会展中心

广州国际会展中心位于广州市海珠区的琶洲地区，东邻城市主干道科韵路和琶洲塔，西临体育健身公园和华南快速路，南靠新港东路并与万亩生态果园相望，北衔亲水公园。广州国际会展中心（琶洲展馆）展馆总建筑面积 110 万平方米，室内展厅总面积 33.8 万平方米，室外展场面积 4.36 万平方米。

3. 杭州国际博览中心

杭州国际博览中心占地面积 19 万平方米，主体建筑由地上 5 层和地下两层组成，总建筑面积 85 万平方米，会议面积 1.8 万平方米，61 个会议室，展览面积 9 万平方米，可容纳国际标准展位 4 500 个，拥有万米无柱展厅。停车位 4 000 个，是集会议、展览、酒店、商业、写字楼五个业态的综合体。杭州国际博览中心因于 2016 年 9 月 4 日～5 日成功举办了 G20 杭州峰会而享誉世界。

4. 珠海国际会展中心

珠海国际会展中心由华发集团与国家会议中心管理机构北辰集团合作进行管理，于 2014 年 10 月盛大启幕，成为珠三角功能最完善、配套最齐全、设施最先进的专业场馆之一。

5. 武汉国际博览中心

武汉国际博览中心展览场馆形如 12 片编钟，占地面积约 46 万平方米，分为上下两层，整体物业面积达 70 万平方米。展馆内部采用无柱设计，展厅之间用滑动移门分隔，六馆连通后最大可提供 6.5 万平方米展览面积。

6. 国家会议中心

国家会议中心位于鸟巢和水立方之北，是一座八层楼、近 400 米的长形建筑。2008 年奥运会期间，由击剑馆、国际广播中心组成。奥运之后，国家会议中心经过一年多的改造投入经营，至今已创造了无数辉煌，这座曾经的奥运场馆正以骄人的成绩，成为中国乃至亚洲快速成长的会展业第一品牌。

7. 南宁国际会展中心

南宁国际会展中心位于广西壮族自治区首府南宁市发展迅速的青秀区中心地带,总建筑面积约 48 万平方米,包含了 18 个大小不同的展览大厅,标准展位 5 500 个。设有可容纳 1 000 人的多功能大厅 3 个,100 人以上的会议室 5 个,各种标准的会议室 8 个,并配备餐厅、新闻中心等配套用房。

8. 长沙国际会展中心

长沙国际会展中心位于长沙市长沙县黄兴镇浏阳河东岸,占地面积约 800 亩,总投资约 57.8 亿元,总建筑面积约 44.5 万平方米。主场馆共设 6 组 12 个单层展馆,6 个单向连接厅,2 个登录厅,2 个内廊及 2 个入口广场,室内净展示面积 17.75 万平方米,可提供 8 568 个展位;室外净展示面积 8.5 万平方米。

9. 福州海峡国际会展中心

福州海峡国际会展中心位于福州市仓山区,是国内目前唯一坐落在自贸区内的大型会展中心,占地 67 万平方米,总建筑面积 44 万平方米,由会议中心连接两侧展馆组成,气势恢宏、造型独特,是国内目前单体面积最大的展馆之一。

10. 南京国际博览中心

南京国际博览中心位于南京市建邺区河西新城中部,是 2013 年南京亚青会、2014 年南京青奥会比赛场馆。南京国际博览中心建筑面积 36 万平方米,其中展览面积 17 万平方米,总国际标准展位 6 000 个,室外展览面积 3 万平方米,停车位 2 500 个。

部分国家搜索引擎

印度搜索引擎

http://www.hindustan.net/

http://www.jadoo.com/

http://in.rediff.com/index.html/

http://www.indiamart.com/

http://us.indiatimes.com/

日本搜索引擎

http://www.searchdesk.com/

http://www.yahoo.co.jp/

http://www.goo.ne.jp/

http://www.infoseek.co.jp/

马来西亚搜索引擎

http://www.malaysiadirectory.com/

http://www.sajasearch.com/

中东地区搜索引擎

http://www.syriagate.com/

http://www.ameinfo.com/

亚洲其他地区搜索引擎

http://www.technofind.com.sg/

http://www.singseek.com/

http://www.samilan.com/

http://kr.yahoo.com/

http://philippines.asiaco.com/

英国搜索引擎

http://www.google.co.uk/

http://www.izito.co.uk/

http://www.searchengine.com/

欧洲搜索引擎

http://www.euroferret.com/

http://www.lycos.com/

http://www.neti.ee/

比利时搜索引擎

http://be.ilse.nl/

http://www.webbel.be/

丹麦搜索引擎

http://www.sol.dk/

http://www.yahoo.dk/

http://www.jubii.dk/

芬兰搜索引擎

http://www.eniro.se/fi/

http://www.webinfo.fi/

法国搜索引擎

http://www.hit-parade.com/

http://www.abondance.com/

http://www.lycos.fr/

http://www.yahoo.fr/

澳洲地区搜索引擎

http://www.excite.com.au/

http://www.webwombat.com.au/

http://www.searchnewzealand.co.nz/

http://www.aaa.com.au/

http://accessnz.co.nz/

http://www.anzwers.com.au/

http://www.yahoo.com.au/

美洲搜索引擎

http://www.bing.com/

http://www.yahoo.com/

http://www.aol.com/

http://www.caribseek.com/

加拿大搜索引擎

http://www.starmedia.com/

http://www.yahoo.ca/

德国搜索引擎

http://www.yabba.com/

http://www.klug-suchen.de/

http://www.suchen.com/

http://www.infoseek.de/

http://web.de/

http://www.yahoo.de/

http://www.excite.de/

http://www.lycos.de/

http://www.bellnet.de/

http://www.paperball.de/

非洲搜索引擎

http://www.clickafrique.com/

http://www.ananzi.co.za/

部分国家和地区黄页及商会链接

亚洲

中国 China

http://www.locoso.com/

http://www.yp.net.cn/schinese/

日本 Japan

http://www.ypj.com/en/

http://www.jetro.go.jp/

http://www.osaka.cci.or.jp/

http://www.sme.ne.jp/

菲律宾 Philippine

http://www.philexport.ph/

http://www.dti.gov.ph/splash.html/

韩国 South Korea

http://www.kcci.or.kr/

http://www.kita.net/

http://www.kotra.or.kr/

黎巴嫩 Lebanon

http://www.ccib.org.lb/Home/index.aspx/

马来西亚 Malaysia

http://www.yellowpages.com.my/

http://www.matrade.gov.my/cms/index.jsp/

http://www.miti.gov.my/cms/index.jsp/

http://www.fmm.org.my/

尼泊尔 Nepal

http://www.nepalhomepage.com/

塞浦路斯 Cyprus

http://www.cyprusyellowpages.com/

沙特 Saudi

http://www.the-saudi.net/directory/sag.htm/

http://www.saudichambers.org.sa/

http://www.sagia.gov.sa/

斯里兰卡 Sri Lanka

http://www.lsplk.com/

泰国 Thailand

http://webindex.sanook.com/

http://www.nectec.or.th/

http://www.thaitrade.com/

土耳其 Turkey

http://www.turkindex.com/

新加坡 Singapore

http://www.yellowpages.com.sg/

http://www.iesingapore.gov.sg/

http://www.sicc.com.sg/

http://app.mti.gov.sg/

叙利亚 Syria

http://www.syriaonline.com/

伊朗 Iran

http://www.iranianyellowpages.com/

印度 India

http://www.indiayellowpages.com/

印度尼西亚 Indonesia

http://www.yellowpages.co.id/

约旦 Jordan

http://www.jedco.gov.jo/

巴林 Bahrain

http://yellowpages.bh/

巴基斯坦 Pakistan

http://lcci.com.pk/

http://www.fastyellowpages.com/

阿联酋 the United Arab Emirates/

http://www.uae-ypages.com/

http://www.dubaichamber.ae/index.html/

斯里兰卡 Siliank

http://www.chamber.lk/

阿曼 Oman

http://www.omanchamber.com/

以色列 Israel

http://www.chamber.org.il/

中国香港 Hongkong, China

http://yp.com.hk/home/

http://www.cgcc.org.hk/b5/index.aspx/

http://www.chamber.org.hk/

http://www.amcham.org.hk/

http://www.hktdc.com/

中国台湾 Taiwan, China

http://www.eyp.com.tw/

http://www.tw-online.com.tw/

http://www.industry.net.tw/

大洋洲

澳大利亚 Australia

http://www.yellowpages.com.au/

http://www.whitepages.com.au/

http://www.nationwide.com.au/

新西兰 New Zealand

http://yellow.co.nz/index.jsp/

http://www.nzte.govt.nz/

http://www.aucklandchamber.co.nz/

http://www.wgtn-chamber.co.nz/

非洲

埃及 Egypt

http://www.yellowpages.com.eg/

摩洛哥 Morocco

http://www.maroc.net/yp/

南非 South Africa

http://www.brabys.com/

http://www.capetownchamber.com/

http://www.business-swaziland.com/

欧洲

http://www.eurochambres.be/Content/Default.asp/

http://www.europages.com/

法国 France

http://www.pagesjaunes.fr/

http://www.ubifrance.fr/default.html/

http://www.ccip.fr/

德国 Germany

http://www.gelbseiten.de/

http://www.klug-suchen.de/

http://www.teleauskunft.de/

荷兰 Netherlands

http://www.markt.nl/nl/

http://www.hollandtrade.com/

西班牙 Spain

http://www.yellow.com.mx/

英国

http://www.yell.com/

http://www.londonchamber.co.uk/

http://www.suffolkchamber.co.uk/

芬兰 Finland

http://www.keltaisetsivut.fi/

瑞士 Switzerland

http://www.chamber.se/

http://www.swedishtrade.se/

俄罗斯 Russia

http://www.yellowpages.ru/

意大利 Italy

http://www.tradenet.it/

美洲

美国 USA

http://www.yellowpages.com/

http://www.infospace.com/

http://www.realpages.com/

http://www.yp.com/

http://www.smartpages.com/

加拿大 Canada

http://www.yellowpages.ca/

http://www.chamber.ca/

http://www.cancham.org/

康帕斯国际总部和部分国外子公司联系方式

Kompass International (AA)
Kompass International - Coface
66 Quai du Marechal Joffre
92415 Courbevoie Cedex
France
Tel. +33 - 1 - 41 16 51 00

Germany (DE)
Kompass GmbH
Heinrich-von-Stephan-Strasse 8 b
79100 Freiburg
Tel. +49 - 761 - 13763 - 0

United Kingdom (GB)
Kompass United Kingdom
Windsor Court, East Grinstead House
East Grinstead, West Sussex RH19 1XA
UNITED KINGDOM
Tel. +44 - 1342 - 335866

Italy (IT)
KOMPASS
Consodata S. p. A. — Gruppo Seat Pagine Gialle
Via Mosca, 43

00142 Roma ITALY

Tel. +Num. Verde-800-361 114

Spain (ES)

Coface Servicios España

Calle Aravaca, 22

28040 Madrid

SPAIN

Tel. +34-91310-4224

United States of America (US)

Kompass USA

50 Millstone Road

Building 100, Suite 360

East Windsor, NJ 08520

USA

Tel. +1-877-KOMPASS

HongKong (HK)

Kompass Hong Kong

8th floor, Sunning Plaza, 10 Hysan Avenue,

Causeway Bay, Hong Kong

Tel. +852-2378 8966

Taiwan (TW)

IG MEDIA Co Ltd (Kompass Taiwan)

No. 13, Ln. 47, Sec. Zhongshan Rd., Sanzhi Township,

Taipei County 25241

TAIWAN

Tel. +886-2-2636-1556

Korea, Republic of (KR)

Kompass Korea
DEOGWOO Bldg, 890 - 45, Daechi-Dong,Knangnam-Gu,
Seoul
SOUTH KOREA
Tel. +82 - 2 - 562 5337

India (IN)
Kompass INDIA — (A Division of Coface India Credit Management Services Pvt. Ltd.)
6th Floor, Silver Square, Dattatray Road
Santacruz (West) Mumbai 400 054
Tel. +91 - 22 - 26619934

United Arab Emirates (AE)
Express Print(Publishers)L. L. C.
P. O. Box 10263. Dubai
Al Ramool Area. Rshidiya
DUBAI
Tel. ++971 - 4 2859494

Russia (RU)
Infogroup Kompass JSC
Visiting (office)address: ul Bolshaya Tulskaya 10 Moscow Russia
Postal address: PO Box 3
123242 Moscow Russia
Tel. +7 - 495 - 737 61 57

Egypt (EG)
Coface Egypt
9, El Masjed El Aqsa Street
Mohandessin, Giza
EGYPT

Tel. +20-2-3344 8950

South Africa (ZA)
International Trade Opportunities cc t/a Trade Publishing
Post address：P O Box 1283 Randburg 2125
Visiting adress：376C Oak Avenue - Ferndale - Randburg 2194
SOUTH AFRICA
Tel. +27-11-886 2636

参考文献

1. 黄锡光、陈霜华,国际贸易理论与实务[M],上海:上海财经大学出版社,2005。
2. 吴百福、徐小微,进出口贸易实务教程(第六版)[M],上海:格致出版社,2011。
3. 陈念祥、张思羽,外贸操作实务系列·金牌外贸业务员找客户[M],北京:中国海关出版社,2008。
4. 毅冰,外贸操作实务系列:外贸高手客户成交技巧[M],北京:中国海关出版社,2012。
5. 朱香奇,外贸客户开发与管理[M],北京:机械工业出版社,2012。
6. 陈玲俐、陈健,外贸客户开发与维护[M],杭州:浙江工商大学出版社,2010。
7. 罗佳,关于kellysearch的7个Q&A[J],进出口经理人,2010(2)。
8. 邹静,国内外B2B平台系列介绍之十一:Kellysearch:200年历史的工商业目录[J],电子商务世界,2008(1)。
9. 福步外贸论坛:http:bbs.fobshanghai.com.
10. 中国互联网络发展状况统计报告(2012年7月),资料来源中国互联网络信息中心。

图书在版编目(CIP)数据

外贸客户开发、跟进与维护/陈琦,胡俊芳主编. —2 版. —上海:复旦大学出版社,2020.12
(2024.1 重印)
第一批上海高校创新创业教育实验基地系列教材
ISBN 978-7-309-15388-0

Ⅰ.①外… Ⅱ.①陈… ②胡… Ⅲ.①对外贸易-业务管理-高等学校-教材 Ⅳ.①F740.4

中国版本图书馆 CIP 数据核字(2020)第 221066 号

外贸客户开发、跟进与维护(第二版)
陈　琦　胡俊芳　主编
责任编辑/张志军

复旦大学出版社有限公司出版发行
上海市国权路 579 号　邮编:200433
网址:fupnet@fudanpress.com　http://www.fudanpress.com
门市零售:86-21-65102580　　团体订购:86-21-65104505
出版部电话:86-21-65642845
上海崇明裕安印刷厂

开本 787 毫米×960 毫米　1/16　印张 17　字数 296 千字
2024 年 1 月第 2 版第 3 次印刷

ISBN 978-7-309-15388-0/F·2752
定价:40.00 元

如有印装质量问题,请向复旦大学出版社有限公司出版部调换。
版权所有　　侵权必究